农村集体经济组织

立法研究

农村集体经济组织法起草工作小组

编 著

中国民主法制出版社

图书在版编目（CIP）数据

农村集体经济组织立法研究/农村集体经济组织法
起草工作小组编著. —北京：中国民主法制出版社，
2025.5. —ISBN 978-7-5162-3929-2

Ⅰ. D922.44

中国国家版本馆 CIP 数据核字第 20257Z8G32 号

图书出品人：刘海涛
责 任 编 辑：陈　曦　袁　月

书名/农村集体经济组织立法研究
作者/农村集体经济组织法起草工作小组　编著

出版·发行/中国民主法制出版社
地址/北京市丰台区右安门外玉林里7号（100069）
电话/（010）63055259（总编室）　　63058068　63057714（营销中心）
传真/（010）63055259
http：∥www.npcpub.com
E-mail：mzfz@npcpub.com
经销/新华书店
开本/16开　700毫米×1000毫米
印张/19　**字数/**230千字
版本/2025年7月第1版　2025年7月第1次印刷
印刷/三河市宏图印务有限公司

书号/ISBN 978-7-5162-3929-2
定价/80.00元

目 录

第一章　农村集体经济组织的产权制度改革

　　农村集体经济组织，是建立在农民集体土地所有权基础上的经济组织，是农民行使其集体土地所有权的委托代理人。农村集体经济组织的产权制度改革是一件牵涉亿万农民切身利益的大事，也关系着我国农村集体经济组织的体制创新以及未来的发展方向。改革开放以来，农村集体资产总量有了很大的增长，但农村集体资产产权归属不清、权责不明、保护不严、流转不畅的问题日益突出，在很多地区，集体经济缺乏发展活力，集体资产保值增值困难，集体经济组织与农民的利益联结不够紧密。改革农村集体经济组织的产权制度，有利于建立符合市场经济规律的农村集体资产运营治理机制，有利于切实提高农村集体资产的管理水平和运营效率，有利于确保集体经济发展成果惠及本集体所有成员，是增强集体经济实力，发挥集体经济带动力和影响力的根本制度建设，也是深化农村改革的重大举措。

　　党中央高度重视农村集体经济组织的产权制度改革。党的十八届三中全会明确提出，要赋予农民更多财产权利，保障农村集体经济组织成员权利，积极发展农民股份合作，赋予农民对集体资产股份占有、收益、有偿退出及抵押、担保、继承权。2015 年的中央一号文件对进一步推进农村集体经济组织产权制度改革明确了方向和重点，要求不断探索农村集体所有制有效实现形式，创新农村集体经济运行机制，出台稳步推进农村集体经济组织产权制度改革的意见。2016 年 12 月，中共中央、国务院印发《关于稳步推进农村集体产权制度改革的意见》，明确要求力争用 3 年左右时间基本完成集体资产清产核资，5 年左右时间完成经营性资产股份合作制改革。截至 2021 年底，已基本完成改革阶段性任务。

一、产改前农村集体经济组织发展面临的困难和困惑

1982 年，农村绝大多数地区都已经实行了以家庭承包经营为基础、统分结合的双层经营体制，农村经济社会运行和管理的机制发生了极大变化。针对这一情况，中共中央提出了撤销人民公社、建立乡（镇）人民政府和农村村民委员会的意见，这个意见在 1982 年全国人大审议通过的宪法修正案中被采纳。1983 年 1 月 2 日，中共中央印发《当前农村经济政策的若干问题》，提出"政社合一的体制要有准备、有步骤地改为政社分设，准备好一批改变一批"。并指出，人民公社原来的基本核算单位即生产队或大队，"还必须按照国家的计划指导安排某些生产项目，保证完成交售任务，管理集体的土地等基本生产资料和其他公共财产，为社员提供各种服务。为了经营好土地，这种地区性的合作经济组织是必要的"。"原来公社一级和非基本核算单位的大队，是取消还是作为经济联合组织保留下来，应根据具体情况，与群众商定。公社一级的各种事业机构，原有的事业经费照常拨付"。1983 年 10 月 12 日，中共中央、国务院发出的《关于实行政社分开建立乡政府的通知》指出："村民委员会是基层群众性自治组织，应按村民居住状况设立。""有些以自然村为单位建立了农业合作社等经济组织的地方，当地群众愿意实行两个机构一套班子，兼行经济组织和村民委员会的职能，也可同意试行。"上述两个文件明确了撤社建乡后农村基层组织的基本构架：一是原人民公社体制中作为基本核算单位的集体经济组织，应作为社区性农民合作经济组织继续存在；二是社区性农民合作经济组织可以和村民委员会实行两个机构一套班子。但在实际改制过程中，并没有完全按这两个原则办，这是出于对农村实际状况的考虑，但也因此留下了不少长期难以解决的矛盾和问题。

（一）产改前农村集体经济组织的现状

1. 组织数量的变化

农村改革前的 1978 年，全国共有人民公社 52731 个，生产大队 69 万个，生产队（小队）481.8 万个。到撤社建乡前的 1982 年，共有人民公社 56331 个、大队 75 万个、生产队 589 万个，比 1978 年分别增加了 6.83%、8.70% 和 22.25%。公社、大队、生产队数量的增加，与改革初期一些地方的农民为了减少分配中的平均主义而划小农村基本核算单位有关。到 1985 年，全国撤社建乡和设立村民委员会的工作基本完成，共设立乡（包括民族自治乡和镇）人民政府 91590 个，设立村民委员会 94.9 万个、村民小组 588 万个。乡镇数量比 1982 年时人民公社的数量增加了 62.6%，村民委员会数量比 1982 年时大队的数量增加了 26.5%，而村民小组的数量与 1982 年时生产队的数量则大体持平。经过此后 30 多年的调整、合并，2017 年全国乡镇的数量为 39890 个，比 1985 年减少了 56.45%；村民委员会的数量约为 58 万个，比 1985 年减少了 38.88%。[①]

2. 农村集体经济组织的资产构成

农村集体资产是归农村集体经济组织全体成员集体所有的资产，是发展农村经济、凝聚成员关系、促进乡村振兴的重要物质基础。我国农村集体经济组织的资产主要由资源性资产、公益性资产和经营性资产三部分组成。

一是资源性资产。在农村集体经济组织的资产中，占比最大的是资源性资产。资源性资产是指以土地等自然资源为核心的资产，包括森林、山岭、水面、草地等。根据我国第二次土地调查的结果，属于各农村集体经济组织所有的土地面积为 66.9 亿亩，约占我国国土面积的 47%。农村集体经济组织的资源性资产大部分已通过家庭承包的方式，将经营使用权落实到了农民家庭。2018 年的统计数据

---

① 陈锡文等：《中国农村改革 40 年》，人民出版社 2018 年版，第 95 页。

指出，农户所承包的集体耕地约为 17 亿亩，农户承包的集体林地面积大约为 28 亿亩，约 2 亿亩村庄建设用地中的农民依法取得的宅基地，也正在落实其占有和使用权。[①]

二是公益性资产。农村集体经济组织的公益性资产，是指用于为农民提供基本公共服务的资产，如学校、幼儿园、卫生所、文化活动场所、村委会办公室、道路、水利设施、环境卫生设施等。公益性资产虽不直接产生经济价值，但却是集体经济组织成员在生产和生活中的必需。以前，有相当数量的农村集体组织因缺乏经济实力，无力投资公益性资产，或是虽然建设了公益性设施，但缺乏运营资金，便对这些设施实行个人承包，往往使其失去了公益性。随着经济社会的不断发展，国家的公共财政逐步向农村倾斜，通过对农村公益性项目的建设实行奖励补助制度，集体组织的公益性设施建设得到了明显加强。而随着国家基本公共服务逐渐向农村延伸、基本社会保障逐步向农村覆盖，农村集体组织公益性项目的运行也得到了更多财政资金的支持。

三是经营性资产。经营性资产是由农村集体经济组织直接投资、掌握并采取多种方式开展经营活动的资产。这些资产都建立在集体所有的土地上，如集体兴办的企业、用于对外租赁的房产及批发市场、停车场等。集体经营性资产一般都难以实行家庭承包经营，大多采取专业承包、招标承包或对外租赁等方式，集体组织据此获得的收入，在扣除必要的公共开支后，应在本集体组织的全体成员中进行合理分配。2016 年，全国共有村集体经济组织约 58 万个，原农业部对其中的 55.9 万个村集体经济组织进行了统计，农村集体经营性资产的账面总额已达 3.1 万多亿元（不包括土地的价值），村均 555.4 万元。其中，东部地区资产总额 2.36 万亿元，占资产总额的 76.1%。[②]

---

① 陈锡文等：《中国农村改革 40 年》，人民出版社 2018 年版，第 95 页。
② 陈锡文等：《中国农村改革 40 年》，人民出版社 2018 年版，第 96 页。

（二）产改前农村集体经济组织面临的突出问题

1. 相当部分集体经济组织缺乏经济实力

有相当部分的农村集体经济组织除了拥有土地等自然资源外，并没有积累起其他的集体资产，所以，在集体土地实行家庭承包经营后，集体组织手中便没有了任何其他的经营性资产，也就没有任何集体经营性收入。据调查，在原农业部统计的 55.9 万个村集体经济组织中，有约 31 万个村完全没有集体经营性收入，占比 55.46%；约 10.8 万个村的集体经营性年收入不足 5 万元，占比 19.32%；只有 14.1 万个村的集体经营性年收入超过 5 万元，占比 25.22%，其中有约 3 万个村的集体经营性年收入超过 50 万元，占比 5.37%。可见，全国半数以上的村集体经济组织，除了拥有已经承包到农户家庭的集体土地所有权，并无其他集体经营性资产，因而也就毫无集体经营性收入，是所谓的"空壳村"。如成都市实行经济核算的 2966 个村（包括涉农社区）的 36098 个组中，仅有 58.78% 的村组还有经营性净资产，其余村组均没有经营性资产，或仅有少量的公益性资产。①

2. 对集体经济组织的发展缺乏明确的规划和指导

按照 1983 年撤销人民公社、建立乡（镇）政府时的设想，人民公社撤销后，应当以原农村基本核算单位（生产队）为基础，设立农村社区性集体经济组织。但当时集体的土地已基本实行了家庭承包经营，而大多数生产队除土地之外又基本没有多少其他集体资产，因此建立新的农村集体经济组织的工作就没能开展起来。但设立村民委员会的工作却不能因此而停滞。按原来的设想，村民委员会应按照村民居住状况设立，以自然村为单位建立了农业合作社等经济组织的地方，可以实行两个机构一套班子，兼行经济组织和村民委

---

① 麻渝生、苏卫：《农村集体经济组织的演变、问题及对策》，载《中共成都市委党校学报》2018 年第 6 期。

员会的职能。但一是因为生产队改制后基本没有建立新的集体经济组织，二是因为绝大多数自然村的规模很小，但总量很大，以此为基础设立村民委员会，管理成本太高，所以村民委员会的设置实际上就选择了以原来的生产大队为基础，而将生产队作为村委会的下属组织——村民小组。

这样，到1985年设置村民委员会的工作基本完成时，全国农村共设置了94.9万个村民委员会、588万个村民小组。改制前农村的生产大队为75万个，当时对一些农户数量较多、村内有着多个生产队的自然村也单独设立了村委会，因此村委会的数量要比过去生产大队的数量多。以生产大队为基础设置村委会后，生产队就顺理成章地成为村委会下的各村民小组，因此改制后设立的村民小组数量与原来的生产队数量基本相当。但这也导致了新的问题：

第一，村民小组不是具有法律地位的一级组织，它只是村委会下属的一个管理层次，要靠不具有独立地位的村民小组来发展集体经济，难度可想而知。同时，村民委员会本质上是一个内向型的以管理为主的组织，而不是一个外向型的以开展经营为主的组织。在实践中能看到，目前集体经济较有活力和实力的村，大多是那些住户数量多、规模大的自然村，实际上也是那些村级集体经济组织和村委会组织相互重合、相互覆盖的村庄，由于发挥了这两种组织的功能互补作用，因而起到了相得益彰的效果。而大多数集体土地所有权在村民小组、村民小组之上又没有集体经济联合组织而只有村委会这样一个组织的村，因为集体经济组织本身就处于虚置状态，所以很难谈得上发展集体经济。

第二，不少地方的村委会替代了集体经济组织的功能。这一方面是有不少地方本身就没有组建起新的集体经济组织，而另一方面则是认为有了村委会似乎就没必要再建立集体经济组织。但实际情况是，设立了村民委员会后，农村中"村"的概念就被复杂化了。农村中的"村"，其本意是指农户聚集在一起居住的村落，即村庄、村屯，它是自然形成的农村居民点。村落有大有小，大的可以集聚几百、上千户，小的则往往只有十几、几十户。在人民公社时期，大的自然村往往就是一个大队，集体土地的所有权在大队，大队本身就是基本核算单位；小的自然村往往就是一个或几个生产队，集体土地的所有权在生产队，生产队是基本核算单位。但在后一种情况下，为了便于管理，若干小队之上一般都还设有一个非基本核算单位的大队。这样，在人民公社时期，"村"的概念也是清楚的，差别在于有的村是只有一个大队、有的村是一个或几个小队，还有的村则是大队部设在那里的。

但设立村委会之后，对应于村委会的"村"，实际指的是村委会所管辖的地域范围，它可能是一个大自然村的地域，也可能是包括了若干个小自然村的地域，村委会就设在其中的某个自然村。有了村委会的这个"村"，如何区别其管辖地域内的其他的村呢，于是就将村委会命名为"行政村"，其管辖地域内的其他村则称为"自然村"，但如此便"矮化"了自然村的地位。过去的自然村作为生产队，虽然上面还有大队，但毕竟是基本核算单位，在生产经营和收入分配上有着相当的自主权。但现在的自然村成了村民小组，并不是一个独立的实体，主要只起上情下达、下情上传的传递作用，本村的事务大多自己做不了主，谈何发展集体经济？在集体经济组织缺位的背景下，村委会代行其某些权能，本也无可厚非。但问题在于，除了那些实行"一村一委"的大自然村之外，多数村委会的管辖地域内都有着相当数量的小自然村，这些小自然村的土地所有权不同，在发展集体经济方面具有的优势和面临的困难不同，各自的利益诉求也不同，以村委会的职能显然难以引领它们各自或者联合去发展集体经济。

3. 在经济社会快速转型的大背景下，农村集体经济的发展正面临着一系列前所未有的新情况、新挑战

最突出的问题是农村人口的大规模减少，尤其是青壮年劳动力、

有经营头脑和管理能力的人才大量流失，以及村级组织治理能力软弱涣散等。但要看到的是，村庄里流动在外的务工经商人员，也并非都是去了外地、进了城镇，农民工中有超过 1 亿人是在本乡镇就业，这说明村庄正在发生分化，一部分村庄的劳动力到了其他村庄务工。于是，有的村庄便加速发展，有的村庄则更为"空心化"。乡镇以下的土地，绝大部分归农村各集体经济组织所有，那些能够吸引其他村庄劳动力前来务工的村庄，兴办的也不一定都是属于集体组织的经济实体，但是，这些经济实体使用的土地都是集体所有的，依法合规地以集体的土地发展多种所有制、多种经营形式的经济实体，本身也是发展壮大集体经济的一条重要途径。每个村庄所拥有的自然和社会资源都各不相同，因此每个村庄发展集体经济的具体途径也必然各不相同，总结成功村庄的经验，从中提炼出可复制、可推广的内容，应当可以为更多的村庄找到适合自己发展集体经济的途径提供有益的借鉴。

发展壮大农村集体经济，可以说是党的农村经济政策的一大基本方向。但是，对于到底什么是农村实行家庭承包经营以后的集体经济，还要不要发展农村集体经济，怎样才能发展农村集体经济等一系列重大问题，确实存在研究、规划、指导、支持都不够的问题。党的十八届三中全会以来，上海市、江苏省、浙江省、广东省人大都颁布了地方农村集体资产管理条例，为全国农村集体经济组织立法提供了有益参考。2013 年 6 月，广东省人民政府印发了《关于修改〈广东省农村集体经济组织管理规定〉的决定》，进一步厘清和明晰了农村各类基层组织的职能和关系，推动了农村行政事务、自治事务和集体经济组织经营事务的"三分离"。因此，需要尽快制定全国性的相应的法律，对我国农村集体经济组织的性质、地位、财产范围、登记制度、成员确认和管理制度、组织机构设置和运行制度、资产财务管理制度、法律责任制度、监管制度等作出全面的规定，这已成为当前推动农村改革发展的迫切需要。

2017 年中央一号文件明确要求"抓紧研究制定农村集体经济组织相关法律"。2018 年中央一号文件要求"研究制定农村集体经济组织法"。我们相信，制定农村集体经济组织法将是一个重要的契机，由此将引导各方面的力量花更大的功夫去深入研究我国农村经济、社会的现状和未来，去破解一系列困扰我国农村集体经济发展所面临的理论和现实问题，进而形成一系列新的政策和制度，为农村集体经济的发展提供法律支持和保障。

二、农村集体经济组织的产权制度改革的重点及推进措施

摸清农村现有集体资产的底数、发挥它的效益，使农村集体经济组织成员都能够从中受益，是农村集体经济组织产权制度改革的一项重要任务。农村集体经济组织的资源性资产，大部分已通过家庭承包的方式，将经营使用权落实到了农民家庭。这方面的深化改革，主要是通过推进集体土地所有权、农户土地承包经营权的确权、登记、颁证工作，巩固已有的集体土地所有权与农户承包经营权"两权分离"的改革成果，为实行集体土地的所有权、承包权、经营权的"三权分置"提供了制度基础。农村集体经济组织的公益性资产虽不直接产生经济价值，但却是集体经济组织成员在生产和生活中的必需。随着经济社会的不断发展，国家的公共财政支持逐步向农村倾斜，这方面的深化改革，主要是通过改革管理体制、完善投入机制、落实主体责任、发挥公益职能等措施，更好地为成员提供服务。因此，当前强调的农村集体经济组织的产权制度改革，主要是针对集体经营性资产的产权制度改革。农村集体经营性资产，主要是指由集体经济组织投资形成，但没有承包到户经营，仍由集体经济组织直接掌握、经营的资产。这些资产的主要形式，是建立在本集体经济组织土地上的企业、经营性房产和经营性场所等，但也包括集体经济组织通过招标、拍卖或协议出让的"四荒"地、鱼塘、果园等的经营权，以及集体经济组织对外的投资或借款等。

农村集体经济组织的产权制度改革既是牵涉亿万农民切身利益的大事，也关系着我国农村集体经济组织的体制创新以及未来的发展方向，因此，此项改革可以说是关系全局、举足轻重。为此，必须回答好三个问题：为什么要推进农村集体经营性资产的产权制度改革？怎样推进农村集体经营性资产的产权制度改革？改革后的农村集体经营性资产如何经营？

（一）为什么要推进农村集体经营性资产的产权制度改革

1. 农村集体经济组织的经营性资产存在底数不清、运营不透明、分配不公平的现象

我国农村集体经济组织的经营性资产数量巨大，但在产权制度改革之前，经营性资产在运营管理上还存在大量不规范、不透明、不公平的现象。改革开放以来，农村集体所有的经营性资产的资产情况、产权关系、经营状态等都发生了很大变化，特别是乡镇企业经历了大发展和改制转型，以及新的社会经营主体纷纷进入农业领域，农村集体经济组织的经营性资产的情况就变得更为复杂，外人很难搞清楚。

产权制度改革之前，一些地方存在农村集体产权虚置、账目不清、分配不公开、管理不透明的现象，导致集体资产被挪用、侵吞、贪占的情况时有发生，农民的合法权益得不到保障，群众对此反应十分强烈，迫切需要从制度上予以解决。这是推进农村集体经济组织产权制度改革面临的首要问题。通过改革，摸清农村集体经济的家底，明确农村集体资产的所有权，搞清楚各农村集体经济组织的家底到底有多少资产，都是些什么样的资产，这些资产是以怎样的方式由谁在经营，经营的效果如何，收益用在何处等，是推进农村集体经济组织产权制度改革必须要做好的基础性工作。[①] 只有将农村集体经济组织所拥有的资产情况核查清楚，才能让每一个成员真正

---

① 陈锡文等：《中国农村改革40年》，人民出版社2018年版，第101页。

了解这些资产是如何经营的、是谁在经营的、经营的状况如何，在此基础上才能制定出农村集体资产在成员中进行公平分配的制度和措施。

同时，有很多地方确实由于年代久远，集体资产长期由少数人掌控，没有向集体经济组织成员公开，以致这些集体资产的状况都十分不明确。加之过去签订的合同也存在不规范的情况，许多属于利益输送的侵占集体资产的行为至今也未得到解决，老百姓的利益受到极大损害。因此，对农村集体经济组织的资产进行核查，还有助于防止集体资产被少数人侵占。

2. 农村集体经济组织成员没有真正从集体资产经营中受益，基层组织缺乏凝聚力

农村集体经济组织的经营性资产属于该村集体成员共同所有，每个成员都有权享有其经营利润的分配权利。但在实际情况中，由于各种历史和现实因素，一些地方的农村集体经济组织成员并没有真正从其集体资产经营中受益。究其原因，主要有以下两个：

一是对农村集体经济组织成员的认定没有统一的规范和制度。谁是集体经济组织成员，没有法定的规则来确认，多数处于乡村自我管理的状态，受当地村规民约、传统观念和历史习惯等因素影响较大。同时，由于农村集体经济组织的历史沿革以及人口流动等各种不确定因素，使得农村集体经济组织成员的资格认定更多地成为村集体经济组织内部自治性的事务。在具体的实践中，由于各地的风土人情、乡规民约等实际情况差别太大，各地对农村集体经济组织成员身份的认定方法也各不相同，这就决定了从成员权中延伸出来的资产收益分配权也会受到很大影响。

二是很多地方的农村集体经济组织没有建立经营性资产运营所得收益的科学分配制度和办法。一方面，由于缺乏监管，对相关资产的经营就存在着较大的随意性，没有规章制度的约束和监督监管组织，集体经济组织资产经营的不透明就很容易滋生腐败。另一方

面,由于没有建立透明、公平、公正、合理的收益分配制度,农村集体经济组织成员也无法真正从集体资产的经营中获益。这种资产运行的不透明、监管的不得力、成员的不受益,还会严重损害基层的干群关系,削弱党的基层组织在群众中的公信力、号召力和凝聚力。

3. 人口流动导致外来人员增加,须处理好村集体经济组织成员和村民的关系问题

随着经济社会的快速发展,农村人口伴随就业的转移也出现了大范围的流动。有些村庄的人口在逐步减少,但城市近郊区的村庄,或者是发达地区的村庄却有很多外来的农民,人口也越来越多。有的村庄外来人口数量甚至已经超过本村户籍农民数量的好几倍。

在这样的村庄中,大量外来人口主要带来两个问题:第一是社会管理公共服务方面的问题。随着外来人口越来越多,他们又没有承担社会公共服务费用,而本区域的社会管理和公共服务却都要跟上,因此社会管理和公共服务的成本和缺口就会越来越大,这部分的费用应该如何承担。如果让农村集体经济组织承担这部分费用,则农村集体经济组织会认为外来人员不是集体经济组织内的成员,因此在承担份额上也只会负责本集体经济组织成员的部分。现在有的地方对此采取的方法是要么政府财政出钱支持,要么归由村集体自行解决。无论以何种方式操作,大量流动和转移人口所引发的社会管理、公共服务等现实问题都是客观存在的,必须好好思考如何予以解决。第二是关于选举方面的问题。我国法律规定,在村委会的选举中,外来人口到本村居住一年以上,本人申请参加,并且经村民会议或村民代表会议同意参加的公民享有选举权和被选举权。有的村庄外地人比当地人多三至五倍,每当选举的时候,当地原住村民就比较紧张,怕最后选出的村委会都是外来人,那这个村子会不会就被外乡人给占据了,集体的土地、资产以及许多村民集体所有的资产权利关系等会不会发生改变。有这种情况的村庄里的村民

要求抓紧推进集体产权制度改革，因此，在推进农村集体经济组织产权制度改革过程中，要妥善处理好成员和村民之间的关系。

4. 村改居后集体经济组织资产面临的管理和收益分配问题

在城镇化的过程中，很多城中村、城郊村进行"村改居"后，农民集体所有的土地全部被征收，成员全部或者大部分转为城镇居民，但大量的集体资产还在，农村集体经济组织应该何去何从？

过去，是一个村的人居住在一起，共同生产生活，大家的生活基本围绕村组织来进行。村改居后，在城里工作的成员由于工作岗位频繁变动使得集体经济组织中的成员逐渐分散化，集体经济组织自身也开始慢慢变得松散。在这种情况下，有的人要求退出集体经济组织。有的人退出去之后，那外部人能不能进入集体经济组织呢？原来集体经济组织成员的产权房还在组织里，现在有成员退出了，房子空下来，外来的人能不能买？目前，这些情况还处在探索阶段，但是村改居后所涉及的原有村集体的资产量是相当大的，这部分资产必然需要探索到妥善的处理办法。

5. 探索新形势下发展壮大农村集体经济的途径

由于我国财政收入所限，国家财政还没有能力为所有村庄提供全部的公共服务和基础设施，大部分农村的基础设施建设，如农村自身的道路、办公房屋、学校、水利、生产设施等，仍然需要村集体自己筹集一部分资金。农村集体经济组织还承担着一定的公共服务职能，如果手里没钱，所承担的公共服务职能也就无法实现，就会制约农村经济社会的持续健康发展。如果农村集体经济组织没有经济实力，集体经济就没有活力，就会弱化村级集体经济的组织功能，降低广大农民对村领导班子的信任，农村基层组织就很难有凝聚力和战斗力。

目前，各地已经有了不少发展农村集体经济的探索，使农民的收入不断增加，使集体的积累、集体的收入逐步增加，为农民群众服务的能力不断增强。比如，有的集体经济组织利用未承包到户的集体"四荒"地等，集中开发或者通过公开招投标等方式发展现代农业项目；有的集体经济组织利用独有的生态环境和人文历史资源来发展休闲农业和乡村旅游，这既可以增加农民的收入，也可以实现集体增收；有的集体经济组织利用集体房屋、厂房，通过出租或者是入股的方式来增加集体收入；有的集体经济组织通过入股或者是参股农业产业化龙头企业，或者通过村企联手开发的方式来发展集体经济。

（二）怎样推进农村集体经营性资产的产权制度改革

农村集体经营性资产的产权制度改革的目标是，通过改革赋予农民更多财产权利，明晰产权、完善权能，积极探索农村集体所有制的有效实现形式，不断壮大集体经济实力，不断增加农民的财产性收入；在坚持家庭承包经营体制的基础上，在保护农民合法权益、尊重农民意愿的前提下，发展多种形式的股份合作，探索建立中国特色社会主义的农村集体产权制度。

中国各地区间差异很大，农村集体资产的情况也比较复杂，所以总的考虑是要积极稳妥、稳步推进农村集体经济组织产权制度改革，保持农村稳定。在推进这项改革中需要把握以下四点：

第一点，坚持底线。必须把实现好、维护好、发展好广大农民群众的根本利益作为推进农村集体经济组织产权制度改革的出发点和落脚点，坚持农村土地农民集体所有制不动摇，坚持农村基本经营制度不动摇，防止集体经济被少数人控制和利用，防止集体经济被社会资本吞噬。

第二点，依法依规。在推进农村集体经济组织产权制度改革过程中，应遵循有关法律的相关规定，以及地方性法规和指导性意见的相关规定，同时要注意兼顾不同法律、政策之间的兼容性和关联性。

第三点，因地制宜。面对千差万别、参差不齐的农村经济和社会发展情况，推进农村集体经济组织产权制度改革不能搞"一刀切"，各地应从当地的实际出发，因地制宜，先易后难。首先在有经营性资产的村镇推进改革，特别是要选择一些有条件的城中村、城郊村和经济发达的村来开展，因为这些地方集体资产多，农民改革的呼声高，群众关注度也高。

第四点，坚持试点先行。农村集体产权制度改革关乎广大农民群众切身利益，各地情况十分复杂，各村的基础条件、人文环境、发展潜力各有差别，很多改革工作不能整齐划一，所以要试点先行，对具体制度安排，如股份构成、股权界定、民主管理方式等方面，不能强调千篇一律，应根据实际情况采取多种模式，尊重农民群众创造。

1. 对农村集体经济组织进行清产核资

2016 年 12 月出台的《中共中央　国务院关于稳步推进农村集体产权制度改革的意见》中，提出改革的首要任务就是要对农村集体经济组织现有的资产进行清产核资。该意见要求对集体所有的各类资产进行全面清产核资，健全台账管理制度，从 2017 年开始，力争用 3 年左右时间基本完成。在此基础上，将经营性资产以股份或份额形式量化到集体成员，有序推进经营性资产股份合作制改革，力争用 5 年左右时间基本完成改革。各地区围绕这个任务，重点清查核实未承包到户的资源性资产和集体统一经营的经营性资产，集体经济组织的现金、债权债务和租赁出去的各种资产资源，以及入股和借出去资金的收益状况，以纠正之前存在的不规范的行为给农民利益带来的损失。

全面开展清产核资也是加强农村集体资产管理的关键举措。查实集体资产的存量、价值和使用情况，做到账证相符、账实相符，建立健全集体资产的登记、保管、使用和处置各项制度，加快建设农村集体资产监管管理平台，有利于从制度上遏制"小官巨贪"和"微腐败"，有利于让农村的集体资产真正在阳光下运行，也有利于融洽党群干群关系，增强农村基层党组织的凝聚力、战斗力。

2015 年，中央部署 29 个县开展农村集体资产股份权能改革试点。经过 3 年试点探索，各项试点任务已经全部完成，取得了预期成果。29 个试点县共清查核实集体资产 1125.6 亿元，确认集体成员918.8 万人；共有 13905 个村组完成改革，量化集体资产 879 亿元，累计股金分红 183.9 亿元，改革给农村集体和农民都带来了实实在在的好处。[①] 2017 年，又选择在 100 个县扩大改革试点。2017—2019 年，各地按照经营性、非经营性和资源性等 3 类资产类型开展清产核资，摸清集体家底、向成员公示确认，并建立集体资产年度清查和报告制度。2020 年底，全国清查核实农村土地资源面积 65.5亿亩，农村集体账面资产 7.7 万亿元（乡镇级集体资产 0.8 万亿元，占 10.2%；村级集体资产 6.0 万亿元，占 77.6%；组级集体资产0.9 万亿元，占 12.2%），其中经营性资产 3.5 万亿元，用于公共服务的非经营性资产 4.2 万亿元。2021 年底，全国清查核实农村土地资源面积 65.5 亿亩，农村集体账面资产 8.2 万亿元。全国开展农村集体资产清产核资，把集体家底搞清楚，并在这个基础上把集体资产折股量化到人、确权到户，有利于增加农民财产性收入，切实维护农民财产权益，让农民分享集体经济发展成果。总体来看，改进进展平稳，成效显著。

2. 确认农村集体经济组织成员身份

对农村集体经济组织的成员身份进行明确，是推进农村集体经济组织产权制度改革的重要一步。要想把集体经济的收益分配权落实到每一个成员，就必须清楚谁是集体经济组织的成员。只有成员身份确认了，该成员才能享有农村集体经济组织的其他权利，才能分享其他权利带来的各项利益。

要科学合理地确认有关人员的组织成员资格，村集体就得采取大家都能够认可的方法，基本的原则就是既要尊重现实，也要兼顾

---

① 陈锡文等：《中国农村改革 40 年》，人民出版社 2018 年版，第 108 页。

历史。目前绝大多数认定集体经济组织成员资格的办法，主要是以农民居住地和承担农村集体经济组织权利义务的情况作为认定标准：首先，前提条件是户口在本村集体组织内；其次，还要看申请认定的人何时出生，何时来到本村集体，并且在集体里从事生产和生活的时间长短等条件。大部分地区在依照这些标准进行民主讨论时，遇到一个重要的问题就是成员身份从哪天算起，到哪天为止。对于村集体来说，这个事很重要，因为成员的期限代表了在规定期限内享有集体资产收益的分配权。有的人虽然现在不属于村集体经济组织成员了，但是在其是成员的期限内清算出来的集体资产，他依然具有收益分配权；有的人现在不是集体成员，但是自他成为集体成员的时间起，就可以享受集体成员所具有的权利，比如尚在母亲腹中的胎儿。许多地方在一些人是否具有成员权利、是否能够在一定的时间享受成员权利的问题上出现过十分复杂而激烈的矛盾，如亡故老人、下乡知青、户口迁出者、转干者、外嫁女、新出生人口、婚后户口迁入者等。通常来说，遵守国家法律法规，建立比较完善的民主协商机制，统筹考虑户籍、土地承包关系、对集体的贡献等因素，形成一套绝大多数成员都认可的办法，最终都会通过协商、投票等发动群众的方式得到妥善解决。

目前，全国共确认农村集体经济组织成员约 9 亿人（其中农村户籍成员约 7.7 亿人，村改居等城镇户籍成员 1 亿多人），均已纳入全国农村集体经济组织成员数据库管理。

3. 确定农村集体经济组织经营性资产的权利结构

农村集体经济组织产权制度改革的目的之一，就是将农村集体经营性资产折股量化到本集体经济组织成员，作为其参加集体收益分配的基本依据，进行农村集体产权股份合作制改革。

一般来讲，农村集体资产形成的收益分配主要由村集体内部的运行章程来确定，通过村集体内部协商即可解决。实践中出现的一个比较大的争议是集体经济组织本身还要不要设股。有些地方村集体尝试过设集体股的办法。这样做的原因主要有两个：一是村里有一些基础设施或者投资是国家财政出资或村集体集资建设，由此有人提出这块资产应该作为村集体的股份；二是集体经济组织目前承担了大量的公共服务职能，集体有权合理合法地获得一部分集体收益，并将其用于公共服务、社会管理等方面的开支。因此，一些地方在农村集体经济组织产权制度改革时，从村级净资产中剥离出一定比例，建立农村社会风险保障基金，以扶助弱势群体。此外，一些地方还把股权配置和股份分红与计划生育、社会治安管理、惩治违法犯罪活动、服兵役、殡葬改革，以及其他社会管理工作结合起来，运用经济手段开展社会管理和社区服务。[1]

而大部分地方则主张不设集体股，主要是因为如果改制时保留集体股，随着城镇化进程的快速推进，集体积累逐渐增加，会再次出现集体股权不清的问题，还需要进行二次改制。此外，集体股在集体经济组织变更或重组时面临再分配、再确权问题，极易产生新的矛盾。[2] 从实践来看，是否设置集体股对国家和农民的影响都不是很大，目前的情况是大家对于集体股的设置是按照需要来进行的，并不是一个必须执行的办法。比如，北京市大部分是设集体股的，而珠三角和上海、江苏、浙江大部分是不设的。关于是否设置集体股，更本质的问题是村一级如何规范地实行财务管理。如果村一级财务管理不规范，设了集体股，那可能就会出现财务支出不透明的现象和其他腐败行为；而如果不设集体股，那么总的社会管理和公共服务的开支就会紧缺。所以关键还是如何规范实行财务管理，而设不设集体股并不是本质问题。

对于经营性资产，重点是明晰集体产权归属，将资产折股量化

---

① 农业部课题组、贺军伟：《推进农村集体经济组织产权制度改革》，载《中国发展观察》2006 年第 12 期。

② 方志权：《农村集体经济组织产权制度改革若干问题》，载《中国农村经济》2014 年第 7 期。

到集体经济组织成员，探索发展农民股份合作。鼓励从实际出发，探索发展股份合作的不同形式和途径。目前各地的具体做法多种多样，如浙江有些村的股份合作制改革，在股权设置上只设置人口股和农龄股，其中，人口股体现集体经济的保障功能，基本按照村集体经济组织成员户籍及家庭承包土地数量等要素配置资源；农龄股体现对集体经济发展的贡献，主要根据在本集体经济组织的劳动时间及贡献配置，两者的具体比例由各村根据当地资产构成、历史形成和福利政策等实际情况确定。还有的地方将资产进行分类量化，如河南济源的股份制改革，将资产进行分类量化，在股份设置方面，探索了"四类 AB 股模式"：一是资产资源 AB 股，在股份经济合作社股权构成上，既有资产量化形成的 A 股，也有资源量化形成的 B 股；二是村级组级 AB 股，在股份经济合作社股权构成上，既有村级资产量化形成的 A 股，也有组级资产量化形成的 B 股；三是集体资产量化与吸收民间资金 AB 股，在股份经济合作社发展壮大集体经济项目中，既有集体资产量化形成的 A 股，也有民间资金量化形成的 B 股；四是机动地量化和承包地入股 AB 股，在土地股份合作社股权构成上，既有机动地量化形成的 A 股，也有承包地入股的 B 股。此外，还探索了"三级量化"，将省级扶持村集体经济发展资金、市级财政奖补资金和镇级财政扶贫资金三级财政资金折股量化到人、落实到户，保证了每个集体经济组织成员的利益。

在实践中，股权管理主要有两种模式：一种是动态管理，在一定时间内随着人口的增减而调整股权或份额；一种是静态管理，生不增、死不减，保持稳定。目前，多数地方或者说多数老百姓是选择静态管理模式的，不以人口的增减和变动，而随时随意去调整股权关系。如广东佛山市南海区搞股份合作制改革已经搞了 20 多年，到今天为止，仍然是限定在社区内，他们的说法就叫作"确权到户，户内共享，社内流转，长久不变"。从中央安排的 29 个县来看，有 24 个县选择静态管理的模式，不随人的变动而随意调整。所以，从这一点上看，应该说是多数群众的选择。同时从制度设计上来看，农民的几项基本权利应该相互衔接，农民的土地承包关系要求保持稳定并长久不变。正因为这样，所以中央提倡不以人口的变动而随时来调整股权。[①] 无论采取哪种方式，推进经营性资产股权管理的具体模式都要由群众最终决定。要通过完善收益分配制度，让农民群众随着集体经济的发展壮大，得到更多实惠。

截至 2021 年底，全国共建立农村集体经济组织约 96 万个（其中村级 56 万个），2021 年向成员分红 748 亿元。

4. 落实农村集体经济组织成员权利

在农村集体经济组织产权制度改革中，如果核查清楚了集体经济组织的资产，确认了农户的成员资格，下一步就要落实好成员的权利。按照中央关于推进试点改革的要求，可以将农村集体经济组织成员所持有的集体资产的权能概括为三组六个权能。

（1）占有权和收益权

占有权是农村集体经济组织成员权的具体体现，收益权在一定程度上也是占有权的延伸，这两个权利互为依存，不可分割。目前，民法典对财产所有权人的占有权、收益权都有明文规定。且在实践中，对这两项权利的探索也较为充分。通过农村集体产权制度改革，将资产折股量化到人、落实到户，让农村集体经济组织每个成员都享有对集体资产股份的占有和收益的权利，而且最重要的是农村集体经营性资产的收益权。占有权和收益权是所有权能中最基础和最重要的，所以中央要求相关的改革必须抓紧落实，建立健全农村集体资产股份证书管理、台账管理和收益分配制度。

（2）有偿退出权和继承权

目前，现行法律对农村集体资产股份的有偿退出权和继承权没有明确规定，各地探索也存在一定差异。从实践中看，退出可以分

---

① 陈锡文等：《中国农村改革 40 年》，人民出版社 2018 年版，第 112 页。

为两种形式：第一种退出形式是转让，即农民可以自己转让，可以向家庭内部成员转让，比如父亲给儿子，也可以在村里的亲戚朋友、兄弟姐妹之间转让。一般而言，为了保证集体资产不会过多地集中在少数人手里，村集体允许成员之间转让设有上限，最高不能占到全部收益分配权的2%或者3%。第二种退出形式是交给集体，由集体把你持有的分配权收回，并一次性付清补偿。以上这两种转让形式都属于成员之间的转让。

转让在内部成员间可以行得通，那么对外转让是否可以呢？农民持有的农村集体资产的股份流转范围的确定，运行规则的制定，最为重要的就是要有利于保护农民的基本权利，包括财产权利和民主权利。在实际情况中，大部分村庄是不可以的，只有少数有特殊情况的村集体允许资产对外转让。但是，这种允许都是有附加条件的，毕竟集体资产是成员集体所有，非集体成员的适用是有附加限制条件的。因为，农村集体经济组织与其他经济组织有很大的不同，按照民法典规定，它的财产属于成员集体所有。同时，农村集体经济组织还有一个很大的特征，就是它的社区性，主要表现在土地等基本生产资料集体所有。针对这种特殊性，为了保护农民的利益，特别是防止外部资本的侵占，农村集体产权制度改革要明确两点：第一，产权制度改革的范围要严格限定在集体经济组织内部；第二，股权的流转不得突破集体经济组织的范围。这两点规定非常重要，现阶段也是符合农村实际的。

继承权方面，不是所有的村都同意有继承权。大部分村是有继承权的，比如家里子女继承父母的财产。但是也有少部分的村，章程中没有继承权的规定。因为获得集体的资产收益分配是成员的权利，现在老人作为成员去世了，集体当然要把这个权利收回，并在收回后再公平合理地分给其他健在的成员。在实践中，这两种关于继承权的规定，只要集体成员们能形成统一的意见，在执行上都无大碍。

总之，无论采取何种形式的退出和继承，只要能够做到各项权利都能够公开公正地落实，执行上都会比较顺畅和稳定。

（3）抵押权和担保权

从法律角度来看，抵押属于担保的一种形式，因此抵押权和担保权本质上属于同一类权利。按照党的十八届三中全会的要求，个人持有的股份（收益分配的份额）可以抵押和担保。通常把个人以财产为自己设定担保的行为叫作"抵押"，把为他人设定担保的行为叫作"担保"。就农村集体经济组织具体而言，能够将成员收益分配份额进行抵押、担保的前提是：一要经过本集体经济组织讨论，要有三分之二以上的成员都同意；二要当地金融机构同意，即没有金融机构做担保也不行。目前，关于抵押权和担保权，绝大多数地方执行起来比较困难。因为土地承包权和宅基地使用权都不是最终的财产权，处置它相当困难。关于目前我国农村两权抵押的情况，实际上绝大多数执行的不是抵押而是质押，也就是本质上是土地或房产预期收益的质押，并非股权的全部权利，对其处置更加复杂，失控风险更高。因此，探索这两项权利必须慎重、审慎、稳妥。

总而言之，对于以上这三组权利，中央文件的规定非常科学和准确。第一组权利必须实现，这是由基本制度和法律决定的农民的基本权利，既然要进行农村集体产权制度改革，每个集体经济组织成员的收益分配权就必须落实到人，而且必须兑现。第二组权利要根据农民集体讨论的结果来执行，这需要结合各地的实际情况和风俗习惯，根据当地农民自己的意愿，交给农民通过内部协商解决。第三组权利要依照法律和法规对这些权利的认定和规范，这不但需要有法理和制度基础，而且要有可操作性，看相关的权利主体同意不同意，有没有金融机构来作保障，有没有意愿来行使行管相关权利。

5. 制定对"三资"管理的监管规则和章程

农村的"三资"主要是指村组集体所有的资金、资产和资源。资金主要是指村组集体所有的货币资金，包括现金和银行存款。资产则主要包括村组集体投资建设的房屋、建筑物、机器、设备等固定资产，水利、交通、文化、教育等基础公益设施以及农业资产、材料物资、债权等其他资产。资源主要是指法律法规规定的，属于集体所有的土地、林地、山岭、草地、荒地、滩涂、水面等自然资源。

强化对农村"三资"的监督管理，必须坚持农村集体"三资"所有权、经营权、处置权和收益权"四权"不变，任何组织和个人不得非法侵占、截留和挪用农村集体"三资"，维护村集体和农民的合法权益。必须坚持民主管理的原则，制定对"三资"管理的监管规则和章程，保障成员的民主权利，维护农民集体成员的监督管理权利。

一是要保障成员的选择权。要尊重成员的意愿，发挥成员主体作用，把选择权交给成员，由成员选择。涉及成员权利的重大事项都要实行民主决策，比如说成员身份确认、资产股权的设置等问题都得由农村群众来民主讨论决定，而不是干部决定，是成员自己决定。二是要保障成员的知情权、参与权、表达权和监督权。对"三资"的管理要坚持公开透明的原则，将村集体"三资"的使用和收益情况向全体村民公开，资产和资源的承包、租赁、出让必须实行招投标或公开竞价。严格按照公告、登记、审核、公示、档案管理、上报备案等程序开展，做到流程严格、标准一致、民主公开、合法规范。

推进农村集体经济组织产权制度改革后的一项重要制度安排就是实行"村经分离"。所谓"村经分离"，是指新型农村集体经济组织和村委会在职能、经费、人员等方面实行分离，其中主要是经费的分账使用和分账管理。这项改革在广东东莞、江苏苏州、北京等地都已经进行了有益探索。

（三）改革后的农村集体经营性资产如何经营

1. 主要经营形式是发展"两物"经济

农民对于改制以后的集体经济组织运行，有两个最基本的要求：

第一，不能亏损，如果经营亏损导致资产缩水，农民就会认为集体经济组织的经营者肯定有违规行为；第二，不能破产，不能使农民失去家园。与20世纪80年代中期的乡镇企业异军突起时的情况完全不一样，现在的农村集体经济组织很少有直接经营生产性企业的，因为，通过用集体资产置办乡镇企业的经历使农民和村集体意识到，用自身的家当来办企业风险太大。因此，在现阶段我国农民和村集体经济组织所采用的经营形式开始逐渐向"两物"（物业和物流）经济转变。

物业经济简言之就是盖房子，比如建造办公楼、写字楼、标准厂房，甚至给工业园区提供职工宿舍等，通过房屋出租的形式来发展。物流经济主要做停车场、仓库建设和物流配送等，这些经营类型的最大特征就是尽可能地规避市场风险，提高农村经营性资产的财产性收入。一种形式是，将集体资产投入物业经济开展经营。在一些地方，一些村集体利用过去乡镇企业时期的集体经营性建设用地建造标准厂房、超市、写字楼，或者有一些紧挨着城镇工业园区的地方建了员工集体宿舍，并对外出租。另一种形式是，将集体资产投入物流经济开展经营。农村集体经济组织的资产往往在郊区，而蔬菜等农产品进城往往先得通过商品流通体系中的批发市场。批发市场需要很大占地面积的仓库和停车场，城市里没有条件建设，于是一些村集体利用自己的集体资产开办起了物流经济。其中，村集体的基本经济活动就是出租：租赁物业、租赁摊位等。

这两种经营方式，在实际运行过程中还体现出了信息透明、易于管理的特征，如门面房到底租没租出去、收了多少钱，欺骗不了农民。如果承租的公司出现亏损，可以更换承租主体，即便租不出去，至少还能保有物业和场所等固定资产，所以大多数集体经济组织都认为将集体资产投入这样的经营形式风险小，租赁毕竟只是转移使用权，资产的所有权还在村集体手中，因此尽管有时会面临经营中的一些波动和风险，但是村集体自身的家底不会失去。

2015 年江苏省在苏南地区专门就新型农村集体经济开展过调查，调查发现几乎所有的村庄都在开展"两物"经济。农民和村集体都认为，"两物"经济的经营形式，一是安全，二是现阶段确实适合开展这样的经营形式。"两物"经济的飞速普及，可以归结的原因为：第一，过去乡镇企业的教训太深刻。有时就算积累了相当多的财富，但破产也只在一瞬间，甚至还可能有欠款，所以农民和村集体总结自己经营不行，管理制度创新不足。但是"两物"经济比较简单，风险小。第二，农民觉得踏实。"两物"经济很好地满足了农民对集体资产经营的两个基本要求，一是不亏损，二是不破产。总之，将集体资产用于"两物"经济的经营形式是在村集体自身的探索下目前能够行得通的一条比较稳妥且本村成员容易接受的发展道路。

2. 以农村集体经济组织出资入股发展各类产业

农村集体经济组织还要承担对本集体成员的公共服务功能，其本身不能破产，也无法承担破产后对土地等资产的债务处理，因此其本身成为企业存在着先天的制度障碍。但如果出于发展集体经济的需要，农村集体经济组织仍然可以通过其他方式参与市场经济。

公司法第 48 条规定，"股东可以用货币出资，也可以用实物、知识产权、土地使用权、股权、债权等可以用货币估价并可以依法转让的非货币财产作价出资"。农村集体所有的土地能否以使用权转让的方式进行出资，还需要法律和政策上进一步明确。虽然农村集体经济组织本身不能成为企业，但在实践中可以以出资人的方式参与产业开发，从而实现农村集体资产、资金和资源保值升值，进而带动集体组织成员增收致富。

近年来，我国很多地方通过以农村集体的土地使用权和资金入股新型农业经营主体的方式，发展了集体经济。一些地方把农村集体所有的各种经营性资产和公益性资产以及未分到户的耕地、山地、林地、水面等资源性资产，入股到新型农业经营主体。在坚持不改变资金使用性质和用途的前提下，将财政投入村级集体经济发展的各类资金原则上转变为村集体和农民所持有的股份，投入企业、合作社或其他经济组织，形成村集体和农户持有的股金，村集体和农民按股份共享收益。还有一些地方，把村级集体经济资产入股到镇级或区级集体资产管理经营平台统一运行，通过专业团队统一管理、统一经营，扩大了村集体资产参与市场的广度和深度，变分散的传统经营为集中的现代经营，让农民获得了更多的资产性收益，也取得了良好的成效。

从其他的发展方式看，一些村集体在产权制度改革后，利用村集体的公共设施和资金，以出资或入股等方式，村级集体经济组织创办了一些服务性实体，发展农业生产性服务业，为普通农户、龙头企业、农民专业合作社、家庭农场、种植养殖大户等提供产前、产中、产后服务。还有的引入外部资本或管理模式，推出一批果蔬采摘、休闲体验、民俗度假等多种形式的旅游项目，多方面拓宽收入渠道。还有些集体经济组织，在产权明晰的基础上，探索资产的项目化经营，与其他经济主体或集体成员发展混合所有制经济，不断探索和丰富集体经济的实现形式。

3. 建立和完善农村产权交易市场

建立农村产权流转交易市场是健全我国现代产权制度的重要举措。党的十八届三中全会通过的《中共中央关于全面深化改革若干重大问题的决定》提出，在符合规划和用途管制的前提下，允许农村集体经营性建设用地出让、租赁、入股，实行与国有土地同等入市、同权同价；鼓励承包经营权在公开市场上向专业大户、家庭农场、农民合作社、农业企业流转；赋予农民对集体资产股份占有、收益、有偿退出及抵押、担保、继承权；保障农户宅基地用益物权，慎重稳妥推进农民住房财产权抵押、担保、转让，探索农民增加财产性收入渠道。这些改革要求的一个共同特点，就是农民获得的财产权利的可流动、可交易、可变现的程度大大提高。要贯彻落实

《中共中央关于全面深化改革若干重大问题的决定》赋予农民的这些财产权利，就必须搭建农村产权交易平台，发挥市场交易价格发现、提高资源配置效率的功能，实现农村产权资源要素高效、合理、顺畅流转。

2014年12月，国务院办公厅出台了《关于引导农村产权流转交易市场健康发展的意见》，该意见明确指出，农村产权流转交易市场是为各类农村产权依法流转交易提供服务的平台，具有明显的资产使用权租赁市场特征、显著的农业农村特色、鲜明的地域特点，既要发挥其信息传递、价格发现、交易中介的基本功能，又要发挥其为农户、农民合作社、农村集体经济组织等提供服务的特殊功能。这其实是对农村产权流转交易市场的定位给出了政策要求，那就是以资产使用权租赁为主要切入点，既要守住农村资产集体所有制的底线，又要适应市场、新型农业经营主体和普通农户生产需求，提供农业社会化的综合服务。

与此同时，国务院办公厅《关于引导农村产权流转交易市场健康发展的意见》提出法律没有限制的品种均可以入市流转交易。现阶段农村产权流转交易市场的交易品种主要包括农户承包土地经营权、林权、"四荒"使用权、农村集体经营性资产、农业生产设施设备、小型水利设施使用权、农业类知识产权等几个门类。流转交易主体主要有农户、农民合作社、农村集体经济组织、涉农企业和其他投资者。除宅基地使用权、农民住房财产权、农户持有的集体资产股权外，流转交易的受让方原则上没有资格限制（外资企业和境外投资者按照有关法律法规执行）。农户拥有的产权是否入市流转交易由农户自主决定。

三、农村集体经济组织产权制度改革的成效及创新经验

当前，农村集体经济组织产权制度改革阶段性任务基本完成，集体资产和产权归属基本清晰、成员身份基本确认，集体经济快速

发展，建立了更加科学合理的农村集体产权制度。截至 2021 年底，全国约 57 万个村完成集体产权制度改革。

一是集体资产清产核资基本完成。当前，清产核资系统已经成功上线运行，并积累了大量数据资源。根据农业农村部统计，截至 2021 年底，农村集体资产家底基本摸清。全国农村集体资产 8.22 万亿元，比 2020 年增加 0.51 万亿元，增幅 6.7%，其中经营性资产 3.7 万亿元。摸清这些集体资产资源家底，为推动乡村振兴、促进共同富裕提供了重要支撑。二是集体成员身份"应确尽确"。截至 2021 年底，全国共确认集体成员约 9 亿人。三是集体经营性资产股份合作制改革有序推进。截至 2021 年底，57 万个进行农村集体产权制度改革的村全部领到登记证书。四是农村产权流转交易市场建设取得进展。截至 2021 年底，全国农村产权流转交易市场数量达 1153 个，其中省级 14 个，地市级 81 个，县级 758 个，乡镇级 300 个。全国各级各类农村产权流转交易市场完成交易 67.7 万宗，成交额达 1545.9 亿元。农村产权抵押融资累计贷款面积 663.5 万亩，总金额 272.5 亿元。全国已建立农村产权流转交易线上平台 896 个。五是农村集体经济不断发展壮大。截至 2021 年底，村集体经济组织总收入达到 6684.9 亿元，村均 122.2 万元。全国有集体经营收益的村占比达到 78.9%，比 2020 年增长 3.1%，集体经营收益 5 万元以上的村占比接近 6 成，当年超过 10% 的村向成员分红。①

（一）改革成效

农村集体产权制度改革由点及面，持续推进，取得了以下四个方面的成效。

1. 构建农村集体产权制度约束

通过推进农村集体产权制度改革，不仅彻底摸清了农村集体资

---

① 种聪、白林等：《农村集体产权制度改革发展历程、现状与对策建议》，载《审计观察》2023 年第 6 期。

产的数量规模，而且明晰了集体与农民之间的产权关系。通过对集体资产折股量化，集体与农户之间的产权关系得到明晰，促进了农村集体资产所有权、使用权、经营权的"三权"分离，实现了农村集体资产由共同共有向集体成员按份额所有转变。[①] "确权到户、户内共享、社内流动、长久不变"的股权管理新模式，明晰了集体经济组织内部的产权分配，明确界定了农民与集体的经济利益关系。更为重要的是，通过重构农村集体产权的制度约束，明确界定了集体经济组织成员的权利和义务，赋予农民永久性集体资产股权和分红权利，从制度规范上赋予农民完整和清晰的占有权、使用权、收益权、转让权、赠与权、有偿退出权、继承权及抵押担保权等各项权益，促进了农村集体资产权利的人格化和价值化。[②] 通过产权制度改革，增加了农民的获得感、幸福感。一是增加了农民的财产性收入，让农民群众感受到集体经济的作用功能。二是落实了农民的民主权利，在集体成员如何界定、集体股权如何设置、集体经济如何发展等方面，尊重农民的主观意愿和主体作用。三是通过民主决策让农民真正成为这项改革的参与者和受益者，强化了其作为经济发展强村富村的集体成员荣誉感。

2. 提升农村集体资产配置效率

长期以来，由于存在集体资产产权不清和集体成员界限不明等突出问题，使集体资产不仅与农民的利益关系脱节，而且大量闲置甚至流失，配置和利用效率十分低下，形成巨大的资源和资产浪费。农村集体产权制度改革通过开展清产核资、成员界定、资产量化、股权管理、收益分配等举措，不仅使农民持有的集体股权有了流转

---

① 中国社会科学院农村发展研究所"农村集体产权制度改革研究"课题组，张晓山：《关于农村集体产权制度改革的几个理论与政策问题》，载《中国农村经济》2015 年第 2 期。

② 孔祥智、高强：《改革开放以来我国农村集体经济的发展与当前亟须解决的问题》，载《农村经营管理》2017 年第 5 期。

的制度条件，而且有效降低了产权流转的交易费用，实现集体资产配置效率大幅提升。① 特别是部分地区后续逐步开展的集体资产股权交易、退出、抵押、担保等各项权能的改革探索，进一步拓展和完善了集体资产权能，为其价值实现提供了重要制度基础。此外，集体股权"量化到人、固化到户"的管理模式，不仅稳定了农民的经济预期，而且大幅减少因股权频繁调整可能带来的各种矛盾，使农村集体经济组织能够更稳定有序地利用集体资产实现快速发展。改革促进农村资源要素配置的优化，农村的土地产出率和劳动生产率得以增加，农业规模经营得以发展。

3. 创新农村集体经济运营模式

明晰集体产权制度并不能自动解决当前农村集体经济组织普遍存在的"空壳"问题，绝大多数发展能力严重不足的农村集体经济组织，仍难以调动集体成员的积极性，无法实现壮大集体经济的改革目标。为此，各改革试点地区通过建立集体股份合作社、集体经济合作社、土地股份合作社、集体经济股份合作联社等组织形式，全面重构了集体经济组织新的管理主体，以制度变革方式改变了原来由少数干部掌控和随意支配集体资产的状况。通过规范集体经济组织章程，建立"三会"管理制度，完善管理、运行和监督机制。更重要的是，以新型集体经济组织为载体，通过经营模式创新实现了集体经济多样化发展，包括以集体资产入股农业企业或合作社实现合作发展，以集体成员资金入股集体经济实现自主发展，以外部要素入股集体经济实现共同发展，多元化的模式创新显著提升了集体经济组织的发展能力。同时，新型集体经济组织在产权明晰基础上激活自然资源和人力资源，通过提供生产和生活服务、购买政府公共服务和探索跨村合作发展等方式，拓展了集体经济新的发展路

---

① 郭晓鸣：《创新发展集体经济补齐乡村治理物质短板》，载《四川日报》2019年12月26日，第1版。

径。改革促进了休闲农业和乡村旅游等新产业新业态的发展，使农民的就业渠道得以拓展，就业岗位得以增加，收入水平得以提升，新产业新业态得以发展。

4. 优化乡村治理制度体系

改革开放以来，农村集体经济组织缺失或虚置和乡村治理权力弱化的矛盾相互交织，不断加剧。在相对发达地区的集体经济组织，面临的突出矛盾是权力交叉、监督失控、分配不均，村组干部寻租现象普遍，严重损害农民利益，导致干群冲突频发，乡村治理面临巨大压力。在相对落后地区的农村集体经济组织，由于集体资源和资产大量闲置或流失，成为没有集体经济收入的"空壳村"，乡村治理能力陷入严重减弱和退化的困境之中。[①] 在农村集体产权制度改革过程中，一方面，通过重构集体经济组织和完善内部治理结构，与村党支部、村委会的职能分工更加明确，三者之间形成分工合作、相互监督、密切配合的农村新型治理机制，从制度上阻断了行政性权力对村集体经济发展及利益分配随意干预的通道，为从根本上改变沿袭已久"政经不分"的传统治理模式奠定了重要基础，使乡村治理秩序能够实现随着集体经济发展而不断改善的良性循环。另一方面，通过在成员界定和资产量化过程中充分尊重民意，保障农民基本权益，农民对集体经济的认同度和参与度显著提高，更加关心集体资产的安全、收益和分配，不仅对参与集体经济发展有更强的内生动力，而且对改善社区公共服务及人居环境也表现出更高的热情和主动性。这些由农村集体产权制度改革引发的连锁性效应，构成了促进乡村治理制度体系不断优化的新的重要动力源。

（二）改革的重要创新经验

农村集体产权制度改革与土地流转管理制度、农村宅基地制度、

---

① 郭晓鸣、王蔷：《农村集体经济股权分配制度变迁及绩效评价》，载《华南农业大学学报（社会科学版）》2019 年第 1 期。

集体经营性土地入市制度等方面的改革相比，一方面，改革直接激励有限，内生动力相对不足，另一方面，历史和现实矛盾错综交织，因而改革难度更大、任务更重。① 实践表明，农村集体产权制度改革是在探索过程中逐步向前推进的，各改革试点地区立足自身实际，聚焦关键难题，大胆创新突破，不仅探索了许多区域特征突出的差异化改革模式，而且更重要的是形成了一系列具有普适性的经验。

1. 坚持以分类推进为基本原则，确立改革框架

作为覆盖全国的重大改革举措，农村集体产权制度改革需要有统一的制度规范，对改革目标、改革任务、基本原则、工作布置、政策界限等给予明确规定，以统一的顶层设计为导向制定改革目标，从总体上保证改革过程规范有序，防止改革走偏或产生较大风险。我国农村地域特征千差万别，农村集体经济组织的现状差异悬殊，成员资格认定、股权结构设置、集体资产量化等方面的利益诉求和矛盾问题各不相同，因而在改革具体推进过程中，必须在坚持统一制度规范条件下更加重视立足各地实际，因地制宜，分类推进，一村一策。

改革实践中，不同区域在推进改革的起始阶段都创新性地构建了分类施策的改革框架。对成员资格界定，一方面，明确规定符合条件，并在基准日之前满足条件的才能获得成员资格；另一方面，设置一定弹性制度空间解决残疾、老人或孤儿等人群的特殊问题。同时，对于基准期之后的新增人口，规定其虽不能参与村集体股份分红，但可以享受公共福利，以满足其参与分享集体经济发展利益的基本诉求。对于集体资产价值认定，根据实际情况分别采取按资产账面价值定价、参照同类资产交易价格定价和委托第三方专业机构评估作价三种方式灵活处置。在集体股权设置上，倡导原则上不设集体股，支持农民可以根据实际需要，在充分讨论的基础上自主

---

① 马翠萍、郗亮亮：《农村集体经济组织成员资格认定的理论与实践——以全国首批 29 个农村集体资产股份权能改革试点为例》，载《中国农村观察》2019 年第 3 期。

选择是否设置和占多大比重。对集体资产量化过程中，集体经营性资产较多的村，直接把集体经营性资产以数额方式量化给集体成员；集体资产少并主要以资源为主的纯农业村，对集体资产和资源以份额形式量化给集体经济组织成员；部分集体土地难以以实物形态确权到户的村，则选择"确权确股不确地"的方式实现资产量化。①正是因为坚持统一规范与分类实施并重的改革框架和差异化制度设计，增强了改革的针对性和可行性，有效减小了改革阻力，确保了改革进程既符合实际需求又能够有序推进。

2. 坚持以农民主动参与为基本方式，破解改革难点

农村集体产权制度改革的最大受益主体是农民，只有充分尊重民意，切实保障农民的各项基本权益，让农民知晓改革、关心改革、参与改革，才能真正调动农民积极性，形成有效的内生动力。相反，如果整个改革过程由政府大包大揽，简单化推进，农民作为受益主体被边缘化，不仅会大幅增加改革成本，而且还会因无法有效化解众多复杂的内部矛盾而面临较大改革障碍，进而降低改革效率。因此，在农村集体产权制度改革推进过程中，最重要的共性创新探索之一就是坚持"政府引导、农民主体"的基本方式，以构建农民充分参与的制度机制，农民的事农民办，农民的问题农民解决，充分授权、平等协商、柔性推进。凡是改革推进过程中最为棘手的资产清理、成员认定、股权设置、历史债务化解等复杂矛盾，均无一例外地将基本选择权交给农民，采取由集体成员充分民主讨论决策的方式予以解决，既有效化解改革矛盾，又显著提高改革效率。更关键的是，农民通过充分参与维护了自身的合法权益，强化了主体地位和责任意识，由要我关心变为我要关心，对改革的关切度提升、参与性增强，有效激发农民主动参与改革的内生动力。毫无疑问，

---

① 郭晓鸣、张耀文、马少春：《农村集体经济联营制：创新集体经济发展路径的新探索——基于四川省彭州市的试验分析》，载《农村经济》2019 年第 4 期。

由政府主导搭建农民全程参与农村集体产权制度改革各重要环节的制度平台，让农民真正成为改革的参与者、决策者、监督者和受益者，以农民参与营造良好的改革氛围、形成重要改革合力、破解大量改革难题和构建有效改革激励，既是不同区域农村集体产权制度改革中贯穿始终的一条主线，也是确保改革过程能够顺利启动和稳步推进的重要经验。

3. 坚持以内部制度创新为关键，平衡改革利益关系

农村集体产权制度改革必然涉及利益保护和利益分配，如果处理不当将会引发新的矛盾和增大改革阻力。由于历史原因和资源特点，农村集体经济组织存在不同权属层级的集体资产，特别是在广大南方地区，集体资产中既有村级资产，也有组级资产。在推进农村集体产权制度改革过程中，必须在充分尊重权属关系的历史因素与现实情况的基础上，重点通过内部组织架构的制度创新来实现利益分配关系的合理平衡。改革实践中，这方面的重要突破是既明晰村民小组集体资源的权属关系和利益分配关系，又由村级集体经济组织进行统一管理和运营，提高资源利用效率。以不打乱村组之间基本的资产权属关系为基础，主要在组级和村级集体经济的组织架构上合理重塑，既保障内部产权清晰，又实现共享运营成果。同时，在新型农村集体经济组织的规范管理方面，一方面，合理引入现代组织管理制度，改善和优化集体经济内部治理结构，提升集体资产管理和经营效率；另一方面，坚持合作互助的基本组织特征，强化参与式监督制度，防止少数人控制和侵占集体资产，充分保障集体成员的共同利益。通过坚持效率与公平并重的改革取向，构建有效的利益均衡和激励机制，实现新型农村集体经济稳定发展。

4. 坚持以激活农村资源为重点，释放改革潜能

农村集体产权制度改革已经取得了一系列重要进展，在此基础上如何有效释放改革潜能成为一个关键问题。应当看到的是，由于绝大多数农村集体经济组织均为经营性资产极少的"空壳村"，所拥

有的荒地、山林、塘堰也大都处于闲置或低效利用状态，怎样实现产权制度改革之后的发展和突破成为很大的挑战。已有的改革实践表明，受制于集体经济组织的发展能力和风险承受能力，改革之后大多数新型农村集体经济组织主要聚焦于激活集体资源，选择渐进性的低风险发展方式。最有创新价值的经验就是高度重视完善集体资源管理制度，在有效建立资源利用的竞争性进入机制基础上，既注重集体内部资源的充分激活，又注重集体外部资源的合理导入，以盘活集体的自然资源和存量资产为重点，实现集体经济的稳定起步。换言之，重点不是直接投资并经营风险较大的新产业项目，而是通过规范的出租、入股、合作经营等方式盘活闲置的荒地、山林、塘堰、宅基地等集体资源，以此释放改革潜能。虽然这一发展方式短期内可能难以实现集体经济收入和分红快速增长，但其发展风险较低，稳定性更强，并且能够有效化解大量集体资源长期闲置或低效利用的突出矛盾，重塑农民对集体经济的信心，从而为农村集体经济的稳健发展积蓄更强动能。

5. 坚持以差异化发展模式为导向，增强改革持续性

农村集体产权制度改革是手段而非最终目的，不能仅仅停留于完成量化股权、颁发股权证、登记赋码等方面任务，不能为改革而改革，更不能有改革而无发展。改革的成果必须得到应用，农村集体经济组织必须实现发展，农民必须从集体经济发展中得到实惠。只有这样，改革才能持续得到农民的响应和支持，才能有持续性发展动力。我国农村地域广阔、差异悬殊，不同地区资源禀赋不同、地理区位不同、经济发展的基础和条件不同，农村集体经济组织发展所面临的挑战和机遇必然不同，很难采用完全统一的发展模式。因此，实践中不仅改革与发展联动的趋势十分明显，而且更重要的是并非选择"一刀切"的统一发展模式，针对城中村、城郊村、纯农业村等不同类型，基于其资源禀赋和发展基础差异，以充分发挥比较优势为导向，不同区域探索形成了资产租赁型、资产经营型、

特色产业发展型、服务创收型、跨村合作型等差异化的集体经济发展模式。如果说重点激活集体资源的低风险发展方式能有效提高集体经济改革与发展的稳定性，那么选择差异化集体经济发展模式则更能增强发展的持续性，使新型农村集体经济在市场竞争中具备更强的生存适应性和持续发展能力。

四、进一步深化农村集体经济组织产权制度改革面临的主要问题

虽然改革的阶段性任务已经基本完成且成效显著，但在集体资产股份权能、农村集体经济组织与村"两委"关系、政策支持等方面仍面临一些问题及困境，亟须深化改革、持续推进。

（一）集体资产股份权能有待实质性拓展

农村集体产权制度改革已经实现了"还权于民"，然而"还权"后的"赋能"尚未充分实现。有学者指出，虽然赋予了农民对集体经营性资产的占有权和收益权，但在赋予农民有偿退出、抵押、担保和继承权这四项权能方面，面临着一些问题和障碍因素。[①] 经过改革，农民明晰了自己对集体资产所拥有的基本权利，但其凭借集体产权实现后续发展的能力仍然不足。多数地区在集体股权抵押、担保、继承、流转、退出等权能拓展方面虽然已经建立基本的制度架构，但实际上尚未实施和运行。一方面，由于金融机构的参与和支持不足，农村集体资产股份的抵押、融资功能依然"虚置"，事实上仍表现出权能不全的状态，抑制了集体资产的效能发挥。另一方面，集体股权的继承和转让明确限定在集体内部范围，虽然短期内有利于保持集体经济组织的内部稳定，但也必然会在一定程度上限制农民的资产权利通过市场机制获取更大收益。

---

① 张晓山、苑鹏、崔红志等：《农村集体产权制度改革论纲》，中国社会科学出版社 2018 年版，第 150 页。

（二）农村集体经济组织与村"两委"关系有待协调

农村集体经济组织和村"两委"是乡村治理的两大支柱，从制度逻辑分析，村"两委"应主要承担决定乡村发展重大事项和提供基本公共管理及服务等职能，而农村集体经济组织则依法代表全体成员集体行使管理和运营集体资产的职责，通过壮大集体经济增加农民的财产性收入。从法律规定和实践看，两个组织都负有公共和公益服务的职责，而且在公共服务和公益事业方面职责的重合是显而易见的。有研究指出，多年来，一些地方的农村集体经济组织不健全，由村委会代行集体经济组织的职能，但随着经济社会发展和农村改革深化，这种状况已经越来越不适应现实需要，应当实行"政经分离"。农村集体产权制度改革为农村集体经济组织与村委会的分设奠定了实践基础。① 但在改革实践中，农村集体经济组织和村"两委"却难以真正实现政经分离，这并非在于形式上的村支书或村主任普遍身兼多职，事实上在农村人才资源严重短缺条件下，村"两委"负责人作为乡村精英人才兼任农村集体经济组织带头人具有一定合理性。特别是在公共财政覆盖农村能力严重不足背景下，调动集体经济组织资源弥补公共资源不足的情况并不少见，甚至有的村庄人居环境改造的新增债务也直接转由集体经济组织承担。从发展趋势看，乡村治理现代化的基本要求应当是农村集体经济组织和村"两委""三驾马车"各司其职，功能互补，形成合力。因此，短期内即便人员交叉任职，也仍然需要坚持职责分离和功能分开。合理协调农村集体经济组织与村"两委"的相互关系，改变事实上存在的政经不分现象，渐进推动"政经分离"，既是深化农村集体产权制度改革的内在要求，也是进一步促进乡村治理能力现代化的现实路径。

---

① 何宝玉：《关于农村集体经济组织与村民委员会关系的思考》，载《法律适用》2023 年第 1 期。

（三）政策支持不足

当前，农村集体产权制度改革已经取得重要进展，但比较而言改革与发展脱节的问题仍然较为突出。有学者指出，改革之后新型农村集体经济虽然已有多样化发展模式探索，但总体上覆盖面较小，带动力不足，为农民带来的收入增长激励仍然十分有限。究其原因，与针对新型农村集体经济发展的支持政策严重缺乏直接相关。① 一方面，与家庭农场、合作社、涉农企业等新型经营主体都有明确具体的扶持政策不同，集体经济发展中用地保障、项目申报、资金扶持、金融信贷等方面几乎仍是政策空白，没有专项的支持政策。另一方面，尽管当前乡村建设、产业扶持、环境治理、生态补偿等惠农政策密集出台，政策支持力度不断增强，但其政策目标指向明确，资金使用范围要求严格，基本上没有与发展农村集体经济相互关联和有机结合。② 因此，农村集体经济发展依然是"三农"政策支持体系中最为薄弱的领域，在一定程度上构成产权制度改革之后新型农村集体经济发展总体仍较迟缓的主要原因。

（四）改革协同性不强

党的十八届三中全会指出，全面深化改革要更加注重改革的系统性、整体性和协同性。有学者也指出，农业农村任何一项改革都不可能独立存在，一项改革的效果不但取决于自身设计的科学性，也取决于与其他改革的协调性。③ 当前，我国农村综合改革呈现全面推进的基本态势，但从已有改革实践看，各项改革单兵突进现象比较明显。农地确权改革、农地流转制度改革、农地退出改革、农村

---

① 郭晓鸣、王蔷：《深化农村集体产权制度改革的创新经验及突破重点》，载《经济纵横》2020 年第 7 期。

② 王永平、黄海燕：《农村产权制度改革风险防控问题探析——以六盘水市农村"三变"改革为例》，载《经济纵横》2019 年第 9 期。

③ 杜志雄：《增强农业农村改革的系统性、整体性、协同性》，载《农村工作通讯》2019 年第 16 期。

宅基地制度改革、集体经营性土地入市制度改革、农村金融体制改革等重要改革内容，与农村集体产权制度改革都具有高度关联性，但在实践中却是独立推进的。这些相关性很强的改革与农村集体产权制度改革相互割裂、各自为战，带来的必然是因改革碎片化而使改革成本增大、效率降低，不仅直接影响集体产权制度改革效应的正常发挥，而且也加大了后期改革成果统一整合应用的难度。当前，独立推进相关农村改革的局限性已日益充分地显现出来，不同改革之间不能互为依托、相互支持，必然导致分别形成的制度规范之间发生冲突，改革效应被抵消性削弱。因此，从顶层设计上增强改革协同和联动，有效消解改革的碎片化制约，最大限度地凝聚改革共识，形成改革合力，已经成为进一步深化农村集体产权制度改革的必然选择。

五、深化农村集体经济组织产权制度改革还需要研究解决的重大问题及突破重点

农村集体产权制度改革作为一项前无古人、旁无借鉴、涉及面广、情况复杂的全新改革，已取得显著成效，但是从理论和实践两个层面看，对一些重大关键问题的认识还需要统一，改革方向需要更加明晰。[①]

（一）发展什么样的农村集体经济

推进农村集体产权制度改革，根本目的是发展集体经济，实现共同富裕。绘好新型农村集体经济的蓝图，才能确保农村产权制度改革的方向不走偏、工作不走形、政策不走样。

第一，农村集体经济是社会主义公有制经济在农村的重要体现。农村集体所有制是社会主义公有制的重要组成部分。新中国成立以

---

① 张红宇等：《农村改革的第二次飞跃——将农村集体产权制度改革引向深入》，载《农村工作通讯》2020 年第 9 期。

来，为探索农村集体所有制的有效实现形式，我们先后经历了土地改革、农业合作化、人民公社化、家庭联产承包责任制以及当前正在推进的农村集体产权制度改革，一系列的制度变迁本质上是在回答中国特色社会主义道路在农村如何推进、怎么走的问题。农村集体所有制基础上产生的农村集体经济，是集体成员利用集体所有的资源要素，通过合作与联合实现共同发展的一种经济形态。农村集体经济实行土地等生产资料成员集体所有，家庭经营和集体统一经营相结合，本质是农民的合作和联合，目的是提高要素资源的配置效率，发挥组织的规模效应和集合功能。

第二，新时代发展新型农村集体经济具有深刻的历史背景。农村集体成员边界不清晰、产权关系不明确难以符合社会主义市场经济体制的新要求，城乡要素交换不平等难以适应城乡融合发展的新趋势，加快实施乡村振兴战略，促进城乡要素自由流动、平等交换，必须健全农村集体产权制度，廓清各类财产的主体和权利边界，赋予农村集体经济组织市场主体地位，实现农村集体经济与市场的有机衔接。

第三，新型农村集体经济具有丰富的内涵。新型集体经济是成员边界清晰、产权关系明确的集体经济，是集体优越性和个人积极性有效结合的集体经济，是更具发展活力和凝聚力、可持续的集体经济。发展新型农村集体经济，基础是要逐步构建归属清晰、权能完整、流转顺畅、保护严格的中国特色社会主义农村集体产权制度，路径是紧紧围绕充分发挥市场在资源配置中的决定性作用和更好发挥政府作用，通过一系列改革措施，赋予双层经营体制新的内涵，健全集体经济组织的功能和地位，探索形成既体现集体优越性又调动个人积极性的健康可持续体制机制，建立符合市场经济要求的农村集体经济运行新机制，充分激发集体经济的内生动力，促进集体资产保值增值，增加农民财产性收入。

（二）保护好农民的集体成员权益

推进农村集体产权制度改革，彻底解决集体所有权的"虚置"，彻底改变集体和成员的对立关系，保护农民的集体成员权益，必须回答好保护哪些人、赋予哪些权利及如何保护三个关键问题。

第一，谁是集体经济组织成员。农村集体经济组织具有地域性、唯一性、排他性、封闭性特征，只有本集体经济组织成员才能享有相应的集体权益，保护成员权益首先要明确谁是集体经济组织成员。中央要求，按照尊重历史、兼顾现实、程序规范、群众认可的原则，统筹考虑户籍关系、农村土地承包关系、对集体积累的贡献等因素，协调平衡各方利益，做好集体经济组织成员身份确定工作，解决成员边界不清的问题。但经济社会快速转型带来的村庄变迁、历史遗留下来长期未得到解决的难题等因素都造成了成员资格界定的现实复杂性，须妥善处理好政府指导和农民主体的关系、尊重历史和兼顾现实的关系、一般情况和特殊情形的关系。成员资格实行开放管理还是封闭管理，考虑到农民集体经济组织的社区性，为防止外部资本的侵占，中央要求封闭管理，改革的范围要严格限定在农村集体经济组织内部。

第二，赋予集体经济组织成员哪些权利。农民作为集体经济组织成员享有的权利主要包括两方面：一是财产权利，包括集体土地承包经营权、宅基地使用权和集体收益分配权，要充分赋权于民；二是民主权利，是对集体经济活动的民主管理权利，包括知情权、参与权、表决权、监督权等，要让成员充分享有。改革要使广大农民在物质利益和民主权利两个方面都有获得感。

第三，如何保护集体经济组织成员的合法权益。保护成员的财产权利，一是要完善股权权能，组织实施好赋予农民对集体资产股份占有、收益、有偿退出、抵押、担保、继承权改革试点；二是实行严格保护，农民所持有的集体资产股份流转要封闭运行，不能突破集体经济组织的范围。保护农民的民主权利，一是要保障农民的选择权，尊重农民意愿，发挥农民主体作用，把选择权交给农民，涉及成员利益的重大事项都要实行民主决策；二是保障农民的知情权、参与权、表决权、监督权，改革方案的制定、实施以及后续管理，都要维护好农民作为农村集体组织成员的监督管理权利。

（三）巩固和完善农村基本经营制度

推进农村集体产权制度改革，不是孤立无援地单兵突进，而要同巩固和完善农村基本经营制度相得益彰，充分释放改革红利。

第一，统分结合双层经营体制要实现集体优越性和个人积极性的有机结合。家庭承包经营为基础、统分结合的双层经营体制，是我国宪法确立的农村基本经营制度。长期稳定和不断完善以家庭承包经营为基础、统分结合的双层经营体制，是党在农村的基本方略。"双层经营"包含了两个经营层次：一是家庭分散经营层次；二是集体统一经营层次。习近平总书记在福建工作时就指出，社会主义制度的优越性在农村经济上的体现，应该是集体优越性和个人积极性的完美结合；集体和个人，即"统"与"分"，只有使两者有机地结合起来，才能使生产力保持旺盛的发展势头，偏废任何一方，都会造成大损失。

第二，统分结合双层经营体制要在集体经营层面上不断挖掘潜力。过去四十多年农村改革的实践证明，实行家庭联产承包责任制经营，符合生产关系要适应生产力发展要求的规律，使农户获得了充分的经营自主权，充分调动了亿万农民的生产积极性，极大地解放和发展农村生产力，制度效益仍在持续。但集体统一经营层面的巨大发展潜力还有待开发，集体资产归属不清晰、保护不严格、流转不顺畅等问题严重制约集体经济的发展和集体组织功能的发挥，亟须健全产权制度，加强产权保护，畅通集体经济发展渠道和路径。

第三，统分结合双层经营体制要有良好的运行机制。推进农村集体产权制度改革，落实好各项改革措施，探索集体经济新的实现形式，构建中国特色社会主义农村集体产权制度，保护农民作为集体经济组织成员的合法权利，使得广大农民群众与集体经济的关联更具体、更明确、更直接，调动广大农民群众关心集体经济发展的主动性和积极性，真正把新型集体经济发展起来。通过农村集体产权制度改革，构建有利于集体经济巩固和发展的运行机制，强化农民群众的集体意识，积极支持、主动参与农村集体经济发展，互利互惠，共享共赢。

（四）处理好集体经济组织与其他几类主体的关系

推进农村集体产权制度改革，明确了集体经济组织的市场主体地位，创新了集体经济组织的实现形式。发展集体经济有了良好的制度环境，在此基础上，重点关注农村集体经济组织与其他几类重要主体的关系。

第一，统筹好集体经济组织与国家的权利和利益关系。国家与农村集体经济组织在农村集体产权上的权利义务关系应在产权改革中进一步明确，利益分配格局应在产权改革中进一步优化。重点是赋予村集体更大的经济发展权，尤其是土地发展权。按照最新修订的土地管理法，集体经营性建设用地通过出让、出租等方式交由集体经济组织以外的主体直接使用获得法律许可，对释放产权改革的效益至关重要。

第二，处理好集体经济组织与党支部、村委会的相互关系。必须明确党组织在农村基层具有主导地位和核心作用。从功能和性质看，集体经济组织是承担集体资产经营管理服务等经济事务、由集体经济组织成员所组成的经济性组织，理应发挥组织资源、发展经济的作用，深化集体产权制度改革要有利于强化集体经济组织的经济属性；村委会是以办理公共事务为重点、为全体村民服务的基层政务性组织。三类主体的功能定位清晰，实践要确保在党组织的领导下，发挥主体间的互补性，理顺利益关系，构建分工协作格局，强化形成促进乡村发展的治理合力。要切实按照中央提出"强化农村基层党组织领导作用，全面推行村党组织书记通过法定程序担任村委会主任和村级集体经济组织、合作经济组织负责人"的政策要求，处理好"一个个体与三个组织"的关系。

第三，处理好集体经济组织与其他市场主体的联结关系。集体经济组织是农村经济体系的有机组成部分，但并不是组织体系的全部内容，如何处理好与农民合作社、企业等各类市场主体的关系，形成互利共享的联结机制，构建利益共同体事关重大。产权改革对农村资产产权关系的明晰，发展集体经济组织，并不是为了排斥其他市场主体，通过多元主体的合作共赢实现集体经济的发展才是本意。要注意发挥好集体经济组织和其他市场主体的各自优势，功能互补、合作共赢。

（五）深化农村集体经济组织产权制度改革的突破重点

中国特色社会主义进入新时代，农业农村发展步入新的历史阶段，准确把握农村改革方向，在农业内生发展动力机制方面，农村集体经济组织的产权制度改革将肩负重要使命，必须将改革引向深入。

1. 加快农村集体经济组织立法

农村集体经济组织产权制度改革为农村集体经济组织立法提供了实践基础。根据第十三届全国人大常委会立法规划和 2022 年度立法工作计划安排，全国人大农业与农村委员会会同有关方面，在认真总结开展农村集体产权制度改革实践、深入调查研究、广泛听取意见、反复论证的基础上，拟订农村集体经济组织法草案，把可复制、可推广的成熟经验以法律形式固定下来。2022 年 12 月，农村集体经济组织法草案提请十三届全国人大常委会第三十八次会议初次审议；2023 年 12 月，农村集体经济组织法草案提请十四届全国人大常委会第七次会议二次审议。抓紧制定农村集体经济组织法，健全相应的法律制度，将会极大地优化农村集体经济组织发展的制度环境，为促进新型农村集体经济发展壮大奠定良好法治基础。

2. 全面提速纵深性改革

在高质量完成清产核资、成员界定、股份量化、组织重构等基础性改革任务条件下，持续深化农村集体产权制度改革。应加大力度对集体股权继承、退出、流转、抵押融资等完整权能的实质性赋权，通过赋权实现赋能，充分释放农村集体产权制度改革的红利。探索集体成员与土地承包权、宅基地使用权、集体收益分配权的收益分配机制，开展集体资产股份有偿退出试点，尤其关注进城落户农民自愿有偿退出保障情况。开展农村集体经济组织与村委会"政经分离"改革试点，加强其经济职能。拓宽集体资产股份抵押担保试点范围，丰富抵押贷款相关产品，激发农村资源发展活力。

支持新型农村集体经济发展壮大，探索农村集体经济组织更好发挥"统"的有效形式和机制，盘活集体资产资源、引领集体经济发展、服务集体成员。因地制宜发展资源发包、物业出租、居间服务等模式，探索以强带弱、抱团发展、转型升级等集体经济发展新路径。完善农村集体经济组织与各类经营主体的利益联结机制，探索开展多种方式的合作，但前提是严格控制风险和债务。持续开展扶持村级集体经济发展试点，加大发展集体经济的宣传力度。

3. 有效强化协同性改革

当前，特别重要的是应有效抑制改革碎片化效应，重点推进承包地和宅基地退出改革、集体经营性建设用地入市改革、农村金融体制改革与集体产权制度改革的集成联动，以提高改革协同性为支撑，提升农村集体产权制度改革的综合性和系统性绩效。健全农村集体资产监督管理体系，完善扶贫资产、乡村振兴项目等集体资产确权登记和运营管护；充分利用全国农村集体资产监督管理平台，对农村集体资产数据进行分析，并指导农村集体经济组织依托平台实现对集体资产、成员权利的科学管理；健全财务制度和会计制度，规范农村集体经济组织的财务活动。适时成立集体资产管理服务机构，配备必要的队伍或人员，切实履行集体资产监管、财务指导、产权交易服务等职能；在人员编制和培训、运转经费等方面予以保障，不断提升队伍能力素质。加强农村产权流转交易市场建设与管理，加快建立农村产权流转交易市场管理信息系统，促进建立农村产权流转交易市场与农村集体资产管理的有机结合。

4. 创新政策支持体系

一方面，应将支持新型农村集体经济发展纳入农村政策支持体系的基本框架，设立专项基金，精准支持农村产业；另一方面，强化政策整合，将产业发展、乡村振兴和生态治理等专项资金与支持集体经济相互联动、共促发展，为促进农村集体经济加快发展提供新的增长动力。要完善农村集体经济发展支持政策，建立健全中央财政支持集体经济发展投入机制，鼓励地方建立发展集体经济基金。加快制定税收征缴和优惠政策，包括减免集体资产由村委会转移到农村集体经济组织的税费，减少年底分红的税费等。探索金融机构对农村集体经济组织及成员的融资担保政策，设立专项信贷资金，设定担保条件和抵押范围，尽可能满足发展集体经济的融资需求。健全用地保障机制，建立农村集体经营性建设用地使用权流转市场。鼓励有条件的地方研究制定人才激励机制，充分激发各类人才在集体经济发展中的积极性。

第二章　农村集体经济组织的职能

根据管理学基本概念，组织职能是指所确定的任务由谁来完成以及如何管理和协调这些任务的过程。农村集体经济组织是具有中国特色的集体经济组织，在不同历史时期所承担的任务具有鲜明的时代性，其具体职能也经历过几次较大调整。进入新时代，随着农村经济社会结构的深刻变化和乡村治理机制的不断完善，农村集体经济组织的职能定位也在不断调整变化，以适应新形势、新任务、新要求。

一、农村集体经济组织的职能演变

1952 年下半年至 1956 年，新中国仅仅用了 4 年时间，就完成了对农业、手工业和资本主义工商业的社会主义改造，实现了把生产资料私有制转变为社会主义公有制，使中国从新民主主义社会跨入了社会主义社会，我国初步建立起社会主义的基本制度。[①] 从此，中国进入社会主义的初级阶段。我国农村集体经济组织是在 20 世纪 50 年代实行农业社会主义改造时期产生的，随后不断发展演变，其职能也随之变化。

（一）农业合作化时期

1955 年 11 月，全国人大常委会第二十四次会议通过《农业生产合作社示范章程（草案)》（以下简称《章程》），规定了农村集体经济组织的主要职能：

---

① 参见《中国共产党简史》，人民出版社 2021 年版，第 179—183 页。

一是发动群众、组织生产和分配劳动成果。《章程》第 1 条规定，农业生产合作社是劳动农民的集体经济组织，是农民在共产党和人民政府的领导和帮助下，按照自愿和互利的原则组织起来的；它统一地使用社员的土地、耕畜、农具等主要生产资料，并且逐步地把这些生产资料公有化；它组织社员进行共同的劳动，统一地分配社员的共同劳动的成果。

二是履行国家赋予的义务。《章程》第 7 条第 2 款规定，农业生产合作社必须模范地尽它对国家的义务，按照国家规定的数量、质量和时间交纳农业税，按照国家的统购计划交售农产品，按照同国家采购机关所订的预购合同出售农产品。

三是做政治工作和发展文化福利事业。《章程》第 69 条规定，农业生产合作社应该在共产党和人民政府的领导下，在青年团和妇女联合会的协助下，进行合作社的政治工作。第 70 条规定，农业生产合作社应该积极地动员、组织和帮助社员扫除文盲，学习文化和科学。合作社应该有计划地开展文化、娱乐和体育的活动，提高社员的文化生活水平。第 72 条规定，农业生产合作社应该随着生产的发展，逐步地发展以下的福利事业：（1）开展公共卫生工作和社员家庭卫生工作。（2）组织农忙托儿所，解决女社员的困难。（3）女社员生孩子的时候，酌量给以帮助。（4）社员遭到不幸事故，生活发生严重困难的，酌量给以帮助。

1956 年 6 月，第一届全国人民代表大会第三次会议通过《高级农业生产合作社示范章程》（以下简称《高级社章程》），农村集体经济组织的主要职能有了进一步发展。

一是在发动群众、组织生产和分配劳动成果的基础上，对社员的主要生产资料有所有权。《高级社章程》第 2 条规定，农业生产合作社按照社会主义的原则，把社员私有的主要生产资料转为合作社集体所有，组织集体劳动，实行"各尽所能，按劳取酬"，不分男女老少，同工同酬。第 13 条规定，入社的农民必须把私有的土地和耕畜、大型农具等主要生产资料转为合作社集体所有。社员私有的生活资料和零星的树木、家禽、家畜、小农具、经营家庭副业所需要的工具，仍属社员私有，都不入社。

二是按照国家计划生产经营，履行义务。《高级社章程》第 5 条规定，农业生产合作社要把全社利益和国家利益正确地结合起来。合作社应该在国家经济计划的指导下独立地经营生产。合作社必须认真地对国家尽交纳公粮和交售农产品的义务。

三是扩大生产范围，发展多种经济。《高级社章程》第 25 条规定，农业生产合作社在组织和发展生产上，必须贯彻执行勤俭办社的方针，积极地扩大生产范围，发展同农业相结合的多部门经济；要厉行节约，降低生产成本。第 27 条规定，农业生产合作社要根据国家的计划和当地的条件，努力增产粮食、棉花等主要作物，同时又要发展桑、茶、麻、油料、甘蔗、甜菜、烟叶、果类、药材、香料和其他经济作物。第 28 条规定，农业生产合作社要根据需要和可能，积极地发展林业、畜牧业、水产业、手工业、运输业、养蚕业、养蜂业、家禽饲养业和其他副业生产。

四是做政治工作提高社会主义觉悟。为了统一思想，逐步提高农民的觉悟，使农民适应新的变化，建设社会主义国家，《高级社章程》中增加了做政治工作，提高社会主义觉悟的内容。第 46 条规定，农业生产合作社要利用业余时间，向社员讲解和宣传国内外的时事、共产党的主张和人民政府的政策法令，并且要通过社内的各种实际活动，向社员进行爱国主义和集体主义的教育，加强工农联盟的思想，不断地提高社员的社会主义觉悟，克服资本主义思想残余。

五是发展更高水平的文化福利事业。因社员的主要生产资料归合作社集体所有，社员的生活和福利保障完全依靠合作社供给，因此《高级社章程》对发展文化福利事业提出了全方位要求，涵盖了社员的生老病死和生产、生活的方方面面。第 51 条规定，农业生产合作社必须注意社员在劳动中的安全，不使孕妇、老年和少年担负过重和过多的体力劳动，并且特别注意使女社员在产前产后得到适当的休息。合作社对于因公负伤或者因公致病的社员要负责医治，并且酌量给以劳动日作为补助；对于因公死亡的社员的家属要给以抚恤。第52条规定，农业生产合作社应该在生产发展的基础上，随着合作社收入和社员个人收入的增加，根据社员的需要，逐步地举办以下各种文化、福利事业：（1）组织社员在业余时间学习文化和科学知识，在若干年内分批扫除文盲。（2）利用业余时间和农闲季节，开展文化、娱乐和体育活动。（3）开展公共卫生工作和社员家庭卫生保健工作。（4）提倡家庭分工、邻里互助、成立托儿组织，来解决女社员参加劳动的困难，保护儿童的安全。（5）女社员生孩子的时候，酌量给以物质的帮助。（6）在可能的条件下，帮助社员改善居住条件。第53条规定，农业生产合作社对于缺乏劳动力或者完全丧失劳动力、生活没有依靠的老、弱、孤、寡、残疾的社员，在生产上和生活上给以适当的安排和照顾，保证他们的吃、穿和柴火的供应，保证年幼的受到教育和年老的死后安葬，使他们生养死葬都有依靠。对于遭到不幸事故、生活发生严重困难的社员，合作社要酌量给以补助。

（二）人民公社时期

1958年8月17日，中央政治局扩大会议在北戴河举行。会议通过了《中共中央关于在农村建立人民公社问题的决议》，决定把各地成立不久的高级农业生产合作社，普遍升级为大规模的、政社合一的人民公社。[①] 1958年11月28日，中共八届六中全会在武昌举行。会议通过了《关于人民公社若干问题的决议》（以下简称《决议》），对人民公社制度的一些大的政策界限，作了进一步明确规定，它指出人民公社是我国社会主义社会结构的工农商学兵相结合的基层单

① 参见《中国共产党简史》，人民出版社2021年版，第192—194页。

位，同时是社会主义政权组织的基层单位。

人民公社实行统一领导、分级管理的制度。公社的管理机构，一般可以分为公社管理委员会、管理区（生产大队）、生产队三级。管理区（生产大队）一般是分片管理工农商学兵、进行经济核算的单位，盈亏由公社统一负责。生产队是组织劳动的基本单位。在公社管理委员会的统一领导下，管理区（生产大队）和生产队在组织生产和基本建设、管理财务、管理生活福利事业等方面，有一定的权力。农村人民公社制度的发展，让农村集体经济的职能得到进一步扩充。

一是在所有制上，人民公社从集体所有制逐步过渡到全民所有制。《决议》指出，人民公社的建立，使集体所有制的经济增加了若干全民所有制的成分。这是由于农村的人民公社和基层政权合而为一；由于农村中原有的全民所有制的银行、商店和某些其他企业下放到公社管理；由于公社参加兴办某些具有全民所有制性质的工业和其他建设事业；由于许多县成立了统一领导全县公社的县联社，县联社有权调度各公社的适当部分的人力、物力和财力，去进行全县性的或者超过县的范围的建设事业，并且许多地方已经在着手进行这些事业等。

二是在分配方式上，人民公社实行供给制，这是带有共产主义的按需分配原则的萌芽。《决议》指出，人民公社实行的工农业同时并举和互相结合的方针，为缩小城乡差别、工农差别开辟了道路；农村人民公社由社会主义的集体所有制过渡到了社会主义的全民所有制以后，它的共产主义因素将有新的增长；这些都是应当承认的。而且，随着社会产品由于全国工农业日益高涨，逐步由不丰富到丰富，公社分配制度中的供给部分逐步由少到多、供给标准逐步由低到高，以及人民共产主义觉悟日益提高，全民教育日益发展，脑力劳动和体力劳动差别逐步缩小，国家政权对内作用逐步缩小，等等，随着这一切，准备向共产主义过渡的条件也将逐步成熟起来。

三是人民公社在组织农业生产的基础上，还要大办工业。《决议》指出，人民公社必须大办工业。公社工业的发展不但将加快国家工业化的进程，而且将在农村中促进全民所有制的实现，缩小城市和乡村的差别。应当根据各个人民公社的不同条件，逐步把适当数量的劳动力从农业方面转移到工业方面，有计划地发展肥料、农药、农具和农业机械、建筑材料、农产品加工和综合利用、制糖、纺织、造纸以及采矿、冶金、电力等轻重工业生产。

四是人民公社在发展文化福利上，围绕发展生产的目的，最大限度地满足全体社会成员经常增长的物质和文化生活的需要。《决议》规定，公社负责社员的住宅改造和新建，开办公共食堂、托儿所、幼儿园、敬老院、工厂、禾场、畜舍、商店、邮电所、仓库、学校、医院、俱乐部、电影院、体育场、浴室、厕所等。甚至细化到了社员的个人生活，《决议》规定，在农村中，应当实行平时实际工作八小时、学习二小时的制度。农忙或者农村其他工作特别忙的时候，工作时间可以适当延长一些。但是无论如何，必须保证每天睡眠八小时，吃饭、休息四小时，共十二小时，这个时间一定不可少，目前劳动力紧张，这是事实，但是要着重在搞好工具改革方面和改善劳动组织方面找出路，而不要指望在延长劳动时间方面找出路。必须着重注意安全生产，尽可能改善劳动条件，力求减少和避免工伤事故。一定要保证妇女在产前产后得到充分的休息，在月经期内也一定要让妇女得到必要的休息，不做重活、不下冷水、不熬夜。

五是人民公社建立民兵组织，并生产配备武器。《决议》指出，在人民公社的各级生产组织中，应当相应地建立民兵组织。民兵组织和生产组织的领导机构应当是两套，各级民兵组织的指挥员，即团长、营长、连长等，原则上不由公社的主任、管理区主任（大队长）、队长等兼任。这些指挥员应当参加公社的同级管理机构作为成员之一，受同级管理机构和上级民兵指挥机关的双重领导。民兵组织应当根据需要配备武器，武器由地方自办兵工厂生产。基干民兵要按照规定的时间进行军事训练，普通民兵也要在劳动间隙进行适当的训练，以便为实行全民皆兵准备条件。

六是人民公社在做政治工作的基础上，突出强调斗争和批判。《决议》指出，办好人民公社的根本问题是加强党的领导。只有加强党的领导，才能实行政治挂帅，才能在干部和社员中深入地进行社会主义、共产主义的思想教育和反对各种错误倾向的斗争。领导干部认真地进行自我批评，虚心地听取群众的意见，在这个基础上，放手发动群众大鸣大放大辩论，贴大字报，表扬好人好事，批判坏思想坏作风，总结经验，明确方向，开展一个深入的社会主义、共产主义思想教育运动。

在人民公社的初期，出现了"一平二调"（"一平"是指在人民公社范围内把贫富拉平，搞平均分配；"二调"是指对生产队的生产资料、劳动力、产品以及其他财产无代价地上调）的"共产风"，严重破坏了生产力和人民群众的生产积极性。为此，1960 年 11 月 3 日中共中央发出《关于农村人民公社当前政策问题的紧急指示信》，简称十二条，要求全党用最大努力来坚决纠正"共产风"。[①] 1961 年 5 月 21 日，中共中央在北京举行工作会议，制定《农村人民公社工作条例（修正草案）》（以下简称《条例》）。会议在中央和各地负责人调查研究的基础上，对《农村人民公社工作条例（草案）》进行修改，制定该修正草案，修改部分主要是取消原草案中公共食堂和供给制的规定，并讨论了商业工作和城乡手工业问题。[②] 1962 年 9 月 27 日，中国共产党第八届中央委员会第十次全体会议通过了《条例》。人民公社、生产大队、生产队三级农村集体经济组织的职能进一步明确。

---

① 温铁军：《"三农"问题与制度变迁》，中国经济出版社 2009 年版，第 215 页。
② 中共中央党史研究室：《中国共产党历史第二卷（1949—1978）》上册，中共党史出版社 2011 年版，第 511—512 页。

一是明确所有制形式,以生产大队的集体所有制为基础。《条例》规定,农村人民公社一般分为公社、生产大队和生产队三级。以生产大队的集体所有制为基础的三级集体所有制,是现阶段人民公社的根本制度。全大队范围内的土地,都归生产大队所有,固定给生产队使用。原来高级农业生产合作社所有的山林和生产大队新植的林木,一般都归生产大队所有。

二是明确福利事业主体是生产队。《条例》规定,公社在经济上,是各生产大队的联合组织。生产大队是基本核算单位。生产队是直接组织生产和组织集体福利事业的单位。

三是明确人民公社的具体政府职能和经济职能。《条例》规定,公社管理委员会,在行政上,相当于原来的乡政府,受县人民委员会的领导。在管理生产建设、财政贸易、民政、文教卫生、治安、民兵和调解民事纠纷等项工作方面,行使乡政府的职权。公社管理委员会的主要任务是,充分调动社员群众的积极性,组织各方面的力量,发展农业、畜牧业和林业生产。公社管理委员会,应该负责管理和维修全公社范围内的或者几个大队共同举办的水利建设和其他基本建设。具体来看,公社管理委员会根据需要和可能,可以有步骤地举办社办企业。公社管理委员会应该积极促进农村手工业生产的迅速发展。公社管理委员会应该督促生产大队和生产队,对于技术熟练的手工业劳动者,按照不同的标准,采用不同的办法,计算劳动报酬。公社的公共积累,除用于扩大再生产和举办集体福利事业以外,应该拿出一部分,扶助生产上有困难的生产大队和生产队。

四是明确生产大队的具体经营职能和公共服务职能。《条例》规定,生产大队,是人民公社这个联合经济组织当中的独立经营单位。它实行独立核算,自负盈亏。它统一管理各生产队的生产事业,又承认生产队在生产管理上有一定的自主权。它在全大队范围内统一分配归大队所有的产品和收入,又承认各生产队在产品留量和收入水平上的差别。生产大队在制定生产计划的时候，对于农业生产的各个方面（农、林、牧、副、渔），对于粮食作物和各种经济作物，都要根据当地生产习惯和可能，统筹兼顾，全面安排。生产大队为了发展多种经营，适应各生产队发展生产的需要，增加社会产品，增加社员收入，可以经营一定数量的大队企业。生产大队对于生活没有依靠的老、弱、孤、寡、残疾的社员，家庭人口多、劳动力少的社员和遭到不幸事故、生活发生困难的社员，实行供给或者给以补助。另外，生产大队有完成国家征购粮食任务的义务。

五是明确生产队的发展生产职能。《条例》规定，生产队在发展农业生产中，应该以发展粮食生产为主，同时，根据自然条件和历史习惯，积极发展棉花、油料和其他经济作物的生产；并且综合利用劳动力，充分利用自然资源和农作物的副产品，积极发展畜牧业、林业、渔业和其他副业生产。

生产队应该组织一切有劳动能力的人，参加劳动。生产队对于社员的劳动，应该按照劳动的数量和质量，付给合理的报酬，避免社员和社员之间在计算劳动报酬上的平均主义。

此后，为了克服束缚生产队积极性的平均主义，从根本上解决分配同生产不相适应的矛盾（直接组织生产的单位是生产队，而统一分配的单位仍然是生产大队），理顺所有制关系，促进生产力发展。[1] 1962 年 2 月 13 日，中共中央发出《关于改变农村人民公社基本核算单位问题的指示》（以下简称《指示》），决定农村人民公社一般以生产队（小队，相当于初级社）为基本核算单位。

基本核算单位下放以后，生产大队成为各生产队的联合经济组织，执行经济方面的许多职权；它还要在公社的领导下，进行行政方面的许多工作。生产大队担负下面这些任务：（1）根据国家对农产品的需要和生产队的具体情况，帮助生产队做好生产计划，保证

---

[1]　中共中央党史研究室：《中国共产党历史（第二卷）（1949—1978）》上册，中共党史出版社 2011 年版，第 576—577 页。

粮食和经济作物生产任务的完成；（2）在全大队范围内，保证完成国家的征购、派购和收购任务；（3）对生产队的生产工作、分配工作和财务管理工作，进行正确的指导、检查和督促，帮助它们改善经营管理；（4）领导兴办和管理全大队范围的或者几个生产队共同的农田基本建设和水利建设；（5）经营大队企业，管好大队所有的大型农业机具和运输工具；（6）举办全大队的集体福利事业，和生产队共同负责安排好五保户和困难户的生活；（7）领导全大队的民政、民兵治安、文教卫生等项工作；（8）进行思想政治工作。

基本核算单位下放以后，生产队在财务管理和分配方面的权力扩大了，生产经营方面的权力也有扩大，因此，它的任务也就更为重大。它既要正确地规划生产，又要统一核算收支；既要做好生产组织工作，又要做好财务管理工作；既要积极完成国家的农产品征购任务，又要切实安排好社员生活。[1]

（三）改革开放时期

1978年12月，中国共产党召开十一届三中全会，我国开始实行对内改革、对外开放的政策。中国的对内改革先从农村开始，1978年11月，安徽省凤阳县小岗村实行"分田到户，自负盈亏"的家庭联产承包责任制（大包干），拉开了中国对内改革的大幕。[2] 1983年中央一号文件对人民公社体制进行改革，提出实行生产责任制，特别是联产承包制，实行政社分设。人民公社原来的基本核算单位即生产队或大队，在实行联产承包以后，有的以统一经营为主，有的以分户经营为主。它们的管理机构还必须按照国家的计划指导安排某些生产项目，保证完成交售任务，管理集体的土地等基本生产资料和其他公共财产，为社员提供各种服务。

1983年10月，中共中央、国务院发布《关于实行政社分开建

① 罗平汉：《农村人民公社史》，人民出版社2016年版，第242—243页
② 陈锡文等：《中国农村改革30年回顾与展望》，人民出版社2008年版，第55—56页。

立乡政府的通知》，由此建立乡、镇人民政府，各种合作经济形式的工作在全国展开，人民公社体制逐渐废除。乡的规模一般以原有人民公社的管辖范围为基础，乡人民政府建立后，承接了人民公社的领导经济、文化和各项社会建设，做好公安、民政、司法、文教卫生、计划生育等工作职能。生产大队的组织结构也开始松动，政经逐渐分离。① 村民委员会根据村民居住状况陆续建立，其职责是办理本村的公共事务和公益事业，协助乡人民政府办理好本村的行政工作和生产建设工作。原来生产大队的经济职能有的由农业合作社承担，有的由村民委员会兼行。

经过改革开放的一些系列政策规定，农村集体经济组织的职能逐渐回归主业，即组织生产、发展经济。具体而言，就是以土地等生产资料公有制为基础，实行多种形式农业生产责任制，主要是实行联产承包责任制。联产承包责任制以农户或小组为承包单位，扩大了农民的自主权，发挥了小规模经营的长处，又继承了以往合作化的积极成果，坚持了土地等基本生产资料的公有制和某些统一经营的职能，促进了生产力的发展。②

联产承包责任制实行统一经营和分户经营相结合，农村集体经济组织按照互利的原则，办好村民要求统一办的事情，如各项生产的产前产后的社会化服务和机械、水利、植保、防疫、制种、配种等。1984 年中央一号文件规定，政社分设以后，农村经济组织应根据生产发展的需要，在群众自愿的基础上设置，形式与规模可以多种多样，不要自上而下强制推行某一种模式。为了完善统一经营和分散经营相结合的体制，一般应设置以土地公有为基础的地区性合作经济组织。

1985 年中央一号文件对农村集体经济组织的职能进行了进一步

---

① 麻渝生、苏卫：《农村集体经济组织的演变、问题及对策》，载《中共成都市委党校学报》2008 年第 6 期。

② 陈锡文等：《中国农村改革 40 年》，人民出版社 2018 年版，第 79—81 页。

明确，地区性合作经济组织，要积极办好机械、水利、植保、经营管理等服务项目，并注意采取措施保护生态环境。1986 年中央一号文件对农村集体经济组织经营管理职能进一步细化，地区性合作经济组织，应当进一步完善统一经营与分散经营相结合的双层体制。应当坚持统分结合，切实做好技术服务、经营服务和必要的管理工作。1987 年中央一号文件对农村集体经济组织的职能进行了系统归类，使其职能更加科学完善，乡、村合作组织主要是围绕公有土地形成的，与专业合作社不同，具有社区性、综合性的特点。不管名称如何，均应承担生产服务职能、管理协调职能和资产积累职能，尤其要积极为家庭经营提供急需的生产服务。有条件的地方，还要组织资源开发，兴办集体企业，以增强为农户服务和发展基础设施的经济实力。至此，经过改革开放，农村集体经济组织的形式发生一系列剧烈变革后，其职能框架逐步明确并稳定下来。

1991 年 11 月，党的十三届八中全会通过《中共中央关于进一步加强农业和农村工作的决定》。该决定提出把以家庭联产承包为主的责任制、统分结合的双层经营体制作为我国乡村集体经济组织的一项基本制度长期稳定下来，并不断充实完善。决定还对农村集体经济组织的职能作了详细规定，乡村集体经济组织是农业社会化服务体系的基础，要努力把农民急需的产前、产中、产后的服务项目办起来，并随着集体经济实力的增强逐步扩展服务内容。同时，要积极与其他服务组织联系，发挥其内联广大农户、外联国家经济技术部门和其他各种服务组织的纽带作用。壮大集体经济实力，主要利用当地资源进行开发性生产，兴办集体企业，增加统一经营收入；同时要搞好土地和其他集体资产的经营管理，按照合同规定收取集体提留或承包金；还可以发展服务事业，合理收取服务费。总之，应从当地实际出发，依靠生产的发展和自身的积累逐步壮大集体经济实力，决不可急于求成，更不能平调农户的财产。要建立严格的财务、审计、监督等管理制度，防止集体资产流失。

随着社会主义市场经济体制的建立，农民生活水平日益提高，其公共服务需求也日益增长，这对农村集体经济组织的职能提出了新的要求。1998 年 10 月，党的十五届三中全会通过《中共中央关于农业和农村工作若干重大问题的决定》。该决定提出农村集体经济组织要管理好集体资产，协调好利益关系，组织好生产服务和集体资源开发，壮大经济实力，特别要增强服务功能，解决一家一户难以解决的困难。进入 21 世纪，农村改革进一步深化，对农村集体经济组织的服务职能更加凸显。2003 年 10 月，党的十六届三中全会通过《中共中央关于完善社会主义市场经济体制若干问题的决定》，决定提出农村集体经济组织要推进制度创新，增强服务功能。

2014 年农村集体产权制度改革以来，不少村庄在推进股份合作制改革的过程中，探索实施村级组织职能分离改革，有效理顺了农村集体经济组织的多维度职能。改革后，新型农村集体经济组织从"多位一体"的基层组织架构中分离出来，获得了边界清晰的集体资源产权和职能完整的经济治理权能。新型农村集体经济组织也实现了对村"两委"的"去依附化"，不再直接承担村庄行政事务和村民自治事务，转而聚焦于以市场化手段开展经营活动，同时按照合法程序为乡村治理和公共服务提供资金支持，实现了经济职能与社会职能的协调互促。①

回溯历史，农村集体经济的职能范围在其发展历程中几经调整和变革，但始终保持着多元职能的特点，主要包括资源开发与利用、资产经营与管理、发展集体经济、服务集体成员、财务管理与利益分配等经济职能、服务职能和管理职能。

二、当前我国农村集体经济组织的职能

党的十八大以来，中共中央部署全面深化农村改革，稳定农村

---

① 云川财经：《城乡融合发展进程中，新型农村集体经济的"重要转变"》（2023 年 9 月 29 日），https：//baijiahao.baidu.com/s? id = 1778364078920475144&wfr = spider&for = pc。

土地承包关系，改革农村集体产权制度，健全城乡一体化体制机制，改善乡村治理机制，"三农"事业取得历史性成就，发生历史性变革，农村集体经济组织的职能也在变革中逐步完善定型。其主要具有以下职能。

（一）农村集体经济组织是特别法人，独立进行经济活动

宪法第 17 条规定，集体经济组织在遵守有关法律的前提下，有独立进行经济活动的自主权。民法典第 96 条规定，本节规定的机关法人、农村集体经济组织法人、城镇农村的合作经济组织法人、基层群众性自治组织法人，为特别法人。2016 年 12 月，《中共中央国务院关于稳步推进农村集体产权制度改革的意见》（以下简称《意见》）指出，农村集体经济组织可以利用未承包到户的集体"四荒"地（荒山、荒沟、荒丘、荒滩）、果园、养殖水面等资源，集中开发或者通过公开招投标等方式发展现代农业项目；可以利用生态环境和人文历史等资源发展休闲农业和乡村旅游；可以在符合规划前提下，探索利用闲置的各类房产设施、集体建设用地等，以自主开发、合资合作等方式发展相应产业。

在立法对农村集体经济组织民事主体地位的安排上，民法典将其独立于营利法人和非营利法人的界分之外，单列一类作为特别法人项下的一种。不同学者对农村集体经济组织法人的特别性有不同的表述。有学者指出，农村集体经济组织既肩负着维护农村集体所有制的政治使命，也承载着发展新型集体经济、实现农民共同富裕的重要功能。其特别性主要表现在七个方面：一是公益性和营利性并存；二是财产的不可分割性；三是成员的社区封闭性；四是资产经营利用具有社区性；五是土地资源性财产不能对外承担责任；六是权益分享以户为单位；七是不适用于破产终止。[①] 也有学者指出，

[①] 参见郑庆宇：《关于农村集体经济组织法人特别性的思考》，载《农村经营管理》2021 年第 9 期，第 17—18 页。

农村集体经济组织是特殊法人，现阶段我国农村集体经济组织的性质有三个方面：一是以社会主义公有制为基础，是具有社会主义特色的经济组织；二是特殊的民事主体；三是与基层社会组织高度重合。① 有学者指出，农村集体经济组织法人的特殊之处在于：第一，在目的上，以劳动者之间的互助和服务为己任，以为社员提供服务为最高原则，而不是以追求利润为己任；第二，在成立上，具有存在的历史性，是由原农业社会主义改造过程中形成的农业生产合作组织，经由原人民公社、生产大队、生产队改革改造转化而来，不存在成立与否的问题；第三，在财产上，其财产的原始来源包括原合作社社员转移给合作社的土地、农具、耕畜等生产资料，人民公社时期的劳动和经营积累，以及国家政策性投入等；第四，在成员构成上，原农业合作社社员转移生产资料所有权给合作社取得社员权，社员死亡后其继承人继承其社员权成为农村集体经济组织成员；第五，在收益分配上，其分配不依赖于原农业合作社社员的入社财产份额而是按照身份"按人均分"。② 还有学者认为，农村集体经济组织法人的特别性源于其成员的特别性，主要在于成员权利的身份性和集体资产股份权利的特别属性、处分权能的限制。集体资产股份权利的特别属性是公有性和保障性，这一属性源于集体资产的公有性和保障性。③ 从以上表述可以看出，有学者侧重从农村集体经济组织的社会政治职能分析其特别性，直接指明农村集体经济组织既肩负着维护农村集体所有制的政治使命，也承载着发展新型集体经济、实现农民共同富裕的重要功能，是以社会主义公有制为基础的经济组织。有些学者具体分析了农村集体经济组织法人的特别性，

---

① 参见方志权：《农村集体经济组织特殊法人：理论研究和实践探索》，载《科学发展》2018 年第 1 期，第 95—96 页。

② 参见屈茂辉：《农村集体经济组织法人制度研究》，载《政法论坛》2018 年第 2 期，第 29 页。

③ 参见房绍坤、宋天骐：《论农村集体经济组织法人成员的特别性》，载《山东社会科学》2022 年第 2 期，第 45—55 页。

但无论其所列举的特别性是七项还是五项甚至是一项，都指向了农民集体公有制。可见，学者们多认可农村集体经济组织的特别性在于农民集体公有制。① 依据马克思主义政治经济学原理，决定经济活动性质的关键因素是生产资料的所有制。由私人占有生产资料的所有制决定了经济活动的性质是私有制经济，由社会成员共同占有生产资料的所有制决定了经济性质是公有制经济。《共产党宣言》中将共产党人的使命概括为"消灭私有制"和"消灭人剥削人的制度"，"把资本变为属于社会全体成员的集体财产，并不是把个人财产变为社会财产"。② 马克思就公有制的本质特征在《资本论》中作了论述："在资本主义时代的成就的基础上，也就是说，在协作和对土地及靠劳动本身生产的生产资料的共同占有的基础上，重新建立个人所有制。"③ 可见，公有制是在协作和对生产资料共同占有的基础上重建的个人所有制，它不同于小私有制的个体经济。在生产资料的共同占有的基础上，重新建立的个人所有制是公有制，并不是个人私有制的恢复。

我国农民集体公有制是我国社会主义初级阶段的社会主义公有制。虽然我国的农民集体公有制不同于马克思论述的全社会成员集体的公有制，仅仅是农村一定社区范围的成员集体公有制，但是也具有公有制的本质内涵，是农村一定社区范围的农民通过合作化和集体化对本社区的土地和依靠土地和劳动本身生产的生产资料共同占有基础上重建的个人所有制。它排斥私人对社区土地的所有权和对集体积累的生产资料的分割所有，在成员集体所有土地和生产资料的基础上实现成员的个人利益，也就是成员利用集体所有的资源要素，通过合作与联合实现共同发展和共同富裕。因此，所谓农村

---

① 参见韩松：《论农村集体经济组织法人的特别性及其立法意义》，载《中国社会科学院大学学报》2023 年第 8 期，第 25 页。

② 《马克思恩格斯全集》第 4 卷，人民出版社 1958 年版，第 481 页。

③ 《马克思恩格斯全集》第 23 卷，人民出版社 1972 年版，第 832 页。

集体经济就是由农村集体所有制决定的经济性质，农村集体经济组织就是实现集体所有制的经济组织形式，该形式最本质的特征就在于农村集体所有制。农民集体所有制的性质决定了本社区集体范围的土地和集体积累的生产资料的所有权由本集体的成员集体享有，本集体成员集体为了实现重建成员个人所有制的集体所有制的目的，就要利用集体所有权进行经济活动，为此就要成立集体经济组织。集体经济组织代表成员集体行使集体所有权、发展集体经济、实现集体所有制的目的。因此，以农民集体公有制为基础设立的代表集体行使所有权的社区经济组织就是作为特别法人的农村集体经济组织的本质特别性，由此决定了集体经济组织法人的各项具体特别性。①

（二）农村集体经济组织代表集体行使所有权

民法典第 262 条规定，对于集体所有的土地和森林、山岭、草原、荒地、滩涂等，依照下列规定行使所有权：（1）属于村农民集体所有的，由村集体经济组织或者村民委员会依法代表集体行使所有权；（2）分别属于村内两个以上农民集体所有的，由村内各该集体经济组织或者村民小组依法代表集体行使所有权；（3）属于乡镇农民集体所有的，由乡镇集体经济组织代表集体行使所有权。

民法典第 261 条第 1 款规定 "农民集体所有的不动产和动产，属于本集体成员集体所有"。同时，于第 262 条规定了集体土地和森林、山岭、草原、荒地、滩涂等的所有权行使机制——由对应的农村集体经济组织或者村民委员会、村民小组等代表集体行使所有权。科学阐释民法典第 262 条 "农村集体经济组织代表集体行使土地所有权" 之规定的内涵，对于准确把握农村集体经济组织与农民集体的关系、科学认识农村集体经济组织的本质属性、合理安排农村集

---

① 参见韩松：《论农村集体经济组织法人的特别性及其立法意义》，载《中国社会科学院大学学报》2023 年第 8 期，第 25—26 页。

体经济组织的运行制度，具有重要意义，是落实党中央立法决策、科学制定农村集体经济组织法的前提。

对于民法典第 262 条中农村集体经济组织代表集体行使土地所有权的规定，目前主流观点是依据常规文义将其解释为一个民事主体对另一个民事主体的代表或者代理，并由此将"农民集体"和"农村集体经济组织"定性为两个独立的民事主体，前者为土地所有权主体，后者仅为代表人或代理人。[①] 至于该代表或者代理关系产生的法理基础，又存在"构成要素说""投资关系说""代理关系说""信托关系说""授权经营说"等不同阐释路径。为表述方便，笔者将此类观点概称为"独立代表主体说"。这些观点在论证逻辑上有两个共同之处：一是均认为农民集体是一个独立的民事主体，存在意思表示能力，农民集体就所有权行使事项向农村集体经济组织作出了授权的意思表示，如委托、信托、投资等；二是均认为集体土地所有权不是农村集体经济组织的法人财产。[②]

无论是从历史渊源看，还是从当前立法看，抑或从现实需求看，农村集体经济组织与农民集体均具有实质同一性，农村集体经济组织本身就是集体，农村集体经济组织特别法人是松散的农民集体（也是成员集体）组织化、法人化改造后的表现形态。在几十年的演变发展中，虽然农村集体经济组织的表现形式和治理方式在不断与时俱进，但作为其核心要素的成员和财产是一直传承下来的，也正是因为农村集体经济组织与农民集体在成员和财产上的一致性，决

---

① 参见高圣平：《〈民法典〉与农村土地权利体系：从归属到利用》，载《北京大学学报（哲学社会科学版）》2020 年第 6 期，第 145 页；谭启平、应建均：《"特别法人"问题追问——以〈民法总则（草案）〉（三次审议稿）为研究对象》，载《社会科学》2017 年第 3 期，第 85—86 页；许中缘、崔雪炜：《"三权分置"视域下的农村集体经济组织法人》，载《当代法学》2018 年第 1 期，第 87 页；管洪彦：《农民集体的现实困惑与改革路径》，载《政法论坛》2015 年第 5 期，第 96 页。

② 参见宋志红：《论农村集体经济组织对集体土地所有权的代表行使——〈民法典〉第 262 条真义探析》，载《比较法研究》2022 年第 5 期，第 155 页。

定了二者主体身份的同一性。鉴于此，民法典第 262 条规定了农村集体经济组织代表集体行使所有权的真正内涵，实则是农村集体经济组织通过自身的治理机制直接代表全体集体成员行使所有权，农村集体经济组织本身就是集体的化身，就是集体土地所有权的主体。[①]

农村集体经济组织与农民集体的本质同一性，既是农村集体经济组织代表农民集体行使所有权的前提，也是其代表行使所应追求的结果。要正确认识农村集体经济组织代表行使的机制，除了要准确把握其直接代表全体集体成员的核心要义，还需要进一步厘清集体所有权代表行使机制与国家所有权代表行使机制的区别。有学者用国家所有权的代表行使机制来类推集体所有权的代表行使机制，并以此为由否定农村集体经济组织的土地所有者地位，[②] 立法讨论中也有不少人持此种观点。但深入分析发现，这两个"代表行使"机制的原理并不相同。一方面，国家所有的内涵为"全民所有"，而"全民"是由全体人民组成的集合体，同"农民集体"一样，法律也并未赋予"全民"民事主体地位，全民所有权的实现也需要借助于代表代为行使机制。另一方面，全民所有的实现机制与农民集体所有的实现机制存在较大差异：首先，与农村集体经济组织直接代表全体集体成员不同，全民所有权的实现经历了两层"代表"：一是先由国家来代表全民，国家本身由全民组成，是全民意志的代表，国家意志得以体现全民意志，故此，国家得以代表全民行使所有权，基于此层"代表"的内涵，法律简单明了地直接将全民所有规定为国家所有；二是由国务院来代表国家，国务院本身是国家的行政机关，是国家的组成部分，国务院对国家的代表，属于国家机关对国

---

① 参见宋志红：《论农村集体经济组织对集体土地所有权的代表行使——〈民法典〉第 262 条真义探析》，载《比较法研究》2022 年第 5 期，第 165 页。

② 参见王洪平：《农民集体与集体经济组织的法律地位和主体性关系》，载《法学论坛》2021 年第 5 期，第 19 页。

家整体意志的代表。"现代国家系由诸多部门按照一定的组织原则构成，不同的部门承接了国家对人民的义务。因此，国家机关之行为即为国家行为，两者构成了代表与被代表的关系。""国家通过其内部的代表人实现了国家所有权的行使。"① 这是全民所有权实现的第二层"代表"。在此层"代表"意义上，显然不能将国家等同于国务院，也就不能将国家所有等同于国务院所有。由此可见，国务院对全民所有权的代表行使，经由了"将全民所有等同于国家所有，然后由国家的执行机关——国务院——代表国家行使"的路径。国务院本身并非"全民"的直接代表，"国家"才是"全民"的直接代表，而国务院是对国家的代表。故此，国家所有权不能等同于国务院的所有权。其次，从代表主体本身的属性和构成看，农村集体经济组织本身是由全体集体成员构成的，故此其可以直接体现全体集体成员意志，此为直接代表；但国务院的组成和运行机制显然不同，其对全民利益的代表是间接的，事实上，鉴于全民人数庞大，类似农村集体经济组织这样的直接代表机制也是无法适用于国家所有权的。正是因为这两点差别，决定了农村集体经济组织对集体所有权的代表行使机制与国务院对国家所有权的代表行使机制不具有可比性。如果一定要类比，"农民集体"应类比为"全民"，而非类比为"国家"。正如国家由全民组成并直接代表了全民的意志一般，农村集体经济组织由全体集体成员组成并直接代表了全体集体成员的意志，既然全民所有可以等同于国家所有，农民集体所有为何不可等同于农村集体经济组织所有呢？在具体行使机制上，由于"国家"不便于以自己的身份参与民事活动，故通过其执行机关"国务院"来代表国家行使；但农村集体经济组织本身可以直接参与民事活动，而无须再借由其内部的某个机构来代表或者某个外部主体来

---

① 屈茂辉、刘敏：《国家所有权行使的理论逻辑》，载《北方法学》2011 年第 1 期，第 22 页。

代理。① 由此可见，集体所有权的代表行使机制比国家所有权的代表行使机制更为直接，如果机械套用国家所有权的代表行使机制来阐释农村集体经济组织的代表行使职责，并不利于集体所有权的落实。这也决定了农村集体经济组织的制度构建不能效仿国有企业。

（三）农村集体经济组织依法向组织内部的家庭发包土地或者以其他方式发包土地

宪法第 8 条规定，农村集体经济组织实行家庭承包经营为基础、统分结合的双层经营体制。民法典第 330 条规定，农村集体经济组织实行家庭承包经营为基础、统分结合的双层经营体制。农民集体所有和国家所有由农民集体使用的耕地、林地、草地以及其他用于农业的土地，依法实行土地承包经营制度。农村土地承包法第 3 条规定，国家实行农村土地承包经营制度。农村土地承包采取农村集体经济组织内部的家庭承包方式，不宜采取家庭承包方式的荒山、荒沟、荒丘、荒滩等农村土地，可以采取招标、拍卖、公开协商等方式承包。第 13 条规定，农民集体所有的土地依法属于村农民集体所有的，由村集体经济组织或者村民委员会发包；已经分别属于村内两个以上农村集体经济组织的农民集体所有的，由村内各该农村集体经济组织或者村民小组发包。村集体经济组织或者村民委员会发包的，不得改变村内各集体经济组织农民集体所有的土地的所有权。国家所有依法由农民集体使用的农村土地，由使用该土地的农村集体经济组织、村民委员会或者村民小组发包。

需要注意的是，村委会没有代组农民集体发包土地的权利。现行法律只授权村民小组代组集体发包土地，未授权村集体代组集体发包，更没有授权村委会代组集体发包。为什么不授权村委会代组集体发包土地呢？首先，从代行发包权的设立目的来看，当组集体

---

① 参见宋志红：《论农村集体经济组织对集体土地所有权的代表行使——〈民法典〉第 262 条真义探析》，载《比较法研究》2022 年第 5 期，第 166 页。

不能发包时，由村民小组代行发包，是因为村民小组普遍存在，能够代行发包，就不必再赋权村委会。其次，从授权代行成本来看，村民小组能代行时还配置村委会代行，属于重复配置，浪费了社会资源。最后，从社会自治角度分析来看，村民小组能够自治的，就不需要村委会来治理。因为从村委会对村民小组的准行政管理关系及村委会代组集体发包土地的乱象来看，村委会代行发包可能会损害组集体的经营自主权。有学者认为，村委会因"管理"而"对村集体的财产享有并行使所有权"，值得商榷。法律已经指明是由村委会管理"属于村农民集体"的土地，而不是村委会的土地所有权。而且法律已规定是由组集体或村民小组代表组集体成员集体行使土地所有权，并未提及村委会可代表或代理行使此权利。村民委员会组织法第8条第3款规定村委会"应当尊重并支持集体经济组织依法独立进行经济活动的自主权"，即包括村集体和组集体的经济活动。如果村委会取得土地所有权，集体经济组织的自主权就难以成立，且仅行使管理权也不会产生土地所有权转移的效果。综上所述，村委会仅是一个基层群众性自治组织，不会因管理而获得组集体行使土地所有权的权利，包括发包权，就像乡政府对组集体行使管理权，亦不会获得组集体的相关权利。

尽管如此，现实中仍大量存在村委会发包组集体成员集体土地的情形，其深层原因主要是：第一，法律文本的模糊问题。法律规定村委会可发包村集体成员集体土地。"村内各该农村集体经济组织"的字面理解包括村集体及多个组集体，似乎村级可以发包组级的土地。如前所述，将村委会、村民小组等自治组织的发包权与集体经济组织的发包权行文并列，变相提高了自治组织的辅助发包地位，容易引申理解为村委会可随意代替组集体、村民小组发包组级集体土地，导致村委会擅自越权发包土地的情况多发。第二，村委会、村民小组等自治组织的准行政管理权会不自觉吸附集体经济组织的行使土地所有权的权利。村委会对村民小组、组集体的准行政管理关系极易造成管理权包含发包权，以及村民小组、组集体是村委会组成部分的误解。例如，农村土地承包法、村民委员会组织法规定村委会可以分设若干村民小组，容易导致人们产生村民小组隶属于村委会的错误印象。第三，村委会、村民小组等自治组织与村集体、组集体等农村集体经济组织的行权范围分别在空间上重叠。土地管理法规定土地所有权或行使土地所有权只属于本级的集体成员集体或集体经济组织，不再分割到其内部的成员集体或合作社等经济组织，即一个村委会只对应一个村集体，一个村民小组只对应一个组集体，而村集体的成员与村委会管理的成员、组集体的成员与村民小组管理的成员皆是绝大部分重叠的，就常常给人以村委会等同于村集体、村民小组等同于组集体的错觉。第四，历史原因。一是 20 世纪生产队统筹到生产大队的历史，容易模糊组集体的存在。二是首轮发包时生产队、村民小组及小组集体都没有公章，于是借用了生产大队、村委会的公章，又为了使承包合同的发包方与公章保持一致，就将发包方写成了生产大队、村委会。三是发包初期相关当事人的法律权利意识薄弱，并且村委会发包不影响其利益，因而村民不关心是谁来发包，村委会发包组集体成员集体的土地在当时也就没有阻力。以上因素长期叠加不当，故形成了村委会有权代组集体发包土地的普遍认知，使村委会发包组集体成员集体土地成为农村基层典型的历史疑难问题。①

（四）农村集体经济组织为其成员提供生产性、公益性服务，壮大集体经济，并保障维护农民合法权益

农业法第 10 条第 3 款规定，农村集体经济组织应当在家庭承包经营的基础上，依法管理集体资产，为其成员提供生产、技术、信息等服务，组织合理开发、利用集体资源，壮大经济实力。乡村振

---

① 参见屈茂辉、李帅：《村民委员会代组集体经济组织发包土地的法律分析——兼及〈农村集体经济组织法（草案）〉第 65 条第 1 款的修改》，载《吉首大学学报（社会科学版）》2023 年第 4 期，第 71—72 页。

兴促进法第 21 条第 2 款规定，国家采取措施支持农村集体经济组织发展，为本集体成员提供生产生活服务，保障成员从集体经营收入中获得收益分配的权利。第 42 条规定，村民委员会、农村集体经济组织等应当在乡镇党委和村党组织的领导下，实行村民自治，发展集体所有制经济，维护农民合法权益，并应当接受村民监督。《中共中央 国务院关于稳步推进农村集体产权制度改革的意见》指出，支持农村集体经济组织为农户和各类农业经营主体提供产前产中产后农业生产性服务。鼓励整合利用集体积累资金、政府帮扶资金等，通过入股或者参股农业产业化龙头企业、村与村合作、村企联手共建、扶贫开发等多种形式发展集体经济。

党的二十大报告强调"巩固和完善农村基本经营制度，发展新型农村集体经济"，这意味着新型农村集体经济要在建设中国特色农业强国的进程中发挥重要作用。与传统农村集体经济相比，新型农村集体经济的"新"体现在如下四个方面：一是产权关系明晰。新型农村集体经济的核心特征是产权关系明晰，通过股份合作制方式建立了所有权归成员集体、使用权向集体经济组织集中、收益权落实到户的产权结构，有效降低了集体资产和成员权益被侵占的风险，为集体资产高效整合利用创造了条件。二是治理架构科学。新型农村集体经济组织有别于以往"政企不分"的农村集体经济组织，是具有明确法律地位的特别法人，其内部按照现代企业制度建立成员（代表）大会、理事会、监事会，并遵照合作制原则实行"一人一票"的决策方式，进一步巩固了"劳动雇佣资本"的集体所有制性质。三是经营方式稳健。新型农村集体经济在明晰集体资产要素产权的基础上，有效整合乡村资源要素，灵活采用生产服务、资源发包、物业出租、资产参股等多种经营形式发展集体产业，有利于延伸乡村产业链条、提高产业韧性、扩大集体收入来源。四是收益分配合理。新型农村集体经济坚持劳动联合与资本联合并重，在集体经济收益分配方面，成员能够按照劳动贡献和股份权益合理分享集体经济发展带来的收益，避免了传统农村集体经济分配方式单一、平均主义、分配不透明等问题。新型农村集体经济的新特点决定了其能够比传统农村集体经济更加适应社会主义市场经济体制的要求。同时，与其他市场化的新型农业经营主体相比，新型农村集体经济组织更加强调农民的合作与联合，凸显了农民在农业现代化发展中的主体地位，更有利于我国在促进乡村发展中为人民谋幸福。

与此同时，新型农村集体经济的功能更加完善。首先，新型农村集体经济是新时代巩固和完善农村基本经营制度的重要手段。新型农村集体经济通过现代产权制度实现农民的自愿联合，从而把分散的农村土地等要素资源集聚起来，由集体经济组织统一经营，以实现农业生产的规模效应。这巩固和完善了"统分结合"的双层经营体制，既没有打破现行的家庭联产承包关系，又有效解决了长期以来农村集体经济"统"的功能不强的问题。[1] 其次，新型农村集体经济是整合盘活乡村要素资源的重要平台。在现有集体产权制度安排下，新型农村集体经济能够通过土地合作、劳动合作、资本合作等多种形式的利益合作关系对集体资源进行内部整合，并通过多种形式进行盘活利用，缓解集体资产闲置和低效利用等问题。再次，新型农村集体经济组织是发展乡村产业的重要主体。新型农村集体经济组织是符合现代产权制度的特别法人，能够对内整合乡村要素资源发展特色产业，对外衔接资本、劳动力、数据等要素市场和商品市场，并与其他市场主体形成紧密的分工合作关系，从而更加高效地推动乡村产业发展。最后，新型农村集体经济组织是服务小农户对接市场的重要桥梁。新型集体经济组织并不排斥小农经济，其可以通过为个体农户提供农业生产服务、传达市场信息、对接农资和销售渠道等方式，降低农户进入市场的门槛和风险，形成"集体搭台、个人唱戏"的良好局面。

---

[1]　苑鹏、刘同山：《发展农村新型集体经济的路径和政策建议——基于我国部分村庄的调查》，载《毛泽东邓小平理论研究》2016 年第 10 期。

改革开放之后，我国通过将农村土地承包给农户分散经营，极大地激励了农民生产积极性，解放和发展了农业生产力。随着农业生产力水平的提高，传统农业加速向现代化农业转变。但是，小农户分散经营方式增加了农业规模化生产的难度，制约了科技装备的普及和机械作业效率的提升，限制了新型农业经营主体发展空间，阻碍了农业产业链条延伸和农业竞争力提升，成为农业现代化发展面临的难题。新型农村集体经济通过把小农户联结为紧密的利益共同体，发挥村集体生产组织功能促进土地、资金等生产要素集聚，实现适度规模化经营，[①] 在此基础上促进产业链向上下游延伸，推动农业产业体系的现代化转型升级，进而为建设"供给保障强、科技装备强、经营体系强、产业韧性强、竞争能力强"的现代化农业强国创造良好条件。

第一，新型农村集体经济有利于促进农业规模化生产，提高粮食和重要农产品的供给保障能力。党的二十大报告提出"巩固和完善农村基本经营制度，发展新型农村集体经济，发展新型农业经营主体和社会化服务，发展农业适度规模经营"。在新型农村集体经济的制度安排下，农民与集体能够按照"宜统则统、宜分则分"的基本原则，结成更为灵活而紧密的合作与联合的生产关系，以农业生产规模化和农业服务规模化等多种方式发展适度规模经营。在农业生产规模化方面，发展新型农村集体经济可以将分散的土地整合起来，由集体经济组织进行连片经营，提高土地、现代农业机械等要素的使用效率。原本用于分割田块的沟坎、道路、田埂等也可以平整为生产用地，进一步盘活闲置的土地资源，扩大农业生产面积。随着农业规模经济收益的扩大，粮食和重要农产品的单位面积产量和总体生产能力能够得到有效提升。在农业服务规模化方面，新型农村集体经济组织可以提供生资批量采购、机械化生产服务、仓储

---

① 黄祖辉、李懿芸、马彦丽：《论市场在乡村振兴中的地位与作用》，载《农业经济问题》2021 年第 10 期。

加工等生产性服务，小农户能够结合自身需求，选择集体经济组织提供的专业化服务，实现生产经营成本的降低和生产效率的提升。

第二，发展新型农村集体经济是提升农业科技装备水平的有效路径。农业科技的复杂性和机械装备的不可分割性，决定了农业科技装备投入与农业经营规模密切相关。但是，分散的小农经营模式难以适应现代科技装备应用的需要，限制了农业科技装备推广和农业生产机械化的进程。发展新型农村集体经济能够提升农业生产的规模化和组织化程度，进而带动更多科技创新成果、机械装备投入农业生产，实现规模化应用，提升农业的科技化、机械化、设施化、数字化水平。同时，基于新型农村集体经济发展起来的农业服务规模化能够有效对接农业技术推广体系，大大降低农户分散经营给农业科技推广带来的困难，助力打通从科技研发到田间应用的"最后一公里"，有效促进我国农业科技水平的整体跃升。

第三，发展新型农村集体经济有助于完善现代化农业经营体系。一方面，新型农村集体经济组织为农村各种产权的资本化提供了具有永续性质的平台载体，即使村庄因为撤并等原因消失，新型农村集体经济组织也可以承载农村产权继续运营。这既有利于维护乡村产业发展的稳定性，吸引外部社会资本投入乡村产业开发中，也有利于多个新型农村集体经济组织通过股份合作制等方式展开劳动和资本合作，推动乡村资源要素在更大范围内整合开发，实现优势互补、协同合作、抱团发展，扩大乡村产业发展的规模优势。另一方面，新型农村集体经济组织作为整合盘活乡村资源要素的重要平台，能够把分散的乡村资源、资金、资产等进行整合集聚，并立足乡村要素禀赋、资源优势、产业基础发展特色产业，灵活采取市场化方式进行运营，促进农业产业全链条增效、多渠道创收。

第四，发展新型农村集体经济能够强化农业产业韧性。强化农业产业韧性的关键在于延链、补链、强链，推动"一产接二连三"，实现农业产业链条自主可控、安全稳定、提质升级。首先，新型农村集体经济存在生产服务、农产品加工、销售服务、物业服务等多种产业组织形式，能够细化农业产业分工，促进农业产业链条延伸，推动构建农业生产、加工、流通、销售等环节紧密衔接的现代农业产业体系。其次，新型农村集体经济组织作为乡村产业发展的重要主体，能够立足乡村内部资源优势和农业基础，对接外部要素市场和商品市场，加强与其他市场主体的分工合作，让乡村产业更好融入现代化产业体系。最后，发展新型农村集体经济能够从村城整体产业规划布局出发，合理统筹利用乡村资源要素，拓展农业的经济、文化、社会、生态等多重功能，培育和发展农村特色产业。这有利于克服小农户经营的盲目性、粗放性、分散性，避免乡村产业同质化问题，提升乡村产业经营的稳健性。

第五，发展新型农村集体经济能够提升我国农业综合竞争能力。随着我国粮食和重要农产品生产能力不断提升，市场竞争力不足的问题愈加凸显，成为当前我国农业现代化发展面临的焦点问题。发展新型农村集体经济，能够从价格竞争力、质量竞争力、品牌竞争力三个层面提升我国农业综合竞争能力。首先，通过农业生产规模化和农业服务规模化，提升农业生产的规模效应，降低农业生产成本，扭转我国粮食和重要农产品价格过高导致的市场竞争劣势，提高我国农产品的价格竞争力。其次，通过发挥新型农村集体经济的产业组织功能，提高农业生产的标准化水平和农产品深加工程度，增强我国农产品的质量竞争力。最后，通过新型农村集体经济组织的市场化、专业化经营，吸引更多的资本、技术等现代化产业发展要素投入农业产业，推动乡村产业高端化、品质化、品牌化发展，打造扎根本土、特色鲜明、品质过硬的民族品牌，增强我国农产品的品牌竞争力。[①]

2023 年 12 月，农村集体经济组织法（草案）提请十四届全国

---

① 参见栾江：《新型农村集体经济助力中国特色农业强国建设：作用机理与路径选择》，载《天津社会科学》2024 年第 3 期，第 61—62 页。

人大常委会第七次会议审议，《草案》对现行农村集体经济组织的各项职能进行梳理、汇总，以法律的形式确定下来。其中第 5 条规定，农村集体经济组织依法代表成员集体行使所有权，履行下列职能：（1）发包农村土地；（2）办理农村宅基地申请、使用事项；（3）合理开发利用和保护耕地、林地、草地等土地资源并进行监督；（4）使用集体经营性建设用地或者通过出让、出租等方式交由单位、个人使用；（5）组织开展集体财产经营、管理；（6）决定集体出资的企业所有权变动；（7）分配、使用集体收益；（8）分配、使用集体土地被征收征用的土地补偿费等；（9）为成员的生产经营提供技术、信息等服务；（10）支持和配合村民委员会在村党组织领导下开展村民自治；（11）支持农村其他经济组织、社会组织依法发挥作用；（12）法律法规和农村集体经济组织章程规定的其他职能。

三、农村集体经济组织的公共服务职能

在我国目前的经济发展阶段，以土地为中心的农村集体财产为集体成员提供了生计保障的物质基础，农村集体经济组织系农民集体财产所有权的实际行使主体，在农民土地被公有化改造后，公有制承诺必然包括农民可获得基于土地产生的各种公共服务，[①] 因此为成员提供公共服务，是农村集体经济组织不言而喻的基本职责。我国宪法对农村集体经济组织履行教育、医疗、卫生等服务职能作出了规定。第 19 条第 4 款规定，国家鼓励集体经济组织、国家企业事业组织和其他社会力量依照法律规定举办各种教育事业。第 21 条规定，国家发展医疗卫生事业，发展现代医药和我国传统医药，鼓励和支持农村集体经济组织、国家企业事业组织和街道组织举办各种医疗卫生设施，开展群众性的卫生活动，保护人民健康。

---

① 参见谢鸿飞：《论农村集体经济组织法人的治理特性——兼论〈农村集体经济组织法（草案）〉的完善》，载《社会科学研究》2023 年第 3 期。

（一）农村集体经济组织承担公共服务职能的特征演化

农村集体经济的公共服务职能最早可追溯到组织的创设时期。1956年随着社会主义改造的完成，农民的主要生产资料（包括土地）转为合作社集体所有，农民基于土地的公共服务被合作社集体全部承接。到了人民公社时期，农民土地上升为全民所有，农村集体经济组织成为我国社会主义政权在农村的基层单位，是一级政权组织，相当于代表国家承担了对农村的基本公共服务。以上两个时期的公共服务涵盖了成员的吃穿住行、生老病死等方方面面，但服务保障水平较低。开展公共服务的资金来源是提取公积金、公益金。在资金不足时以集体统一安排劳动力的方式替代，以解决资金短缺问题。

20世纪70年代后期，人民公社解体后所继承的村民委员会、农村集体经济组织负责农村公共服务的供给。实践中，村民委员会、农村集体经济组织大多是"一个机构两块牌子"或者由村民委员会代行农村集体经济组织职能。农村公共服务供给所需的资金由原来的集体统一安排变为通过"三提五统"、农村义务工和劳动积累工制度的方式来筹集。村民委员会负责公共服务的计划、组织和管理工作，农村集体经济组织主要进行公共服务的直接生产或资金投入。这一时期的农村集体经济组织为农民提供了生产所需的农田水利工程、农村基础教育、医疗卫生事业、文化和广播事业等服务。由于农村集体经济组织的经济实力薄弱，部分公共服务还需农民付费才能享有，如农村基础教育，农民个人还需承担一部分。在社会保障方面，农民没有工伤、生育相关的保障措施；医疗采用"个人出资＋集体保障"的方式；养老除五保户是集体保障外，其余人员是家庭保障，没有退休制度。进入20世纪90年代，随着改革开放的深入推进，国家工业化步伐的加快，国家财力显著提升。政府通过专项资金和全国统筹两种方式对农村公共服务进行供给。一方面，以"专项资金"的方式将惠农资金投向农村，即由上级指定专门用途，以项目化方式推动农村公共服务供给实施。农村集体经济组织或村民委员会协调项目在村庄的落地，在这个过程中农村集体借助于外力提供农村公共服务。政府以专项资金的方式，实现对农村公共服务供给的差异化。另一方面，针对农村义务教育、医疗服务、社会保障等公共服务，按照不同类别实行对农民免费、建立保障体系农民付费享受，以提供免费的人员培训、基础设施等不同的方式进行供给。农村集体经济组织已无须承担农村基础教育、医疗服务基础设施等基本生活保障相关的公共服务所需的资金投入。

进入新时代，农村集体经济组织通过集体产权制度改革，激活农村沉睡资源，因地制宜发展壮大农村集体经济。农村集体经济实力不断回升，农村集体经济组织提供公共服务的能力得到了增强，自我供给弱化的情形在逐渐得到改善。在政府回归公共服务职能供给的背景下，农村公共服务供给形成了以政府为主导、多元主体并存的局面。在政府持续推进实现基本公共服务均等化过程中，农村集体经济实力的增强，农村集体经济组织将公共服务供给范围放在政府公共财政未涉及和农民生活所需的相关领域。农村集体经济组织根据其集体经济发展水平选择在其能力所及的公共服务领域，与政府提供的公共服务形成互补。[1]

（二）农村集体经济组织与村民委员会的公共服务职能交叉

二者职能的交叉源于人民公社解体后，相当一部分地区并未成立农村集体经济组织，农村集体经济组织的公共服务职能由村民委员会代行。加之农村集体经济组织失去对土地的绝对控制，农具等集体资产被要求分发给农户，使村集体经济组织的物质基础受到削弱，大大降低了对村民的动员和组织效率，给村庄的公共服务带来

---

[1] 刘国强、刘合光、齐心：《农村集体经济组织承担公共服务职能的历史演化与发展方向探究》，载《石河子大学学报（哲学社会科学版）》2023 年第 5 期。

严重负面影响，只能由村民委员会代行其公共服务职能。① 对这种代行情况，宪法和法律也予以确认。宪法第 111 条规定，居民委员会、村民委员会设人民调解、治安保卫、公共卫生等委员会，办理本居住地区的公共事务和公益事业，调解民间纠纷，协助维护社会治安，并且向人民政府反映群众的意见、要求和提出建议。村民委员会组织法第 2 条规定，村民委员会办理本村的公共事务和公益事业，调解民间纠纷，协助维护社会治安，向人民政府反映村民的意见、要求和提出建议。可见，村委会以职能补充的角色出现，不断替代农村集体经济组织在农村发挥公共服务职能。

需要注意的是，农村集体经济组织为其成员提供公共服务依然是其天然职责，并不因村民委员会的代行而丧失。2016 年 12 月《中共中央　国务院关于稳步推进农村集体产权制度改革的意见》指出，发挥好农村集体经济组织在管理集体资产、开发集体资源、发展集体经济、服务集体成员等方面的功能作用。2022 年 12 月，农村集体经济组织法（草案）首次提请全国人大常委会审议，一审稿第 5 条规定，农村集体经济组织为成员提供教育、文化、卫生、体育、养老等服务，或者对村民委员会提供服务给予资金等支持。

在农村集体经济组织立法研讨中，对于是否在法律条文中明确农村集体经济组织的公共服务职能，存在不同意见。一些专家和部门认为，应该在条文中明确其公共服务职能。从历史的视角看，农村集体经济组织于农业合作化、人民公社时期就承担公共服务职能。这一时期其既是生产组织，也是基层政权，呈现出"政社合一"和集体统一经营的特征。② 这一制度设计于 1979 年在宪法基础上被进一步明确。作为基层行政组织，农村集体经济组织被赋予经济、行

---

① 参见徐冠清、崔占峰：《从"政经合一"到"政经分离"：农村集体经济治理的一个新逻辑》，载《农业经济与管理》2021 年第 5 期。

② 参见于明明：《集体经济组织的特别法人构造及职能界定—从集体经济组织与村民委员会的关系展开》，载《中国不动产法研究》2021 年第 1 辑。

政及公共服务等职能。1982 年宪法就人民公社原来的"政社合一"体制进行改革，实行"政社分设"体制，分别成立了乡人民政府及乡农业合作经济组织；同时以生产大队为基础设立自然村及村民委员会。经上述改革之后，原有的行政管理职能交由村民委员会行使，但农村集体经济组织仍须承担提供公共服务的职能。

从发展视角看，我国社会主要矛盾已经转化为人民日益增长的美好生活需要和不平衡不充分的发展之间的矛盾，而教育、医疗、养老、托育等公共服务保障水平成为影响人民群众获得感、幸福感、安全感的重要因素。在政府提供农村基本公共服务的基础上，农村集体经济组织通过发展壮大集体经济在向组织成员提供高质量公共服务事业上会大有作为。农村集体经济组织根据经济发展水平应向组织成员提供非基本公共服务、生活服务以提高组织成员整体福利水平。农村集体经济组织通过生产、市场购买、股份分红等不同方式，直接或间接地为组织成员提供公共服务，使组织成员能够共享农村集体经济发展成果。[①]

另外一些专家和部门认为，虽然农村集体经济组织具有发展经济和提供公共服务的双重职能，但这也在一定程度上制约了其自身发展，现阶段不宜在法律条文中明确其公共服务职能。一方面，农村集体经济组织作为"经济人"，宗旨在于追求经济效益，服务职能也是基于经济职能开展和实现的。[②] 近些年来，国家采取一系列改革举措，加快推进从"城市和工业优先发展"向建立城乡融合发展体制机制，形成"以工促农、以城带乡、工农互惠、城乡一体"新型工农城乡关系转变。农村公共服务供给逐渐向政府为主导的多元强供给和城乡协调的高质量供给转变。这都有助于农村集体经济组织

---

① 参见刘国强、刘合光、齐心：《农村集体经济组织承担公共服务职能的历史演化与发展方向探究》，载《石河子大学学报（哲学社会科学版）》2023 年第 5 期。

② 参见丁关良：《农村集体经济组织立法的若干重要问题研究》，载《湖南农业大学学报（社会科学版）》2022 年第 4 期。

摆脱市场化发展中的非市场因素束缚，激发其市场主体活力。[1] 如果农村集体经济组织承担大量公益事业，既不符合主流职能定位，也会在一定程度上影响其发挥经济职能，限制自身资本积累和再投入，当收益与公共服务投入需求严重不符时，盈利性目标与公共服务目标将产生冲突，不利于农村集体经济组织的长期健康稳定发展。

另一方面，农村集体经济组织成员与村民的外延不一致，在范围上属于包含关系，二者享有的权利和承担的义务不一致。[2] 集体成员的权利和义务范围要大于村民，主要表现为前者可享受集体资产的收益分红和集体提供的公共服务，特别是就业、养老、托育、优抚等具有明显财产权益的公共服务，而非农村集体经济组织成员的村民则不能享受。伴随城镇化的快速推进，一些城郊村迎来了大量外来人口，原住民与非原住民在收益分配和公共服务方面的区别将会大量显现，导致不平等现象产生。与此同时，农村集体经济组织为成员提供的普惠性基本公共服务，如医疗卫生、教育、交通、供水、供电、供气等，客观上也存在收益外溢，可能难以被集体经济组织成员普遍认可。

起草小组认为，虽然农村集体经济组织具有为成员提供公共服务的职能，但作为社区型经济组织，集体经济组织的重心仍是经营集体资产，其提供公共服务的职能特性更多是体现在内部治理中。当村委会存在时，农村集体经济组织不应当承担公共服务职能。在村委会管理公共事务缺少资金时，农村集体经济组织可以留存资金为其提供经济保障。村民委员会作为基层群众自治组织，宗旨在于为村民服务，并不具有盈利属性。[3] 村民委员会作为全体村民利益的

---

① 参见张崇胜、万国华：《农村集体经济组织治理：问题分析与制度完善》，载《农业经济与管理》2021 年第 4 期。

② 参见徐冠清、崔占峰：《从"政经合一"到"政经分离"：农村集体经济治理的一个新逻辑》，载《农业经济与管理》2021 年第 5 期。

③ 参见徐冠清、崔占峰：《从"政经合一"到"政经分离"：农村集体经济治理的一个新逻辑》，载《农业经济与管理》2021 年第 5 期。

代表者，其决策基于全体村民利益作出，因此在提供基本公共服务时具有专业性和平等性，可以更好保证公共服务的质量和效果。同时考虑到在现阶段，突出农村集体经济组织发展经济的职能，更有利于发展壮大集体经济，增加成员财产权益，缩小城乡收入差距，促进共同富裕。因此，2023 年 12 月农村集体经济组织法（草案）二审时，对农村集体经济组织的公共服务职能规定较为原则的部分作修改，将一审稿第五条中"农村集体经济组织为成员提供教育、文化、卫生、体育、养老等服务，或对村民委员会提供服务给予资金等支持"的规定予以删除。

第三章　农村集体经济组织成员的权利

　　农村集体经济组织成员权是农村集体经济组织成员享有的各项权利的统称，也有学者称其为社员权。20 世纪 50 年代我国推行农业社会主义改造，在农民土地所有制的基础上建立农业生产合作社。1956 年 6 月，第一届全国人大三次会议通过的《高级农业生产合作社示范章程》对合作社社员的权利有比较详细的规定，但随后不久农村普遍推行人民公社化，该章程规定的社员权利在实践中并未很好地落实，特别是人民公社制度在很大程度上削弱了社员（农民）的权利。1978 年农村实行家庭联产承包责任制以后，各方面关注的重点在于保护承包户的土地承包经营权，维护农村土地承包关系稳定，对集体经济组织成员应当享有的其他权利关注不多、研究不深，未能形成较完善的集体经济组织成员权理论，更不用说相应的法律制度。

　　随着农村集体产权制度改革的深入，农村集体经济组织在改革中的地位日益凸显。自党的十八届三中全会正式提出"保障农村集体经济组织成员权利"以来，集体成员作为农村集体经济组织的主体逐渐成为改革关注的核心。农村集体经济组织成员权是农民基于其身份资格享有的权利，是与农民的自身利益息息相关的基础性权利，也是直接关系整个农村集体权利实现的重要保障性制度。2022 年 12 月 27 日，农村集体经济组织法（草案）提请全国人大常委会初次审议，这标志着农村集体经济组织专门立法走上了"快车"通道。因此，在农村集体产权制度改革以及对农村集体经济组织予以专门立法的大背景下，更需要对成员权进行深入研究，提出规范成员权的立法思考和建议。

一、"农村集体经济组织成员"这一概念的由来

农村集体经济组织类似于社团，其成员对集体经济组织享有的各项权利，成为成员权或社员权。20世纪50年代推行农业合作化特别是人民公社化以后，农民都要加入人民公社成为"社员"，社员几乎成为农民的统一称呼，某村的农民就是该村所在人民公社的社员。于法律规定上的体现，1955年11月第一届全国人大常委会第二十四次会议通过的《农业生产合作社示范章程草案》、1956年6月第一届全国人大三次会议通过的《高级农业生产合作社示范章程》，以及1962年9月党的八届十中全会通过的《农村人民公社工作条例（修正草案）》，都将加入农业生产合作社、人民公社的农民称为"社员"，并且明确规定了社员的权利和义务。

1978年农村改革以后，1983年取消了政社合一的人民公社体制，人民公社随之解体。在人民公社解体的同时，农村基层组织实行政社分设，在乡镇一级（大体相当于原来的公社），全国各地普遍成立了乡（镇）人民政府，有些经济发达地区还成立了乡镇农工商总公司或者经济合作总社等集体经济组织；在村一级（大体相当于原来的生产大队），全国各地普遍成立了村民委员会，不少地方还成立了村经济合作社联社等集体经济组织；在村民小组一级（大体相当于原来的生产小队，是基本核算单位），只有少数经济比较发达的地方成立了村民小组的组织机构，同时成立了经济合作社等集体经济组织，大部分地方的村民小组没有建立正式组织机构，只有一两位负责人，也没有成立集体经济组织。这主要是因为：一方面，城乡二元结构的现实导致农村许多公共事务和公益事业都由农民出资兴办，承包户除缴纳农业税以外，还要支付"三提五统"等费用，承担村组干部的报酬或补贴，村民小组一级成立集体经济组织明显会增加农民负担；另一方面，实行家庭承包经营后，承包户享有生产经营自主权，独立自主地开展生产经营活动，双层经营中"统"

的层次发挥作用不够，又不能随意干涉承包户生产经营，村民小组一级对集体经济组织的需求也不是十分强烈。①

农村改革后，人民公社解体，就很少使用"社员"一词了。虽然农村改革以来农民专业合作社迅速发展，越来越多的农民加入专业合作社，但通常将加入专业合作社的农民称为专业合作社成员。人民公社解体、农村普遍成立村民委员会以后，出现了"村民"的概念。1987 年 11 月第六届全国人民代表大会常务委员会通过的《中华人民共和国村民委员会组织法（试行）》，对村民委员会作出全面规范。根据该法第 2 条的规定，村民委员会是村民自我管理、自我教育、自我服务的基层群众自治性组织，办理本村的公共事务和公益事业，调解民间纠纷，协助维护社会治安，向人民政府反映村民的意见、要求和提出建议。该法第 4 条第 2 款规定：村民委员会应当尊重集体经济组织依照法律规定独立进行经济活动的自主权，维护集体经济组织和村民、承包经营户、联户或者合伙的合法的财产权和其他合法的权利和利益。该法的一些条款出现了"村民"的概念，但未明确其定义或内涵。2010 年全国人大常委会修订后的村民委员会组织法第 13 条规定，户籍在本村或者户籍虽不在本村但在本村居住 1 年以上的，都可以成为本村村民。据此，一些外来人员可能因在某村居住 1 年以上而成为该村村民，但不是该村集体经济组织的成员。

其实，20 世纪 50 年代推行农业合作化时期就提出了农村集体经济组织的概念，1955 年 11 月通过的《农业生产合作社示范章程草案》第 1 条中规定：农业生产合作社是劳动农民的集体经济组织。但当时，加入农业生产合作社的农民称为社员，而不是集体经济组织成员。1986 年 4 月六届全国人大四次会议通过的民法通则最早采用"集体经济组织的成员"的概念，其第 27 条规定：农村集体经济

---

① 何宝玉：《农村土地"三权分置"释论——基于实践的视角》，中国民主法制出版社 2022 年版，第 149 页。

组织的成员，在法律允许的范围内，按照承包合同规定从事商品经营的，为农村承包经营户。这一规定的重点是农村承包经营户，不是农村集体经济组织成员。

2002 年 8 月九届全国人大常委会第二十九次会议通过农村土地承包法，明确提出"农村集体经济组织成员"的概念，其第 5 条第 1 款规定：农村集体经济组织成员有权依法承包由本集体组织发包的农村土地。2020 年全国人大通过的民法典第 261 条规定：农民集体所有的不动产和动产，属于本集体成员集体所有。其中，集体和农民集体都是抽象的概念，以适应民法典的抽象化表达，而集体经济组织和集体经济组织成员是具象的概念，农村集体经济组织是农民集体的具体组织形式，农村集体经济组织的成员就是本集体成员。① "集体经济组织成员"的概念，主要涉及集体财产所有权和集体土地承包经营权、宅基地使用权、集体收益和征地补偿的分配权等。

通过以上梳理不难发现，"社员"概念在法律中最早出现，"村民"概念随后，"集体经济组织成员"概念出现最晚。这三个概念出现的时间有先后，它们所包含的对象既有重合，也有差别，实际上，就其主体部分而言，无论是村民还是集体经济组织成员，归根结底都是人民公社时期特定人民公社的社员及其家属、后代。目前已很少使用"社员"的概念，主要是"村民"与"集体经济组织成员"两个概念并存，甚至在同一部法律中同时出现。"农村集体经济组织成员"的概念出现较晚，但许多农民在观念上都将农村集体经济组织追溯到人民公社甚至农业合作化时期的农业生产合作社，当时的社员及其家属、后代就是目前的集体经济组织成员，其核心在于，当时农业生产合作社的社员带着私有土地加入合作社，成为合作社集体所有的土地，社员是合作社集体土地和集体财产的集体所

---

① 宋志红：《论农民集体与农村集体经济组织的关系》，载《中国法学》2021 年第 3 期。

有者。①

实践中经常面临的问题是区分村民与集体经济组织成员。农村改革前村庄都比较封闭，除婚嫁以外，村庄之间很少发生人口流动，特定村庄范围内的村民通常就是集体经济组织的成员，除个别外来人员外，特定村庄的村民与集体经济组织成员几乎完全重合。但在农村改革、政策放开以后，由于不同地区经济发展水平、人均土地资源等差别，越来越多的农民跨地区流动，经济欠发达地区的农民流向经济比较发达的地区，人地矛盾突出地区的农民流向人均土地面积较大的地区，流动出去的农民仍从事农业、第三产业，还有一些城镇非农业人口来到农村生活、居住，并且成为特定村庄的村民，但他们与原住村民显然存在重要区别：原住村民同时是集体经济组织的成员，而流入的村民，即使迁入了户籍，通常也不是当地集体经济组织成员。这主要是因为，中国农村还是熟人社会，外来人口的融入是长期过程，甚至非常困难，更重要的是，一般来说，流入地村庄的经济比较发达、集体经济实力较强，集体经济组织成员作为集体土地和集体资产的集体所有者享有的利益较大，原住民不愿意让外来人分享集体财产利益，在这种情况下，外来人口可能是村民委员会组织法规定的村民，有权参加村民委员会选举，有权对公共事务发表意见，但不能作为集体经济组织成员分享集体的财产利益和福利。②

因此，村民与集体经济组织成员的关系有两个重要特点：一个是村民的范围大于集体经济组织成员。村民包括村庄的原住民和居住在本村的外来居民，外来居民包括外来的农民和城镇非农业人口。根据村民委员会组织法第 13 条第 2 款的规定，有权参加村民委员会

---

① 何宝玉：《农村土地"三权分置"释论：基于实践的视角》，中国民主法制出版社 2022 年版，第 151 页。

② 何宝玉：《关于农村集体经济组织与村民委员会关系的思考》，载《法律适用》2023 年第 1 期。

选举的村民包括：（1）户籍在本村并且在本村居住的村民；（2）户籍在本村，不在本村居住，本人表示参加选举的村民；（3）户籍不在本村，在本村居住 1 年以上，本人申请参加选举，并且经村民会议或者村民代表会议同意参加选举的公民。而集体经济组织成员一般都是本村的原住民，他们肯定都是村民；但同时，有些村民属于外来人口，通常不是集体经济组织成员，特别是在经济发达地区和一些城市郊区，有些村庄的外来人口数量甚至远远超过本村原住民。

另一个是集体经济组织成员的权利多于村民。村民主要享有行政事务方面的权利，例如村民委员会的选举权和被选举权；有权参与村公共事务管理，提出意见建议；有权享受公共设施和公益事业的福利，包括文化、教育方面的权利和福利等。集体经济组织成员不仅作为村民享有这些权利，而且还对集体土地等财产享有权利，有权分享集体财产的利益，有权参与对集体土地等财产的民主管理和监督，特别是享有依法承包集体土地的权利、宅基地分配请求权、集体收益分配请求权，以及集体土地被依法征收征用时分享补偿费的权利。村民如果不是集体经济组织成员，就不对集体土地等财产享有权益。这既是村民与集体经济组织成员的关键区别，也是实践中产生纠纷的重要原因。

二、农村集体经济组织成员权的概念

我国法律尚未明文规定农村集体经济组织成员权的概念，但学者对其有不同观点。第一种观点认为，成员权是指该组织成员按照法律、风俗习惯及章程对农村集体经济组织的财产权和其他重大事务处理所享有的管理权及收益分配权等权利的总称。[①] 第二种观点认为，成员权是指被认定为农村集体经济组织成员的村民，对农村集

---

① 王利明：《物权法研究（上卷）》，中国人民大学出版社 2007 年版，第 537 页。

体经济组织的财产与事务所享有的权利的总称。[1] 第三种观点认为，成员权是指具有成员资格的自然人，依据法律规定和组织章程等意思自治方式确定具体内容和行使方式的，对农村集体经济组织自身及其经营管理的财产和事务所享有的权利的统称。[2]

分析上述观点，可以发现，学者对成员权概念的分歧主要集中在两个方面：一是关于权利的主体；二是关于权利的取得依据。第一种观点认为，权利的主体是"成员"，取得的依据包括"法律、风俗习惯以及章程"；第二种观点认为，权利的主体是"村民"，没有明确取得的依据；第三种观点认为，权利的主体是"取得成员身份的自然人"，权利取得的依据是"法律法规和组织章程"。本书认为，第一种观点认为成员权的取得依据包含"风俗习惯"不太准确，我国不同地区农村的风俗习惯有很大差别，某些地区还存在着不合时宜的风俗，因此不能作为取得依据的标准。第二种观点认为权利的主体是"村民"缺乏合理性，村民与农村集体经济组织成员不能等同，农村集体经济组织成员一定是村民，但村民不一定是农村集体经济组织成员。比较而言，第三种观点具有合理性。农村集体经济组织成员权主体应当是具有成员资格的自然人；法律法规以及组织章程规定是该权利的取得依据。

农村集体经济组织成员处于农村集体经济组织架构中，农村集体经济组织的特殊性决定了农村集体经济组织成员权也具有自己的特殊性，概括起来有以下特征：

第一，具有身份性。成员权与成员资格密切相关，只有获得成员资格才能享受成员权利，一旦失去成员身份，将丧失在农村集体经济组织的成员权利。

第二，具有限制性。有些组织的成员权利主体是自然人，也有

---

[1] 吴春香：《农村集体经济组织成员资格界定及相关救济途径研究》，载《法学杂志》2016 年第 11 期。

[2] 高达：《农村集体经济组织成员权研究》，西南政法大学 2014 年博士学位论文。

的可以是法人和其他社会组织，但农村集体经济组织成员权的主体具有限制性，只能是具有成员资格的自然人。

第三，具有专属性。农村集体经济组织成员权的身份属性决定了其专属于该组织的成员所有，农村集体经济组织成员权的成员资格是不可以随意转让、继承的，但是对于农村集体经济组织成员权的具体权利，例如土地承包经营权等则可以依法流通转让。

第四，具有平等性。农村集体经济组织成员权是由其成员平等享有的，一旦取得农村集体经济组织的成员资格，就能够平等享有土地承包经营权、宅基地使用权、集体收益分配权等实体权利，以及选举权与被选举权等程序权利，不受其他因素的影响。

第五，具有社会保障性。鉴于我国城乡发展之间的差异，虽然农村外出务工人员与日俱增，但很多农村地区仍以土地耕作生产作为基本生活保障的来源，农村集体经济组织土地资源的社会保障功能并没有完全消失，集体组织成员权仍然具有社会保障功能。

三、农村集体经济组织成员权的内容

农村集体经济组织成员权既是农民的一项基本人权，涉及农民的生存权，又是一项特殊的权利，具有民事权利的特征。农村集体经济组织成员权也是一项概括性、复合性权利，是农村集体经济组织成员对组织享有的各种权利的总称。一般认为，其具体内容应包括土地承包经营权、宅基地使用权、土地补偿款分配请求权、参与管理、决策权、表决权、选举权和被选举权、知情权、救济权等。[①]目前，对农村集体经济组织成员权具体内容的归类还有不同看法，有观点认为可以从宏观角度分为经济权利和民主管理权利；[②] 也有观

[①]　管洪彦、孔祥智：《"三权分置"下集体土地所有权的立法表达》，载《西北农林科技大学学报（社会科学版）》2019 年第 3 期。

[②]　王旭光、范明志：《物权法适用疑难问题研究》，山东人民出版社 2007 年版，第 40 页。

点认为可以分为自益权和共益权;① 另有观点认为应当分为财产性权利和服务于财产性权利的实现和保护的权利;② 还有观点认为应当分为实体性权利和程序性权利。③ 这些不同的分类结果都具有合理性,只是侧重点不同。

目前,现有法律还没有对农村集体经济组织成员的权利进行完整界定,有关农村集体经济组织成员权利的法律规则散见于有关法律、地方性法规之中,没有形成专门系统的权利内容体系。因此,明晰农村集体经济组织成员的权利,是农村集体经济组织立法必须明确的基本规范,也是保护农民切身利益的现实需要。农村集体经济组织立法中,既要完整界定农村集体经济组织成员享有的权利内容,又要做好与现有法律规范的统一和衔接。这里主要根据民法典和农村土地承包法等有关法律规定,结合农村改革以来农村集体经济组织的实际情况,特别是农村集体产权制度改革实践,初步分析农村集体经济组织成员享有的各项权利。

(一) 对集体财产的权利

这是成员享有的最重要的核心权利。在抽象意义上,集体经济组织的每个成员作为"集体"的一员,与其他成员一起集体地享有集体财产所有权;在具象意义上,集体经济组织成员以不同形式对集体财产享有占有、使用、收益的权利。④

1. 依法承包集体经济组织发包的农村土地

农村土地承包法第 5 条规定:"农村集体经济组织成员有权依法承包由本集体经济组织发包的农村土地。任何组织和个人不得剥夺

---

① 李磊:《集体经济组织成员权的制度构造》,载《法制与社会》2011 年第 31 期。
② 高达:《农村集体经济组织成员权研究》,西南政法大学 2014 年博士学位论文。
③ 戴威:《论农村集体经济组织成员权内容的类型化构造》,载《私法研究》2015 年第 1 期。
④ 何宝玉:《农村土地"三权分置"释论——基于实践的视角》,中国民主法制出版社 2022 年版,第 154 页。

和非法限制农村集体经济组织成员承包土地的权利。"这一条是关于农村集体经济组织成员承包土地的权利的规定。

农民集体所有的和国家所有依法由农民集体使用的耕地、林地和草地，由农村集体经济组织内部的农户家庭承包经营，这是家庭承包经营的基本内容。家庭承包是以农户家庭为单位的承包，农户家庭成员作为农村集体经济组织成员享有承包土地的权利，可以说是一项不可剥夺的权利。承包实践中，通常都是以农户家庭为单位，按照家庭成员的数量多少，实行人人有份、按户承包，明确并依法保护集体经济组织成员承包土地的权利，可以说是坚持和完善家庭承包经营制度的基础性工作。

需要注意的是，农村集体经济组织成员享有承包土地的权利，实质上是一种资格权，并不是已经取得的现实的权利，按照农村土地承包法第 19 条第 1 项的规定，按照规定统一组织承包时，本集体经济组织成员依法平等地行使承包土地的权利。就是说，集体经济组织成员承包土地的资格权，通常是在集体经济组织统一组织承包时行使，集体经济组织应当落实其权利，不得拒绝。在集体经济组织统一组织承包以后，集体经济组织成员也可以要求行使承包土地的权利，但能否实现，取决于集体经济组织有没有可以发包的土地。通俗地说，集体经济组织成员行使承包土地的权利，在统一组织承包时要求分得土地的，集体经济组织应当分给承包地，不得拒绝；在其他时间要求分得承包地的，由集体经济组织根据情况确定是否给其分地。

另外，农村土地承包法规定的集体经济组织成员承包土地的权利，虽然是承包土地的前提，但是，特定集体经济组织成员一旦按照规定参与承包集体土地，在其家庭取得土地承包经营权后，该成员是否享有承包土地的权利，只能影响下一次承包，不影响农户已经取得的土地承包经营权。因此，家庭内的某个集体经济组织成员在家庭承包土地以后丧失集体经济组织成员资格的，该成员即丧失了再次承包集体土地的权利，但是其家庭已经取得的土地承包经营权，不应因此受到影响。

2. 依法申请取得宅基地使用权

土地管理法第 62 条规定，农村村民一户只能拥有一处宅基地，其宅基地的面积不得超过省、自治区、直辖市规定的标准。人均土地少、不能保障一户拥有一处宅基地的地区，县级人民政府在充分尊重农村村民意愿的基础上，可以采取措施，按照省、自治区、直辖市规定的标准保障农村村民实现户有所居。农村村民建住宅，应当符合乡（镇）土地利用总体规划、村庄规划，不得占用永久基本农田，并尽量使用原有的宅基地和村内空闲地。编制乡（镇）土地利用总体规划、村庄规划应当统筹并合理安排宅基地用地，改善农村村民居住环境和条件。农村村民住宅用地，由乡（镇）人民政府审核批准；其中，涉及占用农用地的，依照本法第 44 条的规定办理审批手续。农村村民出卖、出租、赠与住宅后，再申请宅基地的，不予批准。国家允许进城落户的农村村民依法自愿有偿退出宅基地，鼓励农村集体经济组织及其成员盘活利用闲置宅基地和闲置住宅。

民法典第 362 条规定，宅基地使用权人依法对集体所有的土地享有占有和使用的权利，有权依法利用该土地建造住宅及其附属设施。

以上是关于农村集体经济组织成员宅基地使用权的规定。宅基地制度，是农村集体经济组织依法为本组织成员提供的住房用地保障制度。该制度的基本内容可以概括为：成员申请，集体同意，依法审批，一户一宅，无偿占有，长期使用，土地属集体，住房归个人，租售住房后，无权再申请。[①] 宅基地使用权是农村集体经济组织成员的重要实体性权利，是农村集体经济组织成员依法享有的在农

---

① 陈锡文、罗丹、张征：《中国农村改革 40 年》，人民出版社 2018 年版，第 64 页。

民集体所有的土地上建造个人住宅及其附属设施的权利。[①] 宅基地使用权有以下特征：一是权利主体特定，申请并取得宅基地，只能是本集体经济组织中具备相应条件的农户，只有本集体经济组织的成员才能享有占有权和使用权。二是权利对象特定，只能基于宅基地使用权利。三是权利内容特定，用途仅限于建造个人住宅及其附属设施。四是权利取得不遵循市场机制，权利被依法取得后，是无偿占有、长期使用的。这也说明，农村宅基地上的住房具有保障性、福利性和住房的属性。

需要注意的是，农村集体经济组织成员享有依法申请取得宅基地使用权的权利，与享有承包土地的权利一样，实质上也是一种资格权，并不是已经取得的现实的权利。在获得农村集体经济组织成员身份后，未实际分配到宅基地之前，该权利可以理解为宅基地使用权分配请求权；而在通过成员申请、集体同意、依法审批等程序实际分配到宅基地后，才称之为宅基地使用权，才算是已经取得的现实的权利。

3. 参与分配集体经济收益

2012 年，党的十八大报告首次明确提出，要依法维护农民的集体收益分配权。2014 年，《国务院关于进一步推进户籍制度改革的意见》也提到，集体收益分配权是农民作为集体经济组织成员应当享有的合法财产权利。2016 年，《中共中央　国务院关于稳步推进农村集体产权制度改革的意见》对集体经营性资产的管理主体、集体经济组织管理集体资产的方式以及保证集体成员的股权收益等内容进行了规定。可以看出，集体收益分配权是农村集体经济组织成员应当享有的权利。将农村集体经营性资产以折股的形式量化到本集体经济组织成员，作为其参加集体收益分配的基本依据，正是落实集体收益分配权的重要体现。

---

① 魏振瀛：《民法（第七版）》，北京大学出版社 2017 年版，第 310 页。

参与分配集体经济收益,顾名思义,就是参与分配农村集体经济组织通过经营性活动发展集体经济产生的收益。通过农村集体产权制度改革,让农村集体经济组织每个成员都享有对集体资产股份的占有和收益的权利,都享有参与分配集体经济收益的权利。2016年,《中共中央 国务院关于稳步推进农村集体产权制度改革的意见》中明确指出,建立集体资产股权登记制度,记载农村集体经济组织成员持有的集体资产股份信息,出具股权证书。建立健全集体收益制度,明确公积金、公益金提取比例,把农民集体资产股份收益分配权落到实处。

需要注意的是,在集体经济实际获得收益后,只要是确认为农村集体经济组织成员,就同时获得参与分配集体经济收益的权利。但在集体进行实际分配前,该权利一直为请求权,即使集体经济组织确定了每个成员的份额,但只要没有实际分配到成员手中,其请求权性质不会发生变化。集体成员真正取得收益,必须建立在集体经营有收益且收益的集体分配方案得以确定的情况下才有可能,因此,该权利又是一项期待权。当集体将相应份额实际分配到成员手中后,成员对实际分配到手的份额享有所有权。这与土地承包权、宅基地使用权有所区别,土地承包权、宅基地使用权在实际分配后,成员并不享有对所承包土地、分配的宅基地的所有权,仅有使用权。

4. 集体土地被征收征用时参与分配土地补偿费

民法典第338条规定,承包地被征收的,土地承包经营权人有权依据本法第243条的规定获得相应补偿。民法典第243条第2款规定,征收集体所有的土地,应当依法及时足额支付土地补偿费、安置补助费以及农村村民住宅、其他地上附着物和青苗等的补偿费用,并安排被征地农民的社会保障费用,保障被征地农民的生活,维护被征地农民的合法权益。农村土地承包法第17条规定,承包方享有下列权利:……(4)承包地被依法征收、征用、占用的,有权依法获得相应的补偿。土地管理法第48条规定,征收土地应当给予公平、合理的补偿，保障被征地农民原有生活水平不降低、长远生计有保障。征收土地应当依法及时足额支付土地补偿费、安置补助费以及农村村民住宅、其他地上附着物和青苗等的补偿费用，并安排被征地农民的社会保障费用。

以上是关于集体土地被征收征用时参与分配土地补偿费权利的规定。集体土地被征收征用，应当依法给集体经济组织和被征地农民相应的补偿。按照土地管理法的规定，国家建设征收、征用、占用土地的补偿费用包括土地补偿费、安置补助费、地上附着物和青苗补偿费，承包土地的农民依法可以获得地上附着物、青苗补偿费以及安置补助费。一般来说，地上附着物和青苗补偿费应当归土地承包方所有，土地经营权流转后，青苗补偿费归实际投入者所有，地上附着物补偿费归附着物所有者所有。对此，2005 年 7 月发布的《最高人民法院关于审理涉及农村土地承包纠纷案件使用法律问题的解释》第 20 条规定：承包地被依法征收，承包方请求发包方给付已经收到的地上附着物和青苗的补偿费的，应予支持。承包方已将土地承包经营权以出租、入股或者其他等方式流转给第三人的，除当事人另有约定外，青苗补偿费归实际投入人所有，地上附着物补偿费归附着物所有人所有。

实践中，各地普遍存在因承包地被征收、征用后分配补偿费而发生争议甚至诉讼。农民集体所有的土地被依法征收、征用后，如何分配补偿费，是一项非常复杂的工作，涉及多方面利益，政策性很强，需要参考多项法律规定。根据现行政策和法律规定，结合司法实践，集体土地被征收、征用后依法获得相应的补偿，特别是土地补偿费的分配，需要注意以下三个问题：（1）承包方在承包地被征收、征用时依法获得补偿的权利，并不排斥其他集体经济组织成员依法获得补偿的权利。承包方有权依法获得相应的补偿，同时，基于集体经济组织成员的权利以及承包地的社会保障功能，其他集体经济组织成员，特别是统一组织承包以后的新集体经济组织成员，也可能依法获得相应的补偿。（2）要注意区分承包方获得补偿的权利与承包方的某个家庭成员获得补偿的权利。承包方享有土地承包经营权，依法应当获得补偿，其权利是确定的，集体经济组织不给承包方补偿的，承包方可以向人民法院起诉；承包方的某个家庭成员是否参与补偿费的分配，情况比较复杂。根据《最高人民法院关于审理涉及农村土地承包纠纷案件适用法律问题的解释》第22条的规定，征地补偿安置方案确定时已经具有本集体经济组织成员资格的人，请求支付相应份额的，应予支持。相反，如果承包方的某个家庭成员在征地补偿方案确定时未被确认为本集体经济组织成员，按照上述规定，就不能向人民法院起诉，而应当通过协商、调解解决，或者按照规定请求政府有关部门解决。（3）承包方依法进行土地承包经营权转让、互换以后，原承包地被依法征收、征用的，相应的补偿费用应归受让方，不再归原承包方。

（二）选举权和被选举权

选举权和被选举权即参与选举、罢免农村集体经济组织管理人员，以及被选举为农村集体经济组织管理人员的权利，参与选举以及被选举为农村集体经济组织成员代表的权利。

宪法第34条规定，中华人民共和国年满十八周岁的公民，不分民族、种族、性别、职业、家庭出身、宗教信仰、教育程度、财产状况、居住期限，都有选举权和被选举权；但是依照法律被剥夺政治权利的人除外。宪法第17条第2款规定，集体经济组织实行民主管理，依照法律规定选举和罢免管理人员，决定经营管理的重大问题。

村民委员会组织法第13条第1款规定，年满十八周岁的村民，不分民族、种族、性别、职业、家庭出身、宗教信仰、教育程度、财产状况、居住期限，都有选举权和被选举权。

2020年11月，农业农村部印发的《农村集体经济组织示范章程（试行）》第11条第1项规定，具有完全民事行为能力的农村集体经济组织成员享有参加成员大会，并选举和被选举为本社成员代表、理事会成员、监事会成员的权利。

以上是关于农村集体经济组织成员享有选举权和被选举权的规定。选举权和被选举权，是宪法规定的公民基本政治权利之一，公民可以通过正当途径行使该权利。因此，依据法律和章程，农村集体经济组织成员有选举本集体经济组织管理层人员及成员代表的权利，也有被选举为本集体经济组织管理层人员及成员代表的权利。该项权利是集体经济组织成员参与集体事务民主管理的具体表现形式，也是成员享有的一项程序性权利。由于集体经济组织成员往往不直接参与经营管理，而是通过集体经济组织管理层及成员代表代为进行，民主选举集体经济组织管理层人员及成员代表，是保障集体事务的处理按照成员共同意志行使的组织保障，直接关乎集体财产的安全性以及运营管理的经济效果。需要强调的是，拥有选举权和被选举权并不一定意味着具有成员资格，选举权和被选举权的享有并不能作为判断成员资格的依据。

（三）参与集体重大事项决定、集体事务管理的权利

该项权利主要包括依法参与和出席农村集体经济组织成员大会、成员代表会议，并行使表决权，参与制定、修改农村集体经济组织章程，参与决定农村集体经济组织的重大事项和重要事务。

民法典第 261 条第 2 款规定："下列事项应当依照法定程序经本集体成员决定：（一）土地承包方案以及将土地发包给本集体以外的组织或者个人承包；（二）个别土地承包经营权人之间承包地的调整；（三）土地补偿费等费用的使用、分配方法；（四）集体出资的企业的所有权变动等事项；（五）法律规定的其他事项。"

农村土地承包法第 19 条规定，土地承包应当遵循以下原则："……（三）承包方案应当按照本法第十三条的规定，依法经本集体经济组织成员的村民会议三分之二以上成员或者三分之二以上村民代表的同意……"第 52 条第 1 款规定，发包方将农村土地发包给

本集体经济组织以外的单位或者个人承包，应当事先经本集体经济组织成员的村民会议三分之二以上成员或者三分之二以上村民代表的同意，并报乡（镇）人民政府批准。

土地管理法第 63 条第 2 款规定，集体经营性建设用地出让、出租等，应当经本集体经济组织成员的村民会议三分之二以上成员或者三分之二以上村民代表的同意。

村民委员会组织法第 24 条规定，涉及村民利益的下列事项，经村民会议讨论决定方可办理：（1）本村享受误工补贴的人员及补贴标准；（2）从村集体经济所得收益的使用；（3）本村公益事业的兴办和筹资筹劳方案及建设承包方案；（4）土地承包经营方案；（5）村集体经济项目的立项、承包方案；（6）宅基地的使用方案；（7）征地补偿费的使用、分配方案；（8）以借贷、租赁或者其他方式处分村集体财产；（9）村民会议认为应当由村民会议讨论决定的涉及村民利益的其他事项。

以上这些法律规定表明了农村集体经济组织成员享有重大事项表决权，凸显出集体组织成员在集体财产管理活动中的主体地位，有利于保障集体成员参与集体事务、维护成员自身的合法权益。2020 年农业农村部印发的《农村集体经济组织示范章程（试行）》，将成员大会明确为集体成员参与经营管理、实施决策权的权力机构，因此，农村集体经济组织成员可以依据章程参加成员大会、成员代表大会并参与表决，决定集体经济组织重大事项和重大事务。

需要注意的是，农村集体经济组织成员的表决权，是基于成员身份而享有的权利，只有取得成员资格的人才能享有表决权，因此，该权利具有专属性，不可以对外随意转让成员资格。这与公司法上的股东表决权完全不同，公司股东可以依据法律规定通过协议、继承等方式对内或者对外转让股份，其表决权也随之转移。此外，农村集体经济组织成员的表决权遵循"一人一票"的表决原则，即只要是组织成员，具有成员资格就享有一票的投票权，这与公司股东按照出资多少享有表决权完全不同。

（四）知情权

民法典第 264 条规定："农村集体经济组织或者村民委员会、村民小组应当依照法律、行政法规以及章程、村规民约向本集体成员公布集体财产的状况。集体成员有权查阅、复制相关资料。"此条规定明确了集体经济组织、村民委员会及村民小组向集体成员公布集体财产状况这一法定义务，从反向维度强化了集体成员对集体事项的知情权，虽然没有明确权利名称，但其实质是赋予集体经济组织成员对集体财产的知情权，以监督和保障集体财产的合理使用和分配，使集体财产得到更好保障。

农村集体经济组织以及代行集体经济组织职权的村委会、村民小组，负有向本集体成员公布集体财产状况的义务。只有集体经济组织或村委会、村民小组依照法律、行政法规以及章程、村规民约的规定，向本集体成员公布集体财产状况，才能使成员的知情权得到满足。农民作为集体经济组织成员，享有相应的知情权，知情权的内容包括查阅权和复制权，同时，集体经济组织成员对集体经济组织有关重大事项、重要事务的决定，同样享有知情权。集体成员享有查阅权、复制权，就可以依照法律、行政法规以及章程、村规民约的规定，请求查阅农村集体经济组织公布的相关资料，并有权获得这些资料的复印件。这不仅能够保障其作为集体成员知晓集体财产的状况，进行核对，并且可以积累资料，作为证据，以备诉讼之需。与此相对应，当集体成员请求行使查阅权或复制权时，农村集体经济组织或村委会、村民小组应当满足集体成员的要求，不得拒绝。

（五）监督权

监督权即监督集体经济组织管理人员正当处分集体财产、正当管理集体事务的权利；同时享有对集体资产管理和处置、对集体事务处理提出意见和建议的权利。

农业法第 73 条第 3 款规定，农村集体经济组织和村民委员会对涉及农民利益的重要事项，应当向农民公开，并定期公布财务账目，接受农民的监督。土地管理法第 49 条第 1 款规定，被征地的农村集体经济组织应当将征收土地的补偿费用的收支状况向本集体经济组织的成员公布，接受监督。农业农村部印发的《农村集体经济组织示范章程（试行）》第 11 条第 3 项规定，农村集体经济组织成员享有监督集体资产经营管理活动、提出意见和建议的权利。

以上是农村集体经济组织成员享有监督权的规定。集体所有的财产关系到每一个集体成员的切身利益，但实践中，造成集体财产损失、侵害集体成员财产权益的情况时有发生，如管理人员以权谋私，挥霍浪费。集体经济组织成员有权监督集体资产经营管理活动，有权对集体决策提出意见和建议，这样，一方面能防止因集体经济组织管理机构及其工作人员的专断、怠职从而影响到集体及成员的利益，对集体经济组织管理机构及其工作人员形成有效的约束和监督；另一方面能赋予集体经济组织成员充分表达自己意志的手段，调动集体成员的积极性，全方位保证集体决策行为正确有效地行使，不至出现偏差，从而保障集体成员的财产权益，促进集体经济发展。

（六）针对侵权行为的诉讼权利

针对侵权行为的诉讼权利具体包括：（1）请求撤销侵权决定的权利。民法典第 265 条第 2 款规定，农村集体经济组织、村民委员会或者其负责人作出的决定侵害集体成员合法权益的，受侵害的集体成员可以请求人民法院予以撤销。此条是对农村集体经济组织成员享有撤销权的规定。集体成员的合法权益受到集体决定侵害时，有权向人民法院请求撤销有关决定。现行法律关于农村集体经济组织成员撤销权的规定条文数量少，内容过于原则笼统，应针对撤销权的权利内容、条件、程序、权利救济等方面进行具体的规定，保障成员撤销权在现实中得到有效落实。（2）集体权益受到侵害时参与诉讼的权利。依法理，集体财产受到侵害时，集体经济组织成员有权推选代表人向人民法院提起诉讼。（3）参与代位诉讼的权利。依法理，集体权益受到侵害，集体经济组织管理人员怠于提起诉讼的，集体经济组织成员可以参与提起代位诉讼。此外，成员资格产生争议，可能损害自身权益的，可以依法提起诉讼。

（七）承包"四荒"及土地经营权流转的优先权

一是优先承包"四荒"土地的权利。根据农村土地承包法第51条规定，以其他方式承包农村土地，在同等条件下，本集体经济组织成员有权优先承包。二是土地经营权流转时的优先权。根据农村土地承包法第38条规定，土地经营权流转应当遵循的原则之一，就是在同等条件下，本集体经济组织成员享有优先权。所谓同等条件，一般是指承包费、承包期限、流转价款、流转期限等主要内容相同。

法律对行使优先权的实现没有明确规定。根据最高人民法院2020年新修正的《最高人民法院关于审理涉及农村土地承包纠纷案件适用法律问题的解释》第18条规定，发包方将农村土地发包给本集体经济组织以外的组织或者个人，已经法律规定的民主议定程序通过，并由乡（镇）人民政府批准后主张优先承包权的，不予支持；根据该司法解释第11条，土地经营权流转中，本集体经济组织成员主张优先权的，如果在书面公示的合理期限内（未经书面公示的，在本集体经济组织以外的人开始使用承包地2个月内）未提出优先权主张，人民法院不予支持。这就要求集体经济组织成员在上述期限内主张优先权。

（八）享受集体经济组织的服务和福利

农村集体经济组织兼具营利性和公益性，一方面，农村集体经济组织具有较强的营利性，通过多种形式发展集体经济来增加集体财富；另一方面，又承担着服务集体成员的职能，如为成员的生产经营提供技术、信息等服务，为成员提供教育、文化、卫生、体育、养老等服务，对村委会提供服务给予资金支持等。随着农村产权制度改革的不断深入，农村集体经济组织在为成员提供公共服务、公共基础设施和扶贫济困方面的作用越来越重要。作为集体的一员，集体经济组织成员有权按照集体的规定享有集体经济发展所带来的公共福利，享受集体的公共服务，利用集体的公益设施，如公共休闲场所、文化体育设施等，这也是集体经济组织成员权具有社会保障性质的一个重要体现。

（九）自主退出集体经济组织的权利

20世纪50年代农业社会主义改造时，按照相关法律规定，加入初级合作社、高级合作社的社员都享有退社的自由。但人民公社化以后，人民公社实行政社合一，社员的身份同时具有行政和经济属性，加之人口迁移受到严格条件限制，社员实际丧失了退社自由。农村改革以来，法律虽然没有明确集体经济组织成员享有退出集体经济组织的权利，但随着工业化、城镇化进程加快，有些农户离开农村进入城镇或者迁移到其他地方工作、生活，客观上退出了原农村集体经济组织，事实上享有退出的自由。

四、成员权与农户土地承包经营权的关系

农村集体经济组织享有的成员权，内容比较丰富，既有共益权，也有自益权。其中，依照农村土地承包法第5条规定，农村集体经济组织成员有权承包由本集体经济组织发包的农村土地。即农村集体经济组织成员享有承包土地的权利，这是成员权的重要组成部分。一般认为，集体经济组织成员承包土地的权利是一种资格权，是集体经济组织成员享有的一种参与承包本集体经济组织发包的农村土地的资格，如果说是一项权利，也只是一项期待权，并不是针对特定土地的现实权利。承包土地的权利之行使方式是向集体经济组织做出一定的表意行为，具有请求权属性，因此也可以称为土地承包

请求权。① 近年来，农村土地实行"三权分置"，关于成员权与农户土地承包经营权的关系，值得深入研究。

（一）成员权与土地承包经营权的取得

关于成员权与土地承包经营权的取得之间的关系，目前学界有不同的观点。第一种观点认为成员权是取得土地承包经营权的资格与前提。具体来说，有学者将农民集体成员权中的自益权（财产性权利）细化为以下三种具体权利：一是集体土地占有、使用权，在农业用地的范畴上表现为对集体农业用地的占有、使用、收益权，也就是通过家庭承包方式对集体所有的耕地、林地、草地以及其他农业用地予以占有、使用，从事种植业、林业、畜牧业等农业生产并获取收益的权利。此项权利也被规定于农村土地承包法第 5 条，集体成员对农民集体享有土地承包请求权，后者则负有向集体成员发包土地的法定义务。二是集体财产收益权。三是集体剩余财产分配权。根据此种观点，农民集体成员权的行使效果包括土地承包经营权的取得——农村集体经济组织成员有权依法承包土地取得土地承包经营权。②

第二种观点认为成员权的自益权直接包括生产设施使用权、土地承包经营权、征地补偿分配权、宅基地使用权、股份分红权、退出权等，共益权则包括出席社员大会及表决权、选举权和被选举权、知情权等。此种观点直接将土地承包经营权作为成员权的权利内容。

第三种观点认为成员权并不构成取得土地承包经营权的前提条件。一方面，成员权主体完全可能不享有土地承包经营权。由于大部分农民集体并无存量机动地，集体也无法通过收回其成员的承包地，取得可发包耕地，具备集体成员资格的新增人口事实上难以获

---

① 丁文：《论土地承包权与土地承包经营权的分离》，载《中国法学》2015 年第 3 期。

② 温世扬：《从集体成员权到法人成员权——农村集体经济组织法人成员权的内容构造》，载《武汉大学学报（哲学社会科学版）》2022 年第 4 期。

得土地承包经营权。另一方面，非成员权主体却可能享有土地承包经营权。实践中，一些已经就业的大学毕业生在有些地区依然享有土地承包经营权，^① 这些曾经的集体经济组织成员户籍已经迁出，不再属于农业人口，也就不享有成员权，但依然享有土地承包经营权。按照"增人不增地、减人不减地"，稳定土地承包关系的现行政策，土地承包经营权已与其既有权利主体完全"绑定"，而与成员权的有无无关。^②

需要注意的是，集体经济组织成员享有承包土地的权利，实质上是一种资格权，并不是已经取得的现实的权利。我们认为，成员权是取得土地承包经营权的前提与资格，其内涵是指在最初取得土地承包经营权时，主体必须具备成员资格，但这并不意味着在后续丧失成员资格之后，权利就会直接消灭，因此，例如外嫁女、已在外就业大学生等特殊群体依然享有土地承包经营权的事实，不足以论证在取得土地承包经营权时不需要具备成员资格。部分农村新增人口尚未取得土地承包经营权则是因为取得该项权利不仅需要具备成员权，还需要具备其他要素，也不能以此论证成员权不构成取得土地承包经营权之前提条件。承包土地的权利作为一种可期待利益，能否转化为现实利益具有或然性，取决于多种因素。例如，集体经济组织按照国家规定统一组织发包时，集体经济组织成员享有的承包土地的权利，通常可以通过家庭承包取得土地承包经营权而得以实现。但在集体经济组织统一发包后，已经没有多余可发包的土地，农村土地承包法规定不得随意调整农户的承包地，此时集体经济组织成员依法享有的承包土地的权利，就难以变成针对农民集体土地

---

① 崔建远：《物权：规范与学说——以中国物权法的解释论为中心》（下册），清华大学出版社 2011 年版，第 511 页；蔡立东：《土地承包权、土地经营权的性质阐释》，载《交大法学》2018 年第 4 期。

② 蔡立东：《土地承包权、土地经营权的性质阐释》，载《交大法学》2018 年第 4 期。

的现实权利。

（二）成员权与土地承包经营权的转移

关于土地承包经营权的转移与成员权之间的关系，目前学者均认为土地承包经营权转让限制在同一集体经济组织内部，也即通过受让的方式取得土地承包经营权的受让人必须是本集体经济组织成员。[①] 这一观点也与农村土地承包法的规定相契合。但是，讨论成员权与土地承包经营权的继承之间的关系存在广泛争议。

一种观点认为土地承包经营权不可继承。主要有两个理由，一是，家庭承包中土地承包经营权的主体是承包经营户而非集体成员个人，既然并非集体成员的个人财产也就不能作为遗产继承。[②] 二是，强调土地承包经营权的身份属性，既然土地承包经营权的主体必须有本集体成员的身份，那么非本集体成员的继承人就不能继承土地承包经营权。[③] 也就是说，土地承包经营权的身份性在发包阶段和流转阶段均有体现。

另一种观点正好相反，认为土地承包经营权能够为已不具备成员资格的继承人所继承。土地承包经营权既然属于物权之一种，自然应当具备物权的一般性质与法律效力，应该允许其同其他财产一样被继承，保护继承权实质上也是保护原承包经营权人的财产权。[④]此外，家庭土地承包经营权的社会保障功能并不意味着其不具有可

---

① 祝之舟：《农村土地承包关系自主调整机制的法理内涵与体系完善》，载《法学家》2021 年第 2 期。

② 刘保玉、李运杨：《农村土地承包经营权的继承问题探析》，载《北方法学》2014 年第 2 期。

③ 陈甦：《土地承包经营权继承机制及其阐释辨证》，载《清华法学》2016 年第 3 期。

④ 张新宝：《土地承包经营权》，载王利明主编：《物权法名家讲坛》，中国人民大学出版社 2008 年版，第 306 页。

继承性。① 以土地承包经营权具有保障功能为由禁止其继承，实际上是通过限制集体成员权利的方式增加集体成员利益，是权利配置机制的扭曲。② 虽然土地承包经营权的初始分配起到的是社会保障功能，但是在这时候的自由流转则无须继承承载社会保障功能，因此将继承人范围限定在集体内部成员之间就不再具有实质正当性理由。③

土地承包经营权可否继承，理论上虽有争议，但有关法律规定是明确的。农村土地承包法区分不同情况规定了承包收益的继承和继续承包，其中第 32 条针对家庭承包规定：承包人应得的承包利益，依照继承法的规定继承。林地承包的承包人死亡，其继承人可以在承包期内继续承包。第 54 条规定：通过招标、拍卖、公开协商等方式取得土地经营权的，该承包人死亡，其应得的承包收益，依照继承法的规定继承；在承包期内，其继承人可以继续承包。

需要指出的是，继续承包不等于继承承包经营权。继承是依照法律规定或者遗嘱约定，将被继承人的遗产转移给继承人。继续承包具有继续行使权利的内涵，继续行使权利显然不等同于继承。我们赞成土地承包经营权不能继承的观点，土地承包经营权的取得具有身份属性，是基于集体经济组织成员而享有的权利，同时土地承包经营权是以家庭为单位进行承包的，因此一个成员死亡并不导致承包经营权的转移，承包经营权仍然属于该家庭所有，也就不存在继承的问题。

这里主要是指承包户通过家庭承包取得的土地承包经营权不发生继承问题。主要理由是，家庭是土地承包经营权的权利主体，是

① 郭明瑞：《也谈农村土地承包经营权的继承问题——兼与刘保玉教授商榷》，载《北方法学》2014 年第 2 期。

② 陈甦：《土地承包经营权继承机制及其阐释辨证》，载《清华法学》2016 年第 3 期。

③ 汪洋：《土地承包经营权继承问题研究——对现行规范的法构造阐释与法政策考量》，载《清华法学》2014 年第 4 期。

集体经济组织内部的农户，不是家庭成员个人。农村土地承包法第 16 条第 1 款明确规定：家庭承包的承包方是本集体经济组织的农户。实践中通常是按照每个农户内集体经济组织成员的人数、年龄等，计算并确定该农户承包土地的具体数量，最终以户为单位进行承包，并且以户的名义与集体经济组织签订承包合同，取得土地承包经营权。实际签订承包合同的一般都是户主，但户主是代表农户家庭签订承包合同，而承包方、土地承包经营权人都是农户而不是户主个人，更不是农户家庭的其他成员。既然家庭承包以户为单位，土地承包经营权人是农户而不是农户的成员个人，那么农户家庭成员的增减，甚至代表该农户签订合同的户主死亡，只要家庭还有其他成员，就不影响农户作为土地承包经营权主体的存在。因此，无论承包户的成员增加或减少，作为土地承包经营权主体的农户依然存在，不发生土地承包经营权继承问题。农户最后一位幸存的成员死亡，农户家庭消亡，土地承包经营权的主体已不存在，该承包户的土地承包经营权随即消灭，应当由发包方收回承包地。该承包户的承包收益可以依法继承，但也不涉及土地承包经营权的继承问题。

（三）成员权与土地承包经营权的消灭

关于土地承包经营权的消灭与成员权之间的关系的研究，主要聚焦于：当集体成员迁出集体经济组织从而不再享有成员权时，其是否还能享有土地承包经营权？

有观点认为，若户籍从本集体经济组织迁入其他集体经济组织，则由新的集体经济组织承担生存保障义务；若户籍迁入城市则纳入国家社会保障体系，无须再由村集体提供土地保障。在这两种情形下，农民不再享有成员权，也就不再具备土地承包经营权。[①]

相反观点认为，在土地承包经营权物权化背景下，户籍迁入新

---

① 转引自戴威：《农村集体经济组织成员资格制度研究》，载《法商研究》2016 年第 6 期。

集体经济组织并不意味着原有的承包地分配格局被打乱，此时户籍迁入的意义仅在于居住地变更，与土地保障并无必然联系。同时，迁出前如果该成员享有的承包经营权经营期尚未届满，仍然可以继续承包，剥夺其承包经营权的理由并不充分。户籍迁入城市也需要经过长年缴纳社保才能够获得社会保障，因此也不能一概而论地说户籍迁入城市后即不再需要农村集体经济组织继续提供土地保障。[①]

还有学者指出，外嫁女、在校大学生、服役服刑人员等特殊农民群体往往是农村集体经济组织中的弱势群体，更需要获得成员身份、享受集体经济组织成员待遇，户籍与长期固定的生产生活关系这两项认定标准更适宜作为集体经济组织成员资格认定的辅助依据。应当具体区分特殊农民类型判断其是否需要本集体经济组织的土地作为基本生活保障，从而确定是否具有成员资格享有土地权利。[②]

以上观点都没有意识到成员权与农村土地承包经营权之间的真正逻辑。虽然土地承包经营权的取得须以集体经济组织成员资格为前提，但是在取得土地承包经营权之后就不再与集体经济组织成员资格相关联了。农村土地承包经营权作为物权的一种，并不会因为主体身份的变化就直接消灭。当然，这也不意味着集体成员在退出集体经济组织之后还能够一直享有土地承包经营权利。根据农村土地承包法第21条规定，耕地、林地与草地均有相应的承包期限。如果集体成员已退出集体经济组织即不再具有成员资格，那么承包期限到期之后不再自动续期，因而不再享有土地承包经营权。

---

① 参见戴威：《农村集体经济组织成员资格制度研究》，载《法商研究》2016年第6期。类似观点参见秦静云：《农村集体成员身份认定标准研究》，载《河北法学》2020年第7期。其认为，不能基于成员已经进城或者享受编制内待遇为由剥夺他们的农村集体成员身份。因为他们获取农村集体成员身份是已经付出代价的，进城获得城市社会保障或者享受编制内待遇是另外努力的结果，不能成为丧失农村集体成员资格的条件。

② 房绍坤、任怡多：《"嫁出去的女儿，泼出去的水?"——从"外嫁女"现象看特殊农民群体成员资格认定》，载《探索与争鸣》2021年第7期。

（四）成员权与"三权分置"改革

近年来，农村土地实行"三权分置"，有意见认为，农村集体经济组织成员享有的承包土地的权利就是"三权分置"后的土地承包权。[①] 应当说这是一个误解，这种看法既有悖于法律逻辑，也不符合有关政策文件和土地承包实际。

第一，家庭承包的主体是农户家庭。有关政策文件强调要稳定农户承包权，并未提出集体经济组织成员的承包权。农村土地承包法第16条明确规定，家庭承包的承包方是本集体经济组织的农户。这就非常清楚地表明，土地承包经营权的主体是集体经济组织的农户，不是集体经济组织成员个人，源自土地承包经营权的土地承包权显然也应当属于承包户。

第二，集体经济组织成员承包土地的权利是法律明确赋予成员的法定权利，任何组织和个人不得剥夺。只要是农村集体经济组织成员，就享有承包土地的权利。对此，法律规定是明确的，实践中也是清楚的。而且，集体经济组织成员承包土地的权利只是一种期待权，并非针对特定土地的现实权利。假如集体经济组织成员承包土地的权利就是土地承包权，那么，有关政策文件强调稳定土地承包权就完全没有必要了。

第三，农村土地承包法第19条第1项规定，按照规定统一组织承包时，本集体经济组织成员依法平等地行使承包土地的权利，也可以自愿放弃承包土地的权利。这条规定与农村土地承包法第5条是相互关联的。农村土地承包法第5条规定：农村集体经济组织成员有权依法承包由本集体经济组织发包的农村土地。任何组织和个人不得剥夺和非法限制农村集体经济组织成员承包土地的权利。集体经济组织成员随时可以根据第5条规定提出承包土地的请求，但

---

① 何宝玉：《农村土地"三权分置"释论——基于实践的视角》，中国民主法制出版社2022年版，第156页。

只有在集体经济组织依照第 19 条第 1 项规定统一组织承包时，本集体经济组织成员才能平等地行使承包土地的权利，并且作为承包户的家庭成员现实地取得土地承包经营权，其承包土地的权利才能得到落实，或者说，集体经济组织才有义务按照规定实现成员承包土地的权利，其他情况下，集体经济组织成员依据第 5 条规定提出承包土地的请求，集体经济组织没有法定义务予以落实，否则稳定土地承包关系就会成为空话，也不符合农村土地承包法的立法宗旨。① 如果将集体经济组织成员承包土地的权利看成农户承包权，那就等于允许成员放弃农户承包权，这明显有悖常理，也不符合家庭承包经营实践。

第四，集体经济组织成员承包土地的权利，只是成员初始取得土地承包经营权的一种资格，是承包土地的前提，明显不属于土地承包经营权的内容，而是外在于土地承包经营权的一项权利，反映的是农村集体经济组织成员与集体经济组织之间的关系，不存在从土地承包经营权分离出来的问题，不可能成为"三权分置"的土地承包权。②

第五，将承包土地的权利作为土地承包权，集体经济组织成员作为土地承包权的主体，不仅涉及家庭承包经营的基本经营制度，而且会导致法律规定之间的内在逻辑矛盾，还要面临一些难以解决的现实问题。例如，新增的集体经济组织成员如何取得土地承包经营权，迁入城市的集体经济组织成员的土地承包权是否收回等。相反，把承包土地的权利看成一种资格性权利，新增成员是否实际取得土地承包权都不影响其承包土地的资格权利，迁入城市的集体经济组织成员只是丧失今后承包土地的资格，已经依法取得的土地承

---

① 何宝玉：《农村土地"三权分置"释论——基于实践的视角》，中国民主法制出版社 2022 年版，第 157 页。

② 高飞：《农村土地"三权分置"的法理阐释与制度意蕴》，载《法学研究》2016 年第 3 期。

包权仍然受到保护，这显然更符合现行政策和农村土地承包实践。

五、成员权与宅基地使用权的关系

就宅基地使用权的性质而言，目前学界普遍将宅基地使用权界定为一种具有身份性质的用益物权。在土地农民集体所有的基础上，其取得主体限定在具有农村集体成员资格的范围内，以户为单位，集体成员可以占有和使用宅基地并在其上建造住房，且该权利的取得具有无偿性和无期限性，具有社会保障功能。[①] 2013 年 11 月，党的十八届三中全会通过的《中共中央关于全面深化改革若干重大问题的决定》提出"保障农户宅基地用益物权，改革完善农村宅基地制度"的要求后，有关部门设计了关于农村宅基地制度的改革试点方案，经党中央、国务院批准后，获全国人大常委会授权，先后在全国 33 个县级行政区开展试点。宅基地制度是体现农村集体经济组织成员权利的制度。农民作为农村集体经济组织的成员，享有法律赋予的集体经济组织成员的权利，宅基地使用权就是集体经济组织成员在本集体经济组织内享有的权利，这项权利只有本集体经济组织的成员才能享有，非成员不能享有。与土地承包经营权一样，讨论宅基地使用权与成员权的关系，也可以从宅基地使用权的取得、转移、消灭、"三权分置"改革等方面去分析。

（一）成员权与宅基地使用权取得

宅基地使用权是身份性的财产权，其取得具有身份限制，需要具有本集体经济组织成员的身份，且在"一户一宅"和"面积法定"原则的基础上，农民以户为单位申请一处按照法定标准划定面

[①] 王崇敏：《我国农村宅基地使用权取得制度的现代化构建》，载《当代法学》2012 年第 5 期；韩松：《宅基地立法政策与宅基地使用权制度改革》，载《法学研究》2019 年第 6 期；陈小君：《宅基地使用权的制度困局与破解之维》，载《法学研究》2019 年第 3 期。

积的宅基地。① 只有集体经济组织成员，才能在本集体经济组织内享有宅基地使用权，非成员不能享有。也就是说，成员权是取得宅基地使用权的前提与资格，在取得宅基地使用权时，主体必须具备集体经济组织成员资格。

（二）成员权与宅基地使用权的转移

宅基地使用权作为农村村民对集体所有土地的一项重要的财产权，属于用益物权的一种类型，其转移首先需要考虑宅基地使用权能否作为遗产被继承，关于这一问题当前存在肯定说和否定说两种观点。

观点一：肯定说认为，宅基地使用权作为一项用益物权，本质上属于财产权，可以被继承。在此基础上，② 以是否要求继承人具有农村集体经济组织成员身份为标准，存在限制继承说和自由继承说两种观点。限制继承说认为，宅基地使用权只能在同一集体经济组织成员内部继承；自由继承说则不对继承人的范围作出限定，只要属于继承法上的适格继承人即可。③

观点二：否定说认为，宅基地使用权带有社会福利性质，且"一户一宅"原则下，并不因某一成员的死亡而消灭，为农民提供了基本的生活保障。宅基地使用权内容上的福利性、权利主体的身份性、取得的无偿性都展示出其作为用益物权的特殊性，不能被继承。

肯定说和否定说以及实践中的不同做法的分歧点在于：宅基地

① 王崇敏：《我国农村宅基地使用权取得制度的现代化构建》，载《当代法学》2012 年第 5 期；温世扬、梅维佳：《宅基地"三权分置"的法律意蕴与制度实现》，载《法学》2018 年第 9 期；韩松：《宅基地立法政策与宅基地使用权制度改革》，载《法学研究》2019 年第 6 期；陈小君：《宅基地使用权的制度困局与破解之维》，载《法学研究》2019 年第 3 期。

② 吕军书、时丕彬：《风险防范视角下农村宅基地继承制度改革的价值、困境与破局》，载《理论与改革》2017 年第 4 期。

③ 谢潇：《民法典视阈内宅基地使用权继承规则之构造》，载《法学》2022 年第 1 期。

使用权取得的身份属性和其财产属性分别指向继承的两种不同结果。肯定说的学者认为禁止或者限制宅基地使用权的继承使得其不具有完整的物权权能，违背其财产属性。否定说的学者认为我国民法典中对用益物权不同类型的制度设计不同，宅基地使用权不能继承也不是用益物权中的特例，其不构成对宅基地使用权物权性的否定。关于宅基地使用权的继承问题，首先应当排除自由继承说在我国法律和司法体制内的可行性，其与农村集体经济组织的立法目的相违背；关于限制继承说和否定说，其区别在于集体经济组织内部具有继承关系的成员之间的继承问题，在"一户一宅"原则下，同一户内的被继承人死亡不影响剩余成员宅基地使用权的取得，不同户但具有继承关系的成员之间若发生继承关系，可能产生一人获得多处宅基地的情况，不符合以"户"为单位作为宅基地分配标准的要求，应当坚持否定说的观点。

与宅基地使用权的继承问题相对应，关于宅基地使用权的转移，目前学界也存在两种不同的观点：

第一种观点（与肯定说中自由继承说观点一致）为宅基地使用权自由转让说，认为宅基地流转的受让主体可以扩大为城乡居民，不仅限于本集体经济组织内部，但同等情况下本集体组织及其成员享有优先购买权。持此种观点的学者认为没有处分权的收益权在很大程度上受到限制，因此应当扩大宅基地使用权人的处分权能。[①]

第二种观点（与肯定说中限制继承说观点一致）为宅基地使用权限制转让说，分为严格限制转让说和有条件转让说，前者为进城的农民保留宅基地作为返乡退路，反对宅基地的自由交易；后者认为应当建立宅基地有限转让制度，参考集体建设用地使用权入市和

---

① 王崇敏：《我国农村宅基地使用权取得制度的现代化构建》，载《当代法学》2012 年第 5 期。

其他社会现实，推动宅基地在一定条件下的适度流转。①

第三种观点（与否定说观点一致）认为宅基地只能够在集体成员内部流转，目前应当坚持宅基地使用权的住房保障功能和集体成员身份资格，禁止宅基地使用权人向本集体外部转让宅基地。同时为了解决成员资格在宅基地流转中的限制，可以为集体成员以外的受让人设立债权性权利以实现对宅基地的利用，如宅基地法定租赁权，宅基地使用权人向集体以外的人转让其房屋所有权时，受让人在取得房屋所有权的同时取得法定租赁权，该权利不具有身份属性，该非集体成员在对房屋享有所有权的同时可以基于法定租赁权而使用宅基地。此时既坚持宅基地使用权的社会保障功能，也实现了对宅基地一定范围内的自由流转。②

在实践中，关于宅基地使用权的流转问题，司法裁判以认定宅基地使用权转让无效为主。③

我们认为宅基地使用权与土地承包经营权一样，都是基于集体经济组织成员资格而取得的具有身份属性的权利，不能够予以转让，也不能够进行相应的继承。土地承包经营权和宅基地使用权的这两种权利的市场化运作是通过"三权分置"理论加以实现的。如果说在"三权分置"理论提出之前，主张土地承包经营权与宅基地使用权可以转让和继承尚有一定程度的合理性，"三权分置"理论提出并成为立法之后这样的观点则不再具有任何合理性了。

① 陈小君、蒋省三：《宅基地使用权制度：规范解析、实践挑战及其立法回应》，载《管理世界》2010 年第 10 期；韩松：《新农村建设中土地流转的现实问题及其对策》，载《中国法学》2012 年第 1 期；郑尚元：《宅基地使用权性质及农民居住权利之保障》，载《中国法学》2014 年第 2 期。

② 韩松：《宅基地立法政策与宅基地使用权制度改革》，载《法学研究》2019 年第 6 期；陈小君：《宅基地使用权的制度困局与破解之维》，载《法学研究》2019 年第 3 期；刘凯湘：《法定租赁权对农村宅基地制度改革的意义与构想》，载《法学论坛》2010 年第 1 期。

③ 江晓华：《宅基地使用权转让的司法裁判立场研究》，载《法律科学（西北政法大学学报）》2017 年第 1 期。

（三）成员权与宅基地使用权的消灭

从宅基地使用权消灭的原因来看，主要分为三种情形：[①] 第一种是因征收或其他公益性质的原因需要对宅基地进行利用而导致宅基地使用权的消灭，此时宅基地使用权人可以获得公平、合理的补偿，其再次申请获得宅基地的资格也未消灭；第二种情形是宅基地的闲置导致的宅基地消灭，此时集体为了土地资源的有效利用可能以合理价格收回宅基地或无任何对价地直接收回，在这种情况下集体成员申请宅基地的权利一般也予以保留；第三种情况是身份性地丧失宅基地使用权，如原使用权人因户口迁移等原因丧失集体成员身份，随之丧失宅基地使用权。

因为宅基地使用权的取得以具有集体成员资格为前提，因此在丧失成员资格的情况下，宅基地使用权也应当消灭，这也是当前学界普遍观点。[②] 但此时存在一种情况：该农户已经在原有宅基地上建立了房屋而取得了对于房屋的所有权，基于我国房地一体化原则，在其房屋所有权存在的情况下，需要对其在已丧失宅基地使用权的土地上存在所有权进行解释，需要为其设立可对宅基地进行利用的权利，对此有两种观点：

第一种观点认为是其具有法定租赁权，[③] 不同于在性质上为物权的地上权，该权利的构建是在现有土地集体所有权和土地使用权的基础上，创设一项债权性质的权利，在集体成员失去成员资格而丧失其宅基地使用权的情形下，为保障其对原有宅基地上已建成房屋

---

① 温世扬：《宅基地"三权分置"的法律意蕴与制度实现》，载《法学》2018 年第 9 期；陈小君、蒋省三：《宅基地使用权制度：规范解析、实践挑战及其立法回应》，载《管理世界》（月刊）2020 年第 10 期。

② 温世扬：《宅基地"三权分置"的法律意蕴与制度实现》，载《法学》2018 年第 9 期；陈小君、蒋省三：《宅基地使用权制度：规范解析、实践挑战及其立法回应》，载《管理世界》（月刊）2020 年第 10 期。

③ 刘凯湘：《法定租赁权对农村宅基地制度改革的意义与构想》，载《法学论坛》2010 年第 1 期。

的所有权，可以赋予其对宅基地的法定租赁权，需要向集体经济组织支付一定的租金。

第二种观点则主张赋予其宅基地次生使用权，[1] 宅基地次生使用权是在宅基地所有权（自物权）和宅基地使用权（特殊用益物权）基础上创设的普通用益物权，宅基地次生使用权因不具有成员身份性要求，因此可以按照市场规则进行运行，对丧失宅基地使用权的原集体成员也可以实现其对于原有宅基地的利用。

我们认为该种权利应当构建为宅基地地上权。该权利的路径为"土地所有权（集体所有）——宅基地使用权（集体成员所有）——地上权（用益物权）"[2]，在这种体系下，作为用益物权的宅基地使用权发挥的是将集体所有的土地在集体成员之间进行分配利用的功能，近似于西方国家的所有权所发挥的首次分配的功能，因此并不违背"用益物权之上不得再设立用益物权"的法律原则，地上权才能真正发挥将所有权与使用权分离而进行市场流通的功能。由此，在原集体成员丧失集体成员资格的情况下，其丧失宅基地使用权而可以获得在其原有宅基地上的地上权以实现对原宅基地的使用，为了保护其行使房屋所有权的各项权能，在丧失成员资格的情况下，应当自动获得地上权而无须获得集体组织许可。

（四）"三权分置"改革与宅基地成员权

农村宅基地进行"三权分置"改革主要是解决现存"宅基地所有权"与"宅基地使用权"两权基础上的宅基地社会保障功能和财产属性发挥之间的障碍，保障非集体组织成员之间可对宅基地进行利用，中央文件提出的"三权分置"是指宅基地所有权、资格权和使用权，学者针对这一改革提出了两种具体路径：第一种是沿用中

---

① 丁关良：《宅基地之新的权利体系构建研究——以宅基地的"三权分置"改革为视野》，载《贵州社会科学》2021 年第 7 期。

② 席志国：《论宅基地"三权"分置的法理基础及权利配置——以乡村矛盾预防与纠纷化解为视角》，载《行政管理改革》2022 年第 3 期。

央文件提出的所有权、资格权、使用权的权利称谓，其中资格权带有集体成员的身份属性；第二种则是在当前已存在的宅基地所有权和宅基地使用权的基础上，构建出第三项权利使得宅基地可在非集体成员之间利用和流转。

在第一种权利体系下，宅基地资格权带有集体成员身份资格的属性，关于其内涵的具体界定，目前一共有五种观点：

第一种观点是"取得资格"说，[①] 具体包含两种权利，其一是农户有要求集体向其分配一定面积宅基地的请求权；其二是取得宅基地使用权之后交纳使用费的豁免权，这种意义上的宅基地资格权是成员权的组成部分。对这种观点反对的学者认为，首先将资格权界定为申请取得宅基地的资格，违反了物权对特定物进行支配的要求，其次目前实证法上不存在允许宅基地使用权自由流通的规定，因此缺少实际意义。[②]

第二种观点是"剩余权"说，[③] 认为宅基地资格权是宅基地使用权人为他人设立次级用益物权后的剩余权。在次级用益物权存续期间，次级用益物权人对宅基地享有占有使用和收益的权利，宅基地使用权人所剩余的权能即为资格权。反对的学者认为"资格权"的字面含义与剩余权的内涵也相去甚远，容易引人误解，因为农户在流转宅基地经营权之后并不能再申请分配宅基地。[④]

---

① 李凤章：《宅基地资格权的判定和实现——以上海实践为基础的考察》，载《广东社会科学》2019 年第 1 期；宋志红《宅基地资格权：内涵、实践探索与制度构建》，载《法学评论（双月刊）》2021 年第 1 期；陈小君：《宅基地使用权的制度困局与破解之维》，载《法学研究》2019 年第 3 期。

② 李凤章、赵杰：《农户宅基地资格权的规范分析》，载《行政管理改革》2018 年第 4 期。

③ 李凤章、赵杰：《农户宅基地资格权的规范分析》，载《行政管理改革》2018 年第 4 期。

④ 宋志红：《宅基地资格权：内涵、实践探索与制度构建》，载《法学评论（双月刊)》2021 年第 1 期。

第三种观点是"最先受让权＋优先受让权"说,① 宅基地使用权人若将宅基地流转给非本集体成员时,视为其将宅基地使用权退还给集体后集体将集体建设用地使用权出让给非本集体成员,而宅基地资格权即为原宅基地使用权人享有的,在集体建设用地使用权到期后,在其宅基地面积缺口内对自己原宅基地的最先受让权和其他集体成员宅基地的优先受让权。

第四种观点是"取得资格兼剩余权利"说②,这种观点综合前述第一种和第二种学说,认为宅基地资格权在不同的阶段具有不同的权利内容,在宅基地取得环节为未申请取得宅基地的资格,流转环节为剩余权利的保有。

第五种观点是"取得资格兼财产权利"说③,农户宅基地资格权是集体成员取得宅基地并享有确权、抵押等相关财产权益的身份权利。具体包括取得权能、财产权能和抵押权能,取得权能需要在具有集体经济组织成员资格的基础上实现对宅基地的分配,通过颁发产权证书实现财产确权,在遵守集体成员内部优先受让权的基础上允许突破宅基地使用权流转的限制,允许房屋所有权的流转和抵押。这种学说的反对观点认为,宅基地资格权此时成为一个将农户所享有的宅基地分配资格、用益物权,甚至民主决策权等都杂糅其中,过分扩大了资格权从字面上表现出来的含义且在立法上无实益,不利于完善宅基地使用权制度。

第二种权利体系是遵循原有的"宅基地所有权"和"宅基地使

① 高海:《宅基地"三权分置"的法律表达——以〈德清办法〉为主要分析样本》,载《现代法学》2020 年第 3 期。

② 钟和曦:《创设宅基地资格权亟待解决的三个问题》,载《浙江国土资源》2018 年第 8 期。

③ 刘圣欢、杨砚池:《农村宅基地"三权分置"的权利结构与实施路径——基于大理市银桥镇农村宅基地制度改革试点》,载《华中师范大学学报(人文社会科学版)》2018 年第 5 期;张卉林:《"三权分置"背景下宅基地资格权的法理阐释与制度构建》,载《东岳论丛》2022 年第 10 期。

用权"两权分置的制度设计，在宅基地使用权上创设出第三种权利，以实现宅基地在非集体成员中的流转，坚持宅基地使用权的成员身份属性，将其限定为具有集体成员资格基础上才能获得的权利，关于第三种权利的构建，主要有两种观点：

一种是构建债权性质的权利，即"宅基地法定租赁权"①，以宅基地为标的，在非集体成员取得宅基地上房屋所有权时，赋予其在房屋通常耐用年限内具有法定租赁权，向集体组织支付一定的租赁费用。由此可以使得房屋所有权摆脱宅基地使用权的束缚，实现其经济价值。

另一种观点是构筑物权性质的权利，② 主要有"地上权"和"次生性用益物权"两种表述，③ 关于这两项权利的性质，有两种观点，第一种观点将其解释为在现存的宅基地使用权基础上构筑的一种用益物权，但地上权的构筑思路是将宅基地使用权解释为具有所有权分配权能基础上的一项用益物权，而次生性用益物权则是将宅基地使用权解释为特殊的用益物权。无论是"地上权"还是"次生性用益物权"，均可真正实现用益物权的自由流转。第二种观点则将其解释为房屋所有权人对宅基地的"人役性"利用权，这一理论需要建立在"房地分离"原则的基础上。④

我们赞同第二种观点，也即宅基地"三权分置"与农地"三权分置"一样，在原有两权的基础上构建第三项物权性权利，该项权

---

① 刘凯湘：《法定租赁权对农村宅基地制度改革的意义与构想》，载《法学论坛》2010 年第 1 期。

② 陈吉栋：《论处分限制与宅基地三权分置》，载《暨南学报（哲学社会科学版）》2022 年第 10 期。

③ 席志国：《论宅基地"三权"分置的法理基础及权利配置——以乡村矛盾预防与纠纷化解为视角》，载《行政管理改革》2022 年第 3 期；丁关良：《宅基地之新的权利体系构建研究——以宅基地的"三权分置"改革为视野》，载《贵州社会科学》2021 年第 7 期。

④ 罗亚文：《宅基地"三权分置"之逻辑重构——基于不动产役权的理论供给》，载《西安财经大学学报》2023 年第 1 期。

利被称之宅基地地上权，借鉴西方国家的次级地上权的理论。宅基地地上权是一项纯粹的用益物权，不具有身份属性，但是具有一定的期限，期限届满后则自动消灭，当然当事人之间仍然可以再次续期。①

六、成员权与集体收益分配权的关系

讨论成员权与收益分配权的关系，首先要对集体经济组织收益进行界定。在集体经济组织相关文献乃至集体经济组织收益相关文献中，集体经济组织收益的界定问题并没有得到很多关注。学者往往直接从集体经济组织收益的分配问题入手，而在此之前则没有对何为集体经济组织的收益作出界定。② 还有学者在论文中对集体经济组织的收益界定作了简要阐述，如在讨论收益分配前提到农村集体经济可以通过土地征收、土地入股，或者对集体资产进行经营等渠道而取得经济收益；③ 在讨论集体经济组织通过"折股量化"明确财产归属时提到在地方实践中，将集体财产交由集体组织统一打理，并由集体成员作为股东，分享财产经营所获的收益。④

又因为集体经济组织作为特别法人的一种成为民法典的一个重大制度创新，在较为权威的民法典或民法总则条文释义出版物中，编者也更倾向于阐述集体经济组织主体性质的探讨，而集体经济组

---

① 席志国：《论宅基地"三权"分置的法理基础及权利配置——以乡村矛盾预防与纠纷化解为视角》，载《行政管理改革》2022 年第 3 期。

② 曹晓锐：《论农村集体经济组织收益分配纠纷的司法救济：重庆例证》，载《重庆社会科学》2017 年第 9 期；高海、朱婷：《农村集体经济组织收益分配的特别性与规则完善》，载《南京农业大学学报（社会科学版）》2022 年第 4 期。

③ 张安毅：《农村集体经济组织收益分配纠纷解决的路径选择》，载《理论导刊》2016 年第 12 期。

④ 温世扬：《农村集体经济组织法人特殊构造论》，载《政治与法律》2022 年第 10 期。

织收益的界定问题或许因其重要性不足而未被提及。[①] 而更具理论性质的民法教科书虽然讨论到了集体经济组织的经营，但其着眼于集体经济组织的职能，指出其职能在于"经营、管理农民集体所有的土地，从事农业生产经营活动"[②]，而根据这样的论断，应可以得出集体经济组织的收益即属于上述经营活动所得之结论。界定集体经济组织收益后，还需要明确集体收益分配权的性质和内容。

（一）集体收益分配权的性质和内容

集体收益分配权是农民作为集体经济组织成员应当享有的合法财产权利。通过农村集体产权制度改革，将集体资产折股量化到人、落实到户，让农村集体经济组织每个成员都享有对集体资产股份的占有和收益的权利，而且最重要的是农村集体经营性资产的收益权。目前，关于集体收益分配权的性质和内容，学界有以下不同观点。

1. 折股量化理论及其反对观点

有学者认为，地方实践中出现的"折股量化"的方法有利于确定明晰的权利归属及利润分配规则，进而实现集体财产"法定归属"与"事实归属"的实质同一。折股量化即将集体财产交由集体组织统一打理，并由集体成员作为股东，分享财产经营所获的收益。[③] 也有学者指出，地方推进集体产权改革实践中普遍存在将集体土地等资源性资产一并股份合作的情况，而集体资产股份的权能经历了由股份未实质化到股份实质化的阶段性发展。实质化即集体资产股份不仅是明晰集体收益的分配依据，还可以有偿退出、继承、用于质

---

① 参见最高人民法院民法典贯彻实施工作小组：《中华人民共和国民法典总则编理解与适用》，人民法院出版社 2020 年版，第 502 页；王利明等：《〈中华人民共和国民法总则〉条文释义》，人民法院出版社 2017 年版，第 216 页。

② 王利明：《民法总则（第三版）》，中国人民大学出版社 2022 年版，第 236 页。

③ 温世扬：《农村集体经济组织法人特殊构造论》，载《政治与法律》2022 年第10 期。

押。[1] 还有学者提出农民集体和农村集体经济组织关系"法定代表行使关系说",在该理论下农民集体是农村集体资产的所有权主体,农村集体经济组织是依法代表农民集体行使权利的代表行使主体,农村集体经济组织成员在农村集体经济组织中享有对集体资产股份的权益。[2] 根据以上学者观点,集体经济组织收益分配权在性质上即被简化为属于集体经济组织成员基于股东身份而享有对集体财产经营所获取收益的股东权利。对于上述将农民集体经济组织作为独立于农民集体的企业法人、对集体财产予以折股量化的理论,有观点对其提出了批评。在对农村集体经济组织相关制度进行理论构造的过程中,不能背离农村集体经济组织的本质要求,即对集体财产所有权的具体行使不能导致集体所有制的异化或落空,对集体土地所有权的行使不会威胁到土地公有制。基于公有制的要求,农村集体经济组织在治理结构和收益分配上必须体现"集体所有"的公有制属性,符合公有制财产运营管理和收益分配的本质要求。集体土地等公有制财产来源的法定性与公有性即要求这些资产的收益分配机制遵循公有制逻辑,原则上实行按"人头"平均分配规则,由全体成员公平分享。[3]

为坚持上述公有制逻辑,股份经济合作社应将按股份分红范围严格限定于改革当时既有的集体经营性资产所能带来的收益。有学者指出这意味着股份经济合作社内部需要针对不同类型的资产设计两套不同的分配制度:"对于改革时纳入折股量化范围的存量集体经营性资产,以及其后续运营管理中产生的资产收益按折股量化后的持股比例分红;对于集体土地所有权等资源性资产,以及其后继续

---

① 高海:《农民集体与农村集体经济组织关系之二元论》,载《法学研究》2022年第3期。

② 管洪彦:《农民集体和农村集体经济组织关系的理论证成和实益展开》,载《山东大学学报(哲学社会科学版)》2022年第6期。

③ 宋志红:《论农民集体与农村集体经济组织的关系》,载《中国法学》2021年第3期。

运营管理中产生的收益，不得被转变或追加为集体经营性资产，亦不得向股东按股分红，而应在成员中按人头均等分配。"① 必须满足此种条件，方能在坚持集体土地所有权收益分配的公有制逻辑的基础上，实现对经营性资产收益按股份分红的目的。但结合股份经济合作社的资产运营管理行为以及股份公司运作的基本模式分析可以发现，这一思路虽然在理论上可行，但在实际操作层面上存在障碍，在一个组织体内几类资产及其收益的混同难以避免，将其绝对清晰分割的操作不具有可行性。

对于这种状况，有学者提出可采取农民集体与农村集体经济组织关系的二元论。在该理论下，就集体资源性资产而言，采取异质论，农民集体是所有权主体，农村集体经济组织是所有权的代表行使主体；就集体经营性资产而言，采取替代论即同一性理论，农村集体经济组织替代农民集体成为所有权主体。对于集体资源性财产，农村集体经济组织代理行使所有权后，农民集体按人头分配收益；对于集体经营性资产，则可将其直接作为股份经济合作社法人财产，农民根据其享有的股份份额取得收益。② 该理论在不违背土地集体所有制的前提下，提出了使农民个人有机会凭成员资格享有集体经济组织内的财产份额并享有收益的现实可能。

2. 同一性理论与集体所有权的受益权能

另有观点认为，农村集体经济组织与农民集体存在实质同一性。其虽然也承认集体经济组织可就（土地所有权以外的）经营性财产另行出资设立法人企业，由集体成员通过获得该企业的股份以分享收益，但认为前述法人企业应属于被农民集体经济组织这一特别法人设立的外置主体。在这一观点下，应对集体经济组织的收益采取

① 宋志红：《集体经营性资产股份合作与农村集体经济组织之关系重构》，载《法学研究》2022 年第 3 期。

② 高海：《农民集体与农村集体经济组织关系之二元论》，载《法学研究》2022 年第 3 期。

在成员中按人头均等分配的方法，成员个人在法人企业中取得的股权属于其均等分得的财产性利益。这种股权即属于成员个人财产，成员可对其自由处分而不会对集体所有权制度产生影响。[①]

此时，作为前述收益分配之基础的集体经济组织收益分配权，在性质上应可参考农民集体土地所有权中的集体成员受益权能。民法总则出台前，即有学者对农民集体土地所有权的集体成员受益权能进行了分析论证，指出"集体成员受益权能就是集体成员得依据集体的管理和分配从集体财产上享受利益的权能，也即集体所有权具有的使集体成员享受集体财产利益的权能"，且集体成员在集体所有权行使过程中实现的利益可分为两个方面，即成员个人的共享利益与成员个人分享利益。[②] 民法总则乃至民法典出台后，农村集体经济组织作为特别法人对更多样化的集体财产进行经营收益，与成员经济利益相关的集体所有权不再受限于集体土地所有权。此时农村集体经济组织成员就集体财产的集体所有权也应具备受益权能，而集体经济组织收益分配权在性质上即可解释为成员根据集体所有权享有的受益权能。

此外，有文献阐述了集体经济组织未股份化时的收益分配方式，即集体成员按照人口数分享收益。[③] 对于这种情形，无论采取上述何种理论观点，集体经济组织收益分配权在性质也均应属于集体所有权所包含的受益权能之体现。

集体经济组织收益分配权除具备股权的性质与内容外，有学者将农民集体土地所有权的集体成员受益权能中共享收益和分享收益的概念引入集体经济组织收益分配制度之中：成员个人的共享利益

[①] 宋志红：《集体经营性资产股份合作与农村集体经济组织之关系重构》，载《法学研究》2022 年第 3 期。

[②] 韩松：《论农民集体土地所有权的集体成员受益权能》，载《当代法学》2014 年第 1 期。

[③] 高海、朱婷：《农村集体经济组织收益分配的特别性与规则完善》，载《南京农业大学学报（社会科学版）》2022 年第 4 期。

主要是对集体供给的农村公共物品和公益设施所享有的利益，成员个人的分享利益是指集体成员从集体所有权的利益分配中实现的个人独立享有的利益。共享收益的分配主要包括上缴的村委会款项、提取的福利费、公积公益金、集体股分红以及留存不能分红的可分配收益；而分享收益的分配则主要是指集体成员根据人口数或股份、积分等分得的归自己独立支配的可分配收益。这体现了农村集体经济组织收益分配的特别性，即公益私益兼顾、分配方式多元。① 根据这样的理论，集体经济组织收益分配权可以分为广义与狭义两种：广义即包括集体经济组织成员享有共享的利益和取得的分享利益；狭义仅指成员个人分得的经济利益，即前述分享利益。

（二）成员权与集体收益分配权的联系

1. 折股量化制度下成员权与集体收益分配权的关系

作为股权的集体经济组织收益分配权的形成方式大致为：将农村的全部集体财产（包含土地）折合成股份分发给集体成员，随后向第三人出租集体土地及其上房产以获取地租收益，并向成员（村民）发放股利。② 在这种情形下，集体成员的成员权即为其获得集体经济组织收益分配权的必要条件。而集体经济组织法人若意图扩大规模，追求营利，并更充分地发挥共益功能，难免在个别情形下需要投入新的资本，取得足够融资亦可能是其产生农业规模化效应的重要前提。③ 对于新的资本，尤其是外部资本投入后，非基于集体经济组织成员权取得相应股权的股东的权利性质应值得商榷。学术

---

① 高海、朱婷：《农村集体经济组织收益分配的特别性与规则完善》，载《南京农业大学学报（社会科学版）》2022 年第 4 期。

② 温世扬：《农村集体经济组织法人特殊构造论》，载《政治与法律》2022 年第 10 期。

③ 周昌发、飞传鹤：《乡村振兴战略下农村集体经济组织融资职能的路径重构》，载《经济体制改革》2020 年第 6 期，转引自温世扬：《农村集体经济组织法人特殊构造论》，载《政治与法律》2022 年第 10 期。

界对这类股东的讨论主要着眼于其是否应当存在[1]以及其表决权的行使，而对于其收益权的性质和行使之限制则涉及不多。[2] 只是如前所述，直接将农村集体经济组织中集体财产予以折股量化的理论实践存在违背土地公有制乃至集体所有制的较高风险。此外，若就集体财产进行一次性折股量化，还会出现集体经济组织收益分配权与成员权相分离的现象，成员取得收益分配权的依据将不再是成员权而是股权。

2. 集体经济组织收益分配制度构造中成员权的意义

为促进集体经营性资产公有制所有权的落实，有文献构建了几项体现农村集体经济组织特殊性的制度，其中对集体经济组织收益分配权与成员权的关系有所体现：（1）及时认定（股份经济合作社）成员的资格。新增农民集体成员能否被认定为股份经济合作社成员的关键在于是否持有股份，应当赋予新增农民集体成员优先购买股权，合理限制成员股东持股比例，鼓励户内集体成员及时协商新增农民集体成员分享股份数，及时将已完成特定目的的集体股用于新增农民集体成员配股，以便新增农民集体成员尽快持股成为股份经济合作社成员。值得注意的是，依据该文支持的观点，上述股份经济合作社在性质上应属于农村集体经济组织设立的企业法人而非集体经济组织本身。（2）严格限制集体权益外溢。要用集体资产为本集体成员提供保障，就要限制集体资产权益外溢，即原则上将集体资产股份流转限于本集体内部，在继承、质权实现等特定情形，即使突破封闭性导致非本集体成员持股，也应构建非本集体成员持股的限制与消减措施。[3] 简言之，即具备集体经济组织成员权即有资

---

① 宋志红：《论农民集体与农村集体经济组织的关系》，载《中国法学》2021 年第 3 期。

② 温世扬：《农村集体经济组织法人特殊构造论》，载《政治与法律》2022 年第 10 期。

③ 高海：《农民集体与农村集体经济组织关系之二元论》，载《法学研究》2022 年第 3 期。

格且应当获得相应收益分配权，而不具备集体经济组织成员权者享有收益分配权的资格和对收益分配权的行使应受到限制，从中可以看出该文献认为集体经济组织成员权与收益分配权之间具有很强的内在联系。

另有观点指出，为了保障集体成员收益分配权和集体所有权的有效实现，农村集体经济组织承担着发展集体经济、提供生活保障、扶贫救助、社区治理与增加集体成员收入等多重综合功能。除人口股或基本股平等保障集体成员私益，上缴村委会款项、提取福利费和公积公益金用于集体公益、成员福利，或者用于保障农村集体经济组织持续发展之外，还有一些特殊股份或收益分配方式服务于农村集体经济组织特定功能的实现，如设置扶贫救助等具有特定功能的特殊股、提取奖励基金，用于奖励对集体经营收益增量有重要贡献的人员等。这些共享利益在理论上可看作集体经济组织收益分配权的一部分，[1] 虽然本文对该文献论证中所采用的折股量化前提持保留态度，但这并不妨碍源于集体土地所有权受益权能的共享利益理论之适用。此处提到的共享利益即属于本文所称广义的集体经济组织收益分配权之客体，该项利益的享受同样应以集体经济组织的成员权为基础。

而前述文献构建的体现农村集体经济组织特殊性的制度还包括扩大成员受益范围。集体所有权的本质是使全体农村集体成员受益，因此在股份经济合作社成员范围略小于农民集体成员时，要扩大股份经济合作社利益分配的受益范围。例如，可以通过股份经济合作社利益分配中的集体股股利、集体福利费、公积公益金等用于社区公共设施和公益福利，使股份经济合作社成员范围中漏掉的农民集

---

[1]　高海、朱婷：《农村集体经济组织收益分配的特别性与规则完善》，载《南京农业大学学报（社会科学版）》2022 年第 4 期。

体成员受益。① 如果采用广义的集体经济组织收益权概念，共享利益即可看作集体经济组织收益分配权的一部分。② 若认为农村集体经济组织是独立于农民集体的特别法人，则这一制度将与集体经济组织收益分配权相关的成员权范围扩大到了整个农民集体的成员权。而根据集体经济组织与农民集体具有同一性的理论，该制度则是进一步坚持了具备集体经济组织成员权者即应享有收益分配权的观点。

七、集体经济组织成员权的立法政策与价值导向

实施乡村振兴战略，解决我国"三农"问题，落实深化农村产权改革等目标的交叉点之一在于农村集体经济组织建设，农村集体经济组织建设以保障集体经济组织成员的权益为核心。2013 年 11 月，中共十八届三中全会《关于全面深化改革若干重大问题的决定》最早指出"赋予农民更多财产权利。保障农民集体经济组织成员权利，积极发展农民股份合作，赋予农民对集体资产股份占有、收益、有偿退出及抵押、担保、继承权"；2015 年，《关于加大改革创新力度加快农业现代化建设的若干意见》《深化农村改革综合性实施方案》提到，"完善相关法律法规，加强对农村集体资产所有权、农户土地承包经营权和农民财产权的保护""抓紧研究起草农村集体经济组织条例"，深化农村集体产权制度改革"必须以保护农民集体经济组织成员权利为核心，以明晰农村集体产权归属、赋予农民更多财产权利为重点"，同时"研究明确村党组织、村民委员会、村务监督机构、农村集体经济组织的职能定位及相互关系"，开展"政经分离"的试验；2016 年《中共中央　国务院关于稳步推进农村集体产权制度改革的意见》明确由农村集体经济组织代表成员集体行使所

---

① 高海：《农民集体与农村集体经济组织关系之二元论》，载《法学研究》2022 年第 3 期。

② 高海、朱婷：《农村集体经济组织收益分配的特别性与规则完善》，载《南京农业大学学报（社会科学版）》2022 年第 4 期。

有权；2022 年 10 月 16 日，党的二十大报告中再次强调"巩固和完善农村基本经营制度，发展新型农村集体经济，发展新型农业经营主体和社会化服务，发展农业适度规模经营。深化农村土地制度改革，赋予农民更加充分的财产权益"，同年 5 月 6 日，全国人大常委会公布《全国人大常委会 2022 年度立法工作计划》，初次审议的法律案中包括农村集体经济组织法。

我国持续、稳步推进的农村集体经济组织政策传递着两个核心信息，一方面要完善农村集体经济组织法律制度，另一方面，农民的权益大多通过农村集体经济组织来实现，因此，在农村集体经济组织立法的进程中，要重点关注集体经济组织成员权，切实保障集体经济组织成员权益，保障成员充分获益。在进行集体经济组织成员权的立法时，应着眼于实现基础保障、发展经营、"政经分离"的目标。

集体经济组织成员权的立法应当明确集体经济组织成员的实际权利、积极权利并辅以有效的救济措施。集体经济组织成员与集体经济组织之间是个人与组织的关系，个人通过成为组织集体的成员、透过组织集体进行活动来扩大利益的取得，同时受到组织内部规则的约束，这一过程中，组织内部分成员对组织具有更强的实际控制力，进而可能出现擅断谋私，侵害其他成员的权益，因此，集体经济组织相关法律、法规不仅是完全的组织法，还具有个人权利的色彩，对集体经济组织成员权的立法应当调整个人与组织之间的关系，维护每一个成员的具体权利，抑制团体专横，设计集体经济组织成员权救济制度，完善集体经济组织成员权内涵。

宏观层面上，应当缕清村民委员会等基层自治组织与农村集体经济组织的关系，进行明确的功能定位和职能划分，实现"政经分离"。民法典第 101 条规定"未设立村集体经济组织的，村民委员会可以依法代行村集体经济组织的职能"，实践中，常有只设村民委员会或村民委员会与集体经济组织工作人员重叠、实际为一体的情形，集体经济组织职能虚化，不能发挥应有的作用，一些村干部在参与集体资产经营管理的过程中，出现侵吞集体资产的行为，不仅有害于农村治理，也阻碍了集体资产发挥经济效益，农村"政经分离"改革是实现乡村发展与治理机制转型的重要方向，有利于农村集体资产保值增值，也有利于实现农村治理体系和治理能力的现代化。

第四章　农村集体经济组织的组织机构

2020 年制定的民法典把农村集体经济组织定位为特别法人，作为特别法人，农村集体经济组织与其他类型的法人一样，须符合法人的一般要件，如名称、组织机构、住所、财产或者经费等。在农村集体经济组织立法中，组织机构的构建和完善是一个不可逾越的核心问题，作为发展集体经济的重要载体，农村集体经济组织的重要任务是通过内部组织机构的科学架构，奠定促进农村集体经济繁荣发展、保护集体经济组织成员权益及乡村治理机制顺畅运行的组织基础。

一、为什么要设立组织机构

（一）组织机构的本质属性

民法典第 58 条规定，法人应当有自己的名称、组织机构、住所、财产或者经费。这是对法人成立一般要件的规定，其中的组织机构是法人构成的一般要件之一。法人是社会组织，法人的意思表示必须依法由法人组织机构来完成，有了组织机构，法人才有了决策能力、执行能力和监督能力，法人才能积极行使权利、承担义务，从而有效开展经济活动、实现法人功能，因此，每一个法人都应该有自己的组织机构。法人的组织机构，本质上是法人依据法律和章程的规定，对决策、执行、监督等机构间权利分配以及制衡关系所作的制度安排。

农村集体经济组织作为一类特殊的组织，既有对外的营利性，又有对内的集体利益保障性；既不同于营利法人，也不同于非营利法人，属于特别法人。作为特别法人，既要有它的特别之处，又要符合法人的一般要件要求，也要设立自己的组织机构。通过对法人组织机构本质属性的认识，可以得出，农村集体经济组织的组织结构，本质上是农村集体经济组织依据法律和章程规定，对权力、决策、执行、监督等机构间的权利分配与制衡关系所作的制度安排。

（二）设立组织机构的意义

1. 设立组织机构，是农村集体经济组织有效运转的基础，有利于促进农村集体经济繁荣与发展

农村集体经济组织是农民集体享有集体资产的组织载体，是农村集体资产产权的代表行使主体。相较于我国农村的其他经济组织，农村集体经济组织在管理集体资产、开发集体资源、发展集体经济、服务集体成员以及促进农村集体经济繁荣与发展方面具有其制度优势，是全面深化农村集体产权制度改革，实现乡村振兴战略应该大力发展的重要经济组织类型。但是，从历史视角观察，农村集体经济组织的组织机构不健全导致其集体组织功能近乎丧失，这也是民法典明确集体经济组织法人地位的重要原因。① 农村集体经济组织设立组织机构，既有利于农村集体经济组织有效运转，实现其内部决策的科学化，也有利于建构我国农村集体经济治理体系。农村集体经济组织可以凭借其特别法人地位和组织机构的科学治理，实现对集体资产进行管理，对集体资源进行开发利用，为集体经济组织成员提供服务，实现促进农村集体经济繁荣与发展，推进乡村振兴战略的实施。

2. 设立组织机构，是实现农村集体经济组织及其成员权益的关键性制度设计，有利于保障农村集体经济组织及其成员的权益

首先，农村集体经济组织是有中国特色的经济组织，是繁荣发

① 屈茂辉：《农村集体经济组织法人制度研究》，载《政法论坛》2018 年第 2 期。

展农村集体经济、实现和保障农村集体经济组织成员权益的组织基础。农村集体经济组织功能的发挥，要求必须设立其组织机构，形成科学的治理体系。农村集体经济组织设立组织机构，有利于塑造农村集体经济组织特别法人地位，建构科学的集体经济治理体系，全面深入推进集体产权制度改革；有利于明晰各类集体资产的权属，真正落实和保障集体资产所有权，促进集体资产保值增值；有利于加强集体资产财务管理，实现集体资产管理信息公开，防止集体资产流失，减少各种类型的"微腐败"。

其次，有利于实现和维护农村集体经济组织成员权益。农村集体经济组织与成员之间关系密切，没有农村集体经济组织，成员的权益将失去组织依靠。成员是农村集体经济组织的重要组成部分，成员通过行使集体经济组织成员权落实其享有的土地承包经营权、宅基地使用权、集体收益分配权等各种财产性权利，以及集体成员民主决策权、民主监督权、知情权等各种民主管理权利。特别是在农村集体产权制度改革之后，农村集体经营性资产以股份或者份额形式量化到本集体经济组织的成员个人手中，成员对集体资产股份享有的股份权能将更加丰富，成员权益将更容易实现。农村集体经济组织设立组织机构、完善集体经济组织成员民主决策机制，将有利于集体经济组织成员享有的知情权、参与权、表达权、监督权等民主管理权益的实现。

3. 设立组织机构，有利于实现"政经分离"，提升农村基层社会治理的功能

提升农村基层社会治理功能，科学的组织设计是基础。受到历史和现实等多种复杂因素影响，目前农村集体经济组织和基层群众性自治组织的治理职能边界不清，以致影响了其治理绩效。由于发展不平衡等原因，我国多数地区村民自治组织和农村集体经济组织之间的关系尚未厘清，即"政经不分"，不利于实现乡村振兴治理目标的实现。农村集体经济组织设立组织机构，完善治理机制，需要

在法人地位基础上厘清农村集体经济组织和村民自治组织之间的关系，逐步剥离出本应由村民自治组织承担的政治、社会职能，实现"政经分离"。同时，还要确保两者在基层党组织的领导下进一步完善其运行机制，这样农村基层社会治理中三个核心主体之间的关系将会更加清晰。

总之，农村集体经济组织设立组织机构，是农村集体经济组织有序运转的基础性制度设计，它对于激发农村集体经济组织的活力，丰富农村集体经济的实现形式，实现农村集体经济的目标，保障农村集体经济组织成员权益，推进农村集体产权制度改革目标的实现乃至实现乡村振兴的宏伟目标均具有积极意义。

二、组织机构的历史变迁和探索

从新中国成立初期至今，我国农村集体经济组织在不同历史时期的组织形式是不同的，当然这也就意味着其组织结构也是不尽相同的，组织结构的变化主要经历以下五个阶段。

（一）松散的组织机构（1951—1955 年）

1954 年宪法规定我国生产资料所有制形式包括国家所有制、合作社所有制和个体劳动者所有制，并且国家保护合作社的财产，鼓励、指导和帮助合作社经济的发展。自 1954 年宪法赋予了合作社的合法地位后，我国农村迎来了合作化时代，农村集体经济开始蓬勃发展，互助组和初级社的数量也日益增多。互助组和初级社的产生与发展是在农民自愿的基础上，适应了生产力的要求，极大地促进了当时农村经济的发展，保障了社员的利益。但是，互助组和初级社的结构都较为松散，入社退社取决于农民自身的意志，过于简单自由。就互助组而言，其合作目的是资源共享与合作分工，并不具有固定的组织机构。就初级社而言，1955 年 11 月，第一届全国人大常委会第二十四会议通过的《农业生产合作社示范章程草案》规定了其组织结构，包括：社员大会（权力机关）、管理委员会（决策机关）、监察委员会（监督机关）、合作社主任（执行机关）。该草案对各机关的职权也进行了规定。但是，该草案通过之时，高级社就已逐渐取代初级社。

（二）依附型组织机构（1955—1978 年）

按照原定的计划，初级社需要 3 个五年计划之后才能完成全部合作化，但由于当时"左"倾的思想影响，到 1956 年底，全国的高级社就发展到 54 万个，入社农户近九成，超过 1 亿人。[①] 在高级合作社中，土地由集体统一经营。1958 年 4 月开始，党中央提出要在有条件的地方将小型农业合作社有部署地合并为大型合作社，合并运动迅速在全国蔓延开展。在不断提高公有化水平、发挥出农民极大的社会主义积极性的思想指导下，"一大二公"的人民公社随之产生。在这期间，公社、生产大队、生产队身兼二职，即经济组织和基层政权，既要管农业生产，又要管社会事务和公共服务，形成"政社合一"的体制。

1956 年 6 月 30 日第一届全国人民代表大会第三次会议通过《高级农业生产合作社示范章程》，根据该章程，高级社的组织机构包括：社员大会或者社员代表大会（权力机关）、管理委员会（决策机关）、监察委员会（监督机关）、合作社主任（执行机关）。该章程对各机关的职权进行了明确，但高级社存在时间较短。

1958 年我国作出《关于在农村建立人民公社的决定》，各地纷纷取消高级社，建立人民公社。[②] 1978 年党的十一届三中全会原则通过了《农村人民公社工作条例（试行草案）》（以下简称《农业六十条》）。从《农业六十条》分析，人民公社的组织机构包括：各级社员大会或社员代表大会（权力机关）、各级管理委员会（决策机

①　陈小君等：《我国农村集体经济有效实现的法律制度研究——理论奠基与制度构建》，法律出版社 2016 年版。

②　项贤国：《村集体经济组织的历史变迁与改制前瞻研究》，载《河北北方学院学报（社会科学版）》2017 年第 4 期。

关）、各级监察委员会（监察机关）、各级干部（执行机关）、各级党组织（实质的最高权力机构）。《农业六十条》具体规定了各机关职权。在这时期，经济组织内部治理实际上依附于政治，其治理结构方便执行指令性计划，但经济职能没有得到充分发挥，甚至影响了农民的积极性与主动性。

（三）半依附型组织机构（1978—1990 年）

1983 年 10 月 12 日，中共中央、国务院发出《关于实行政社分开建立乡政府的通知》，要求在 1984 年底以前大体上完成建立乡政府的工作。此后，建立乡、镇政府和各种合作经济形式的工作在全国展开，人民公社体制废除。由此开始，乡镇政权不再兼任发展经济的职能，经济职能交由农村集体经济组织承担。可惜的是，改革之后的农村，或者未设集体经济组织，或者虽设立了集体经济组织（村级与小组级），但集体经济组织虚置或仅承担简单的土地发包等事务，其经济职能被村委会代替。

1978 年小岗村实行包干到户后，1982 年中央第一个关于农村工作的一号文件明确指出包产到户、包干到户都是社会主义集体经济的生产责任制。此后，全国均采取了家庭承包方式，1999 年宪法修正案明确了家庭联产承包为主的责任制的法律地位，并确定了集体经济组织实行家庭承包经营为基础、统分结合的双层经营体制。废除了合作社、人民公社之后，长期以来，我国集体经济组织缺乏示范章程，也缺乏相应的组织法，导致其组织机构的搭建迟滞不前，因此，造成了集体经济组织更为弱化，成为村自治组织的附庸，其"统"的功能难以发挥。[①]

（四）营利法人组织机构的探索（1990—2017 年）

20 世纪 90 年代，随着改革开放的推进，农村经济快速发展，各地

[①] 黄显洲：《农村集体经济组织法人治理结构研究》，江西理工大学 2021 年硕士学位论文。

对其法人实现形式展开了有益探索，形成了一批具有借鉴意义的案例。

1. 乡村集体所有制企业法人组织结构

为了解决农村集体经济组织"统"的功能不足，村委会无法作为市场主体开展经营活动等问题，农村开始成立集体所有制企业。1990 年，国务院颁布了《中华人民共和国乡村集体所有制企业条例》（该条例于 2011 年修订）。根据该条例规定，农民大会（农民代表会议）或者农村集体经济组织是权力机构，厂长（经理）是企业的法定代表人，监督机构是企业职工大会或者职工代表大会。该形式下组织机构的问题在于其权力机关的表决程序是"一人一票"的人头表决而不是资本表决，也不存在类似董事会的决策机关，大部分决策由厂长或者经理决定，大权独揽，监督机关是职工大会或职工代表大会而非股东，企业财产属于集体所有。

2. 公司法人组织结构

1993 年公司法颁布，农村集体经济组织进入市场又多了一种渠道。但是，公司法有两项规定比较限制农村集体经济组织设立成为公司。其一，是股份有限公司的注册资本最低出资限额达1000 万元；其二，是有限责任公司的股东人数限定在 50 人以内。在 20 世纪 90 年代，资金量能达到 1000 万元这个体量的村集体组织少之又少，所以，直至 2005 年公司法修订下调公司注册门槛前，有限责任公司成为村集体经济组织注册公司的首选。由于我国大部分村级集体经济组织成员（户数）都远远超过 50 户，注册为有限责任公司也比较复杂。所以，为了把股东人数缩小至 50 人以内以满足有限责任公司股东组成人数的要求，村级集体经济组织大多数采取了代理人模式，由村民小组长、村干部等人作为形式上的出资人（代持股）注册有限公司。此模式下，有利也有弊，有利的地方在于，一是农村集体经济组织以独立法人的形式进入市场，可发挥农村集体资源的优势；二是在当时的时代背景下，这样的公司得到了政府部门和金融部门的支持，如当时的名村华西村、南街村的成功。但弊端也很明显，一是未登记的"股东"在法律上难以取得股东地位和行使股东权利；二是公司法人组织机构本应体现全体成员意志的，但最高决策机关即股东会只能由代理人参加，部分农民的合法权益得不到保障；三是公司法人组织结构不能体现集体公司的特殊功能。集体公司承担的集体资产经营与管理、社区服务、集体成员保障功能应当得到体现。但注册成公司之后，依公司法的法人组织结构治理公司，这些功能就无法得到保障。尽管早期一些名村进行公司化改造后，在经济上获得了巨大的成功，但在目前这些名村的成功不具有可推广性及可复制性。

目前，集体公司的法人治理结构是依公司法建立的，以有限责任公司为例，一般具有股东会、董事会、监事会、经理层四个机构。股东会是权力机构，由全体股东组成；董事会是决策机构，监事会是监督机构，董事会和监事会都由股东会选举产生，经理层是执行机构，由董事会聘任，对董事会负责。董事会、监事会、经理层最终都是要对股东会负责，他们的工作都是围绕着股东利益最大化进行的，决定了公司的营利性，其难以实现特别法人的社区公共服务与集体成员保障功能。这就是集体公司最大的问题，它统筹经营管理了集体资产，但凸显不了非营利的服务和保障功能。

（五）特别法人的组织机构探索（2017 年至今）

特别法人是 2017 年民法总则确立的，是一种兼具营利性与非营利性特征的特殊民事主体。民法总则及此后的民法典确立了农村集体经济组织的特别法人地位，农村集体经济组织以法人身份参与市场活动，遵循市场化路径，基本形成了"成员大会—理事会—监事会"（以下简称"三会"）的组织结构。

2016 年中共中央、国务院发布的《关于稳步推进农村集体产权制度改革的意见》并未明确农村集体经济组织的组织结构，但强调农村集体经济组织应当有别于一般工商企业。这为地方探索具有开放性的农村集体经济组织治理结构提供了空间，意味着各地可以根据实际情况设置农村集体经济组织的组织机构。2017 年以后一些省份出台的地方性法规普遍规定了农村集体经济组织法人"三会"的组织结构，如《黑龙江省农村集体经济组织条例》第 3 章规定了"三会"的机构设置、职权范围、会议制度；《四川省农村集体经济组织条例》第 3 章也有类似的内容。2020 年农业农村部印发的《农村集体经济组织示范章程（试行）》明确了农村集体经济组织成员大会、理事会和监事会为其组织机构。

实践中，农村集体经济组织的组织结构呈现出以"三会"为主的主流模式。但是，不同地方的农村集体经济组织法人治理结构也存在一定的差异性，主要表现在三个方面：一是各省份的地方性法规普遍规定农村集体经济组织可以同时设置成员大会和成员代表大会，其中成员大会是必备的，是否设置成员代表大会由当地农村集体经济组织章程决定，因此，很多地方的农村集体经济组织示范章程都规定设置成员大会和成员代表大会，个别地方的农村集体经济组织示范章程规定仅设置成员代表大会而不设置成员大会；二是各地对农村集体经济组织成员大会与成员代表大会关系的界定主要有三类，即成员代表大会全面替代成员大会、成员大会与成员代表大会关系模糊、成员大会的地位高于成员代表大会；三是关于农村集体经济组织治理机构的地方性立法模式主要有列举式和"概括 + 列举"式，通过文义解释和体系解释可知，前一模式下可以通过当地农村集体经济组织章程的兜底性条款调整农村集体经济组织内部治理机构，从而使治理机构的设置具有一定的灵活性，后一模式将农村集体经济组织治理机构的类型限定于概括性法条规定的类型，使得治理结构呈现出一定的僵化性。

三、组织机构立法的逻辑前提和基本原则

（一）组织机构立法建构的逻辑前提

1. 组织机构的立法建构需要突出其"特别性"

农村集体经济组织的治理属于集体所有制背景下的经济组织治理的范畴，其具有不同于一般营利性法人的"特别性"。从立法上建构和完善农村集体经济组织的组织机构，需要以反映农村集体经济组织治理的"特别性"为逻辑前提。

作为特别法人，农村集体经济组织法人的治理机制具有不同于营利法人、村民自治组织法人等法人类型的特点，充分把握农村集体经济组织法人治理机制的"特别性"是完善其法人治理机制的逻辑出发点。[①]

具体而言，农村集体经济组织治理的"特别性"主要体现在：第一，治理主体方面。农村集体经济组织的治理主体是以特定村（社）为单位的集体经济组织成员以及相关利益主体，范围非常广泛。治理主体除集体经济组织成员外，还包括村民自治组织、合作经济组织、基层党组织、有关政府机关等利害关系人。显然，农村集体经济组织治理的主体不同于股份制公司，也不同于基本上以户籍为区分标准的村民自治组织法人。第二，组织结构的特别性。农村集体经济组织的组织结构虽然也基本上贯彻"意思形成机关、意思执行机关和意思监督机关"的"权力制约"思想，但在具体结构设计方面明显不同于公司法人，也不同于村民委员会组织法等确定的村民自治组织的治理结构。第三，表决机制方面。在集体经济组织中贯彻的是"一人一票"的"平均主义"原则，这是农民集体所有制的必然要求。但是，在公司法人内部，按照每个股东所持股权

---

① 管洪彦：《农村集体经济组织法人治理机制立法建构的基本思路》，载《苏州大学学报（哲学社会科学版）》2019 年第 1 期。

比例或者股份数额进行表决。第四，治理功能的特别性。农村集体经济组织的治理功能主要是完成土地承包、资源开发、资本积累、资产增值等一系列集体资产经营管理服务方面的经济性事务，并在此基础上实现集体经济的发展和集体成员权益的实现。这与公司法人等营利性法人以及村级党组织、村民自治组织的治理功能截然不同。

2. 组织机构的规范具有复合性

法律规范属性的识别和设计是立法过程的重要任务，集体经济组织法人治理机制规范的设计也不例外。从形式上看，农村集体经济组织的组织机构规范主要通过制定法规范和法人章程规范实现，其中制定法规范具有相当的强制性，法人章程规范则有较强的任意性。因此，农村集体经济组织的组织机构的规范兼具强制性和自治性规范的复合属性。从内容上看，农村集体经济组织的组织机构规范兼具组织法和行为法的双重色彩。农村集体经济组织的组织机构包括组织形式、法律地位、机构设置与权限划分等，这些内容具有组织法属性。但是，农村集体经济组织的组织机构不仅包括其治理结构，还包括农村集体经济组织及其成员权利的行使机制、对外交易行为的规则、决议行为的规则等，这些规范则属于行为法范畴。因此，在对农村集体经济组织法人治理机制进行规范建构时，不要被"农村集体经济组织"的表述所迷惑，认为只要是"组织规范"，本质上就是"组织法"。事实上，是兼具组织法和行为法。因此，在对农村集体经济组织的组织机构进行规范建构时，要充分认识到其规范的复合属性，并按照规范内容的不同配置相应的规则体系。

（二）组织机构建构的基本原则

1. 边界清晰原则

边界清晰原则旨在防止其他主体构成对农村集体经济组织治理的不当干预。我国农村治理中存在基层党组织、农村集体经济组织、基层群众性自治组织法人等主体，每个主体都有不同的组织机构。

从目前集体经济组织运行的实践来看，改制后村党支部、农村集体经济组织与村民自治组织职能交叉，未能做到各司其职、各负其责，远未达到改革的预期效果。因此，"应积极创造条件，加快推进改制后农村基层组织政治职能、公共服务职能和经济职能的分离"[①]。要健全农村集体经济组织的组织机构，理顺集体经济组织与其他基层组织的边界关系，从成员权利、组织功能、干部管理、账目资产、议事决策等方面推进"政经分离"改革。总之，边界清晰原则要求区分不同主体治理机制之间的关系，保证不同主体治理机制的边界清晰。

2. 权力制约原则

首先，要做好集体经济组织内部组织机构的设计及其权限划分。现代法人的组织结构一般建立在"权力机构—执行机构—监督机构"的架构之上，农村集体经济组织作为特别法人，仍应遵循这一基本原则。在建构组织结构的基础上，还应该明晰农村集体经济组织内部权力机构、执行机构和监督机构之间的权责关系。其次，要形成权力机构、执行机构和监督机构之间的权力制约关系，实现权力制约的效果。此外，为实现治理有效的目标，还需要对权力机构、执行机构、监督机构之间的权力运行规则进行设计，以形成既履行各自职责，又避免权力滥用，权力之间互相制衡的良好运转状态。

3. 权益保障原则

建构和完善农村集体经济组织的组织机构的根本目标是保障集体经济组织成员权利的实现，形成有效维护农村集体经济组织成员权利的治理体系。农村集体经济组织成员权利，一方面包括农村集体经济组织成员参与集体事务管理的权利，如选举权与被选举权、民主决策权、知情权等，这类权利的目标是通过集体经济组织成员参与集体事务管理实现组织内部的民主管理；另一方面包括集体经

---

① 方志权：《农村集体经济组织特殊法人：理论研究和实践探索》，载《科学发展》2018 年第 1 期。

济组织成员享有相关财产权益的权利，如承包经营集体土地的权利、分配使用宅基地的权利、集体收益分配权等，这类权利的目标是"通过明确集体经济组织和集体经济组织成员的财产关系，建立起以产权联结为纽带、成员共享发展成果、激励成员齐心协力共同发展集体经济的长效机制"①。集体经济组织成员民主管理权利的实现，最终会影响成员财产权利的实现，两种权利的行使密切相关。贯彻权益保障原则是农村集体经济组织法人治理机制的根本目标所决定的，既是实现农村集体经济组织法人自身权益的需要，也是形成有效维护集体经济组织成员权利治理体系的需要。

4. 合理干预原则

私法自治原则在组织法中仍然有其适用空间，农村集体经济组织法人治理机制的建构同样应该尊重农民的主体地位，让农村集体经济组织成员按照自己的意志制定法人章程，在意思自治的基础上形成法人决策。但是，相较于市场上的其他主体，目前农村集体经济组织的市场竞争能力和经营能力相对较弱，其组织机构搭建、章程拟定、股份份额流转、收益分配等制度的构建，都需要接受党组织、政府的指导、协调和监督。合理干预原则旨在实现政府干预和法人自治的平衡，属于农村集体经济组织法人外部治理机制的范畴。坚持合理干预原则，其核心是把握好干预的"度"，目标是处理好集体经济组织成员自治和政府合理干预之间的平衡，防止干预成为侵害集体经济组织成员意志的"家长主义"干预。

四、组织机构的具体立法建议

（一）建构静态组织机构和动态治理机制

首先，做好农村集体经济组织内部组织机构的静态设计。静态

---

① 方志权：《农村集体产权制度改革：实践探索与法律研究》，上海人民出版社2016年版。

组织机构的设计和架构是动态治理的基础。为实现农村集体经济组织的治理目标，应首先建构起静态的组织机构，即从静态上建构起独立于村民自治机构的以"权力机构—执行机构—监督机构"为框架的组织机构。而地方立法和改革实践观察，也多采取该种架构模式，但其称谓略有不同。如《广东省农村集体经济组织管理规定》中设置成员大会（权力机构）、社委会或者理事会（执行机构）、民主理财监督小组或者监事会（监督机构）；《上海市农村集体资产监督管理条例》中规定设置成员大会、理事会、监事会；《江苏省农村集体资产管理条例》中规定农村集体经济组织的组织机构由成员大会或者成员代表大会、理事会、监事会组成。

需要注意的是，农村集体经济组织内部治理结构的设计要考虑到农村集体经济组织法人治理机制的特殊性和效率性。集体经济组织法人静态治理结构的架构设置还需要对各机构的组成人员的来源、人数、任期、职责权限等进行具体的规范设计。

其次，做好农村集体经济组织动态治理机制的设计。建构静态组织机构尚不足以实现农村集体经济组织的良好治理，还必须强化动态治理机制的设计。动态治理机制设计的核心在于建立健全兼具科学性、效率性和可操作性的运行规则。动态治理机制的设计应该围绕成员大会或成员代表大会、理事会、监事会的召开方式、召开时限、召集方式、表决依据、表决方式、表决规则、记录制度等进行。

从目前地方立法实践观察，多数地方存在重视静态治理结构配置，而轻视动态治理机制设计的缺陷，影响了集体经济组织法人的治理效果。激励和约束机制的设计是农村集体经济组织动态治理机制建构的重要组成部分。一方面，要做好激励机制的设计。目前农村集体资产闲置成为集体经济的常态，"集体"缺乏成长的内生动力，农村集体经济组织的资产处置能力、资源整合能力、市场参与意识都明显不足。① 为此，应该"探索推行股权激励、聘请职业经理人等有效办法，提高集体经济组织的凝聚力、带动力和市场竞争力"②。另一方面，做好约束机制的设计。要通过立法和章程的方式有序规范集体经济组织法人、法定代表人的权限。对于法定代表人的违法行为且对法人造成损失的，还要建立起内部问责制度。

　　再次，建构完善的民主决议规则。农村集体经济组织的民主决议机制具有法人治理机制的共性特征，但是作为特别法人，其民主决议机制也有特殊性。就共性而言，农村集体经济组织法人意志的形成与实现需要借助民主决议方式实现。民法中决议行为的一般规则，如决议行为的形成、效力以及瑕疵矫正规则等，亦适用于农村集体经济组织的民主决议行为。"一个团体或组织需要通过其内部的决策机制来实现其意思能力。民事主体立法在具体规则设计方面也应因主体内部的意思形成机制等权力分配或程序的不同而有所区别。"③ 就特殊性而言，为实现农村集体经济组织成员的民主管理，避免被少数人控制，农村集体经济组织成员民主决策普遍实行"一人一票"制度，也可以说在农村集体经济组织内部民主决策时奉行的是平等主义原则，这不同于公司法人中的"一股一票"、资本多数决原则。而且，农村集体经济组织民主决议的基本规则应该是"多数人决定"。基于农村社会特殊的地域结构、血缘结构等因素的影响和制约，农村集体经济组织内部的民主决策更容易受到不正当因素的影响，因此农村集体经济组织法内部的治理问题远比公司法人更复杂。

---

　　① 张应良、杨芳：《农村集体产权制度改革的实践例证与理论逻辑》，载《改革》2017 年第 3 期。

　　② 黄延信等：《对农村集体产权制度改革若干问题的思考》，载《农业经济问题》2014 年第 4 期。

　　③ 房绍坤、王洪平：《民事立法理念与制度构建》，法律出版社 2016 年版。

（二）明晰组织机构的设置与定位

1. 权力机构的定位与设置

（1）权力机构的定位

权力机构是形成农村集体经济组织意思表示的机构，并以会议的形式来决定农村集体经济组织的重大事项，监督其他机关履行规定的职责。权力机构在农村集体经济组织的组织机构中地位最高，有权处理决定一切重大事项。权力机构由农村集体经济组织成员组成，也是农村集体经济组织的必设机构，而不是任意机构。权力机构是不可或缺的，能够保障农村集体经济组织的成员民主权利得到实现。

（2）权力机构的设置

一些地方积极探索农村集体经济组织的组织机构。以北京市海淀区东升镇、上海市松江区新桥镇、广东省佛山市南海区的改革实践为例。北京市海淀区东升镇管辖的村镇较多，根据实际情况实行"一级所有，分级核算"的体制，分为总社和分社两部分的组织结构。其中，乡级农村集体经济组织是总社，并不直接经营支配集体资产，而是在权力机构闭会期间对农村集体经济组织的各项内部事务进行决策，所以在总社的组织结构中并未设立董事会，只设立社员代表大会、管理委员会和监察委员会。分社的组织结构是参照公司制度，由股东代表大会、董事会和监事会组成。上海市松江区新桥镇采取的是联合社的组织形式，以实行民主集中制为基本原则，分别设立社员代表会议、董事会和监事会。广东省佛山市南海区的农村集体经济组织采取了成员大会或成员代表会议、社委会和监事会的思路。从以上三个地方实践看，农村集体经济组织无论是否因地方的要求不同而因地制宜作出合适的规定，都是参照公司的治理模式，将组织机构朝着决策、执行和监督三方面改造。

从以上列举的三种地方实践中，还可以看出现阶段权力机构有两种存在形式，成员大会和成员代表大会。成员大会是指由全体农村集体经济组织成员亲力亲为参加会议，并直接组成权力机构。成员代表大会是指农村集体经济组织成员通过一定的程序选出代表，再由这些代表组成权力机构。这两种机构自身都有其优缺点，不存在哪个更优。两者不是或的关系而是和的关系，可以取长补短，根据不同的需要而共存，具体表现在以下方面：

一是在民主决策方面，成员大会由全体成员参与，民主性更高、更全面，成员代表大会人数有限，不能全面体现出成员的意思。

二是在效率成本方面，成员大会人数众多，每次召开需要投入更多的人力、物力、财力，在意志达成一致的过程中耗时更长。而成员代表大会能够随时召开，召集决策程序能够简化，有利于提高效率，降低成本，避免浪费。

三是在机构设置方面，成员大会虽然是必设机构，但无法成为常设机构。成员代表大会可以成为常设机构，在成员大会闭会期间负责解决非重大事项、其他经营性事务和程序性事务。凡是属于农村土地流转、收益分配、项目投资、成员身份等重大事项必须要由成员大会决定。

四是在日常监督方面，成员大会很难经常召开，在出现侵害成员或集体利益时，追究责任不及时。成员可以报请监事会，在监事会经过判断处理后，可以再去向代表大会寻求救济，由两者共同监督农村集体经济组织负责人依法履职。

五是在专业能力方面，代表大会的成员日常负责与其有关的事项，专业性更强，成员大会的成员水平参差不齐，在专业方面有所欠缺。

此外，权力机构作为农村集体经济组织法人的意志形成机构，地位也是最高的。要形成团体的整体意志必须体现民主，以表达每一位成员的意志，按照章程和程序经过表决一致。具体而言要有如下要求：

一是农村集体经济组织的成员共同行使决策权。权力机构的成员组成应当是满足章程和法律的规定，经过审查和权力机构表决通过取得成员资格的人员。首先要满足民法典对完全民事行为能力人的规定，必须具备能够决策和表达意见的行为能力。而对于无民事行为能力人和限制民事行为能力人，有学者认为要由其法定代理人代表其行使农村集体经济组织的权利。① 笔者认为，因为成员有很强的身份特征，如果当地的无民事行为能力人、限制民事行为能力人较多，都由其法定代理人行使其成员权利，可能会影响其他成员的真实意志，也容易被其他人员利用，干涉民主性。建议可以对无民事行为能力人、限制民事行为能力人的表决权冻结，待其取得完全民事行为能力后再予以恢复，表决权冻结期间，其收入、分配的权利不受影响。

二是重大事项必须由权力机构经过讨论来决定。建议立法以列举的方式对成员大会的职权范围进行规定。成员大会的职权应关注制定修改农村集体经济组织章程，确认农村集体经济组织成员、决定加入的成员，选举罢免理事会、监事会成员，审议理事会和监事会工作报告，批准农村集体经济组织集体经济发展规划、业务经营计划，集体资产处置，决定土地补偿费等的使用、分配方法，农村集体经济组织合并、分立等重大事项方面。这些方面都关系着成员的切身利益，在成员大会的表决方面要采取多数决，即成员大会作出决定，应当经三分之二以上成员同意。一般来说除法律规定以外，还有保留自治的权力空间。当运行中遇到法律和章程无法预见的问题时，又与自身发展关系密切，也应由权力机构根据实际情况作出相应的决定。

---

① 雷啸、郭祥：《农村集体经济组织治理模式创新研究》，载《农村经济》2020年第 10 期。

2. 执行机构的设置与职权

（1）执行机构的设置

在权力机构闭会期间，为保证日常经营管理活动不受影响，确保农村集体经济组织正常运行，能够使得权力机构的决议得以落实，就必须有一个专门的常设机构，就是执行机构。农村集体经济组织设立成员大会作为权力机构，就必须同时设立执行机构来执行权力机构的决定，否则权力机构的决定就可能落空，农村集体经济组织也就无法正常运转。

地方的改革实践中，如《四川省农村集体经济组织条例》第 19条规定，理事会是农村集体经济组织的日常管理和执行机构。《黑龙江省农村集体经济组织条例》第 19 条规定，理事会是农村集体经济组织的执行机构和日常管理机构。《广东省农村集体资产管理条例》第 15 条规定了理事机构，《上海市农村集体资产监督管理条例》第 13 条规定了合作社要设立理事会，《江苏省农村集体资产管理条例》第 10 条规定治理机构由理事会组成，《湖北省农村集体经济组织管理办法》第 21 条规定农村集体经济组织的日常管理机构为管理委员会，从以上的规定可以看出，虽然各地设立的机构名称并不完全相同，但都是农村集体经济组织的执行机构。农村集体经济组织作为特别法人必须建立执行机构，即不管农村集体经济组织的规模大小、成员多少，都要设理事会。2020 年农业农村部印发的《农村集体经济组织示范章程（试行）》明确了农村集体经济组织成员大会、理事会和监事会为其组织机构。农村集体经济组织的执行机构是理事会，理事会对外代表农村集体经济组织，对内部行使各种管理的权力。理事会对成员大会负责并报告工作，肩负组织、领导农村集体经济组织日常决策、管理和执行的职能，是农村集体经济组织核心的组织机构。

（2）执行机构的职权

理事会作为农村集体经济组织的执行机构，由成员大会从本集体经济组织成员中选举产生，对成员大会负责，它在集体经济组织日常经营管理、投资等重大活动中发挥重要作用。它的职权主要包括以下两方面：

一是执行权。理事会的职权应具体围绕召集成员大会或成员代表大会并报告工作，执行成员大会或成员代表大会的决议，起草集体经济发展规划、业务经营计划、内部管理制度，主要经营管理人员选任，公示相关信息等方面。建议立法中采取列举式和概括式互相配合的立法模式对理事会进行权利构造，详细规定理事会的各项权利和义务。如参考公司法第 67 条规定，董事会主要决定在生产经营和人事任免方面，在生产经营中有权来决定有关生产经营计划和进行投资的方案，决定公司内部管理机构的设置和决定聘任、解聘经理及其报酬。经理以外的人员包括副经理、财务主管等人员，监督机关不能直接决定聘任和解聘，要根据经理的提名，由执行机关决定。除生产经营和人员方面直接可以由其决定的权力之外，还有制定预算利润分配，增资减资等权力，需要股东会的决定。法律规定明确属于执行机构的权力，执行机构必须行使，不能放弃。

理事会以召开会议作出会议决议来行使权力。为了提高管理效率，使决策更科学、更合理，会议表决应实行一人一票原则，每个理事会成员拥有一个投票权。当理事会表决事项与某理事存在利害关系或冲突，该理事应当回避，来保证决议结果的公正性。当理事会的决议在过程、内容或结果中存在瑕疵时，应当规定相应的救济手段，来保护成员和利益相关者的合法权利。当理事会决议的内容违反法律法规等强制性规定的应属无效。当理事会召集程序表决程序内容违反农村集体经济组织法人章程的，应当诉请人民法院予以撤销。

二是代表权。理事会对内肩负组织、领导农村集体经济组织日常决策、管理和执行的职能，对外则代表农村集体经济组织参与民事法律关系。不管农村集体经济组织的规模大小、成员多少，都要设理事会。理事会一般包括理事长、副理事长和理事。理事会的人数根据农村集体经济组织的规模来确定，其中理事长是必须设立的。理事长是农村集体经济组织的法定代表人，是一个非常重要的职位，对外以农村集体经济组织的名义活动，对外代表农村集体经济组织的行为，因此农村集体经济组织必须设理事长。需要注意的是，《中国共产党农村基层组织工作条例》明确要求，村党组织的主要职责之一，就是领导村民委员会、村集体经济组织等各类组织，加强指导和规范，支持和保证这些组织依照国家法律法规以及各自章程履行职责。为切实发挥村党组织的领导作用，村党组织可以提名推荐农村集体经济组织理事会成员，村党组织负责人可以通过法定程序担任农村集体经济组织理事长。

副理事长可以根据实际需要决定是否设置。如果农村集体经济组织的规模比较大、成员比较多，可以设副理事长；如果农村集体经济组织的规模比较小、成员比较少，可以不设副理事长。理事长、副理事长是理事会的领导者和决策者，也是农村集体经济组织日常生产经营活动的组织者和领导者，他们应由成员大会从本集体经济组织成员中选举产生，对成员大会负责，其产生办法由章程规定。此外，为了避免近亲属同在理事会任职容易产生以权谋私、家族化及损害集体利益的情况，理事会成员之间应当实行近亲属回避。

3. 监督机构的定位与职权

（1）监督机构的定位

根据法人的一般理论，法人的监督机构是常设机构之一。监督机构由股东大会选举产生，对内部的业务活动进行监督和检查，是民主监督的实现方式。监事由权力机构选举产生，再由监事组成监督机构。监督机构要对权力机构负责，行使职权并及时报告工作。在公司的内部机关构建中遵循了权力制约的原则，权力机构行使决策权、执行机构行使执行权、监督机构行使监督权。

农村集体经济组织作为特别法人，无论大小都要设立监督机关，体现在农村集体经济组织内部权力机构、行政机构和监督机构权力制约的原则。一些地方的改革实践中，农村集体经济组织的监督机关一般为监事会或监事，成员较多的农村集体经济组织设监事会，成员较少的农村集体经济组织可以设监事一人至二人。监事会或监事根据组织章程和成员大会的决议对理事会及其人员实施监督，对农村集体经济组织的财务和业务执行情况等进行监督。

（2）监督机构的职权

监事机构的核心权力在于对行政管理、财产和人员进行监督。立法构建农村集体经济组织监督机构职权时要从多个角度着手，采取内部监督与外部监督并行的模式，两者有机协调，互相发挥作用。内部监督由监事机关负责日常事务监督，外部监督由当地政府有关部门定期或不定期进行抽查。

在内部监督方面，一是监督理事会对成员（代表）大会的决议是否认真执行；二是监督理事会成员、主要经营管理人员的职务行为，防止滥用职权；三是对理事会活动及其经营管理的集体事务进行监督，监督检查集体财产经营管理情况、审核监督本集体经济组织财务状况，防止理事会违反法律和集体经济组织章程，损害集体成员利益。一般情况下，如果发现集体经济组织经营情况异常，监事会或监事可对本集体经济组织的财务进行检查，必要时可以组织对本集体经济组织的财务进行内部审计，聘请会计师事务所等协助开展监督工作，并将审计结果向成员（代表）大会报告。

在外部监督方面，可以由相关机构派出专属会计审计人员，对农村集体经济组织内部财产进行审计和监督。如广东省东莞市制定了会计委托代理制度，东莞市的每个镇都成立了会计委托代理中心，由会计人员对财务状况进行专门管理。作为第三方的会计委托代理中心，能够保证独立性，加强事前、事中、事后监督，有利于预防腐败滋生、保护集体财产。

（三）对《中华人民共和国农村集体经济组织法（草案）》中组织机构内容的探讨

2022 年 12 月，十三届全国人大常委会第三十八次会议对《中华人民共和国农村集体经济组织法（草案）》（以下简称《草案》）进行初次审议。《草案》一经出台，备受各界关注。《草案》第四章规范了农村集体经济组织的组织机构，明确农村集体经济组织成员大会、成员代表大会和理事会、监事会的组成、职权、议事规则和决策程序等，从法律制度上健全农村集体经济组织内部治理机制，保障农村集体经济组织顺畅运行，实现民主管理、民主决策。根据《草案》第 4 章有关条款的规定，农村集体经济组织的组织机构主要包括，作为权力机构的成员大会，作为执行机构的理事会，以及作为监督机构的监事会或监事。之所以这样规定，主要是基于以下原因：

一是理论依据方面，民法典第 58 条中规定"法人应当依法成立。法人应当有自己的名称、组织机构、住所、财产或者经费"。这是对法人成立一般要件的规定，同时蕴含了法人类型强制原则。组织机构是法人构成的一般要件之一，每一个法人都应该有自己的组织机构。因为法人是社会组织，法人的意思表示必须依法由法人组织机构来完成，有了组织机构，法人才有了决策能力、执行能力和监督能力，法人才能积极行使权利、承担义务，从而有效开展经济活动、实现法人功能。现代法人治理的组织结构一般建立在"权力机构—执行机构—监督机构"的架构之上，农村集体经济组织作为特别法人，仍应遵循这一基本原则，既要符合法人成立的一般要件，又要体现其特别性。在建构组织结构的基础上，还应该明晰农村集体经济组织内部权力机构、执行机构和监督机构之间的权责关系；形成权力机构、执行机构和监督机构之间的权力制约关系；设计权力机构、执行机构、监督机构之间的权力运行规则，以形成履行各自职责、避免权力滥用、权力之间互相制约的良好运转状态。

二是政策和法律方面，2016 年 12 月发布的《中共中央　国务院关于稳步推进农村集体产权制度改革的意见》要求"改革后农村集体经济组织要完善治理机制"。2020 年农业农村部印发的《农村集体经济组织示范章程（试行）》明确了农村集体经济组织成员大会、理事会和监事会为其组织机构。民法典第 96 条将农村集体经济组织法人与机关法人、城镇和农村的合作经济组织法人、基层群众性自治组织法人等并列为营利法人和非营利法人之外的特别法人，其第 99 条规定"农村集体经济组织依法取得法人资格。法律、行政法规对农村集体经济组织有规定的，依照其规定"，这为制定农村集体经济组织法提供了法律空间。

三是实践依据方面，实践中，我国各地的农村集体经济组织也多采用权力机关、执行机关、监督机关并立的组织机构模式。2017 年以后一些省份出台的地方性法规普遍规定了农村集体经济组织法人"三会"的组织结构，如《黑龙江省农村集体经济组织条例》第 3 章规定了"三会"的机构设置、职权范围、会议制度，《四川省农村集体经济组织条例》第 3 章也有类似的内容。这些地方性法规是各地立法机关在总结农村集体经济组织各项改革实践经验基础上制定的，不仅满足了各地农村集体经济组织改革的制度需要，也为全国人大常委会开展立法工作积累了实践经验，更为农村集体经济组织的组织机构立法提供了参考依据。

四是立法设计方面，农村集体经济组织作为特别法人，立法设计其内部治理规则时，通常会考虑借鉴其他法人的治理规则。目前，我国理论界较为通行的观点也认为，农村集体经济组织法人应参照营利法人治理规则，理由是两者的静态治理结构、表决和收益方式均相似。[1] 依据民法典第 76 条第 1 款规定，营利法人是"以取得利润并分配给股东等出资人为目的成立的法人"，而农村集体经济组织

---

① 吴昊：《农村集体经济组织法人治理机制建构》，载《河南社会科学》2021 年第 2 期。

本身从事营利行为，且对成员分配利润，其虽为非营利法人，但确实具有符合营利法人的核心特征。公司是营利法人的典型，我国法律对公司法人治理规定得最为详尽，因此，农村集体经济组织可参照借鉴公司法人治理规则，将权力制衡理念运用于内部治理，建构权力机构、执行机构和监督机构三位一体的组织机构。实践中，我国各地颁行的有关农村集体经济组织的地方性法规，也多采用权力机关、执行机关、监督机关并立的规范模式，《草案》也是如此。

农村集体经济组织的组织机构是法人治理的重要内容，也是一个必须有而且是应尽快得到明确的问题，《草案》的重要任务之一，就是落实有关组织机构的顶层设计。民法典第 58 条要求法人应设立组织机构，而组织机构必然有其职能，即决定法人内外事务的权力。在民法典已对法人设置"一般规定"的法律框架下，《草案》的重点内容必然是明确农村集体经济组织的"特别性"。《草案》第 21 条同样要求农村集体经济组织应当具有符合法律规定的组织机构，因此，建构与完善农村集体经济组织的组织机构，应当在深刻领会中央改革精神的基础上，总结我国农村集体产权制度改革实践中的经验，结合法人治理一般理论和农村集体经济组织的特殊性进行探讨。

1. 农村集体经济组织的权力机构的特性

《草案》第 27 条规定，由具有完全民事行为能力的全体成员组成成员大会作为权力机构。在实践中，这是各地较为普遍采用的模式。[①] 草案还规定了成员大会的职权，除了农村集体经济组织特有的职权，如涉及农村土地的承包、宅基地使用、集体经营性建设用地使用权出让和出租、决定土地补偿费等的使用、分配办法等，其他职权基本借鉴了公司法（2018 年）第 37 条有关股东会职权的规定，

---

① 郭洁：《论农村集体经济组织的营利法人地位及立法路径》，载《当代法学》2019 年第 5 期。

但两者也存在差异。如成员大会的职权还包括"制定、修改农村集体经济组织内部管理制度",而依据公司法（2018 年）第 67 条，这属于董事会的权力。可见，成员大会的职权比公司股东会大，将内部管理制度的制定和修改权力赋予成员大会，目的在于强化对理事会的约束。但"内部管理制度"因内涵空泛而导致范围太大，在大规模的农村集体经济组织中，这样的制度势必数量众多，不宜也不可能均由成员大会制定和修改，建议修改为针对理事行使职权的"基本管理制度"。此外，因基本管理制度与内部管理机构设置的重要程度相似，建议参考民法典第 81 条，将决定后者的权力赋予成员大会。

农村集体经济组织通常在村级集体经济组织设立。在人口稠密地区，其成员众多，远超有限责任公司 50 人的规模，甚至远超股份有限公司 200 人的上限。为保障成员大会的有效运行，《草案》第 29 条参照村民委员会组织法第 25 条，规定成员较多的农村集体经济组织，可以按照章程规定设立成员代表大会，一般每 5 户至 15 户选举代表 1 人，代表人数应当多于 20 人，并且有适当数量的妇女代表。这一规则中，成员代表大会设立的目的是解决成员众多时的多数决难题，同时减少会议成本。但其设立应尽可能受到严格限制，理由有：第一，与作为公共事务自治组织的村委会相比较，农村集体经济组织作为经济组织，其运行与成员的经济利益密切相关，成员参与的积极性相对较高。而成员代表大会必然排斥大多数成员参与和表决，其中可能不乏参与意愿强烈的成员，若随意设立，必然侵害其民主管理的法定权利。即使《草案》第 29 条禁止成员代表大会决定章程、成员、收益权份额量化、土地补偿费等事项，但成员大会行使的其他职权，对农村集体经济组织的运行也不能说不重要。第二，在互联网时代，大规模会议的网络技术的发展，使低成本召开大规模成员大会成为可能。在科学技术支撑和推动民主技术时，尽可能让成员表达意志是成员民主管理的题中之义。

《草案》第 28 条第 3 款规定，成员大会的表决采取一人一票的方式。在实践中，地方性法规也多采取一人一票的表决模式，如《广东省农村集体资产管理条例》第 12 条、《江苏省农村集体资产管理条例》第 12 条、《上海市农村集体资产监督管理条例》第 13 条等。一些地方的农村集体经济组织量化集体资产，并按照成员的人数、贡献等分配股份，但这些股份不享有对应的表决权，它们只是分配收益的依据。① 成员大会一人一票议事规则的理论基础在于：农村集体经济组织成员加入的基础并非合同，而且成员加入时不需出资，这些因素共同决定了成员的投票权无法采用体现经济民主的资本多数决，而只能采取实现政治民主的人头多数决。在农村集体经济组织中，集体成员管理集体财产的权利属于乡村振兴促进法第 4 条规定的"农民民主权利"，不仅平等，而且均等。此外，只有人头多数决能体现集体成员的共同意志，防止少数人控制农村集体经济组织。②

在采取人头多数表决时，成员规模越大，决议越难以形成。为解决这一问题，《草案》除设置成员代表大会外，同时降低了决议通过的最低门槛。其第 28 条第 1 款和第 3 款规定，农村集体经济组织召开成员大会，应当有 2/3 以上具有完全民事行为能力的成员参加，成员大会作出决定，应当经 2/3 以上成员同意为通过。据此，成员大会决议通过的最低比例为同意的成员占全部成员的 4/9，高于村委会组织法第 22 条规定的村民会议决议事项通过的比例为同意成员占全部成员的 1/4。这种立法安排的原因可能在于，农村集体经济组织成员大会的决议事项事关成员的经济利益，与村民会议决议的事项相比，成员更重视前者。但村委会组织法第 24 条规定的村民会议讨

---

① 綦磊：《集体经济组织法人的特别性识别研究》，载《暨南学报（哲学社会科学版）》2021 年第 10 期。

② 房绍坤、宋天骐：《论农村集体经济组织法人成员的特别性》，载《山东社会科学》2022 年第 2 期。

论决定的事项与农村集体经济组织成员大会的决议事项存在大幅重叠，且在《草案》成为正式法律后，村委会代行集体经济组织职能的，讨论决定有关集体财产和成员权益的事项应参照适用农村集体经济组织法的相关规定。

2. 农村集体经济组织的执行机构的特性

《草案》第30条规定，农村集体经济组织设理事会，一般由3至7名单数成员组成。理事长是农村集体经济组织的法定代表人。第31条有关理事会职权的规定，主要借鉴了公司法（2018年）第67条有关董事会职权的规定，但前者规定的职权范围小于后者。此外，《草案》并没有专门规定理事会下属的经理层的职权，可能的考虑是通常农村集体经济组织的经营活动远少于公司。

《草案》没有明确规定理事应否具有成员资格，理论上存在较大争议。赞成者认为，经营活动具有专业性，从业者应具有相应的技术能力和管理能力。一项对合作社的实证研究表明，非成员理事不仅可以提升合作社治理能力，还可避免因人情束缚作出非理性的决策。[1] 反对者主张，农村集体经济组织为成员提供的生产经营服务具有公益性，非成员理事可能会追求私利。[2] 这一问题可细分为如下两个层次。

一是成员是否愿意担任理事？目前，各地村委会成员的薪酬基本受国家财政支持，但未来在农村集体经济组织遍地开花时，很多农村集体经济组织法人即使成立，也不会因此产生利润，理事很可能没有薪酬。农村集体经济组织不是公司，尽管其理事可能薪酬不高甚至没有薪酬，但未必会影响成员担任理事的积极性，这源于农村社会、村庄特有的价值体系、文化网络、社会关系、交往模式等，

---

[1] 文雷：《农民专业合作社治理机制会影响其绩效吗？——基于山东、河南、陕西三省153份问卷的实证研究》，载《经济社会体制比较》2016年第6期。

[2] 宋天骐：《论农村集体经济组织法人内部治理中的"人"与"财"——以治理机构的人员构成与集体资产股权为观察对象》，载《河北法学》2022年第4期。

决定了村民有必要在村庄获得并积累声望资本，而对大多数村民而言，取得公共身份是产生声望资源的重要途径，但村庄的公共身份资源并不多，农村集体经济组织的理事无疑是重要的公共身份，可以使村民尤其是"能人"在村庄内获得声望，进而实现自我价值。

二是成员是否适合担任理事？农村集体经济组织的理事最可能由两种人担任：一是村庄内部自然生成的权威，通常是年高德劭、声望卓著、精于农业的村民，他们熟悉村情村史，但往往缺乏经济运行所必需的组织能力和管理能力。二是经济能人，20世纪80年代以来，我国村庄涌现出一批经济能人，出现"经济能人治村"现象。他们的经济管理或技术能力突出，且往往有不少为农村集体经济组织发展需要的社会资源，但他们也可能运用其影响力和乡村的宗族、家族关系，控制农村集体经济组织，为自己和宗族、家族牟利。

以上分析表明，至少大规模的农村集体经济组织与大公司一样，存在选任非成员身份的专业人才担任理事的需求，加之乡村振兴需要储备和发展人才，法律不应要求理事具有成员身份。现行法律也支持这一结论，如乡村振兴促进法第28条规定，农村集体经济组织应当为返乡入乡人员和各类人才提供必要的生产生活服务，可以根据实际情况提供相关的福利待遇。《草案》第54条也作了类似的规定。《草案》第32条规定，理事会会议应当有2/3以上的理事会成员出席，理事会作出决议，应当经全体理事的过半数通过，比公司法规定的股份有限公司董事会表决更为严格，鉴于农村集体经济组织的社会保障属性，这一规定值得肯定。

3. 农村集体经济组织的监督机构的特性

《草案》第33条规定农村集体经济组织设监事会，成员较少的可设监事1至2人。其主要职权是监督理事会、监督检查集体财产的经营管理情况、审核监督本农村集体经济组织财务状况等。监事无须具有成员资格，其理由与前文对理事身份的分析相同。但农村集体经济组织的监督也存在特性，农村集体经济组织的成员相互熟悉，且成员通常都熟悉农村集体经济组织的运行状况，相对公司而言，成员更有能力监督理事。因此，农村集体经济组织的监事会应该作为必设机关。

综上，《草案》关于农村集体经济组织的组织机构的规定并不完善。如有关成员提案权、高管的职权等没有规定；又如一些大型农村集体经济组织可能和大公司一样，形成"成员大会—理事会—经理层"的三重权力结构，且理事会只行使重大决策权和监督权，但成员大会和经理层的权限并不明确。为此，《草案》可作概括式规定，以不违反农村集体经济组织的性质为前提，农村集体经济组织的法律治理参照适用公司法。

第五章　农村集体经济组织财产管理和收益分配

一、农村集体经济组织的财产范围

集体所有制是宪法确定的社会主义公有制的形式之一。对于农村集体经济组织的财产，宪法、土地管理法、民法典等法律都作出了规定。

（一）宪法的规定

宪法是国家的根本大法，对劳动群众集体所有制、属于集体所有的土地等自然资源、农村基本经营制度、集体经济组织的经济活动自主权等作出了规定。

一是劳动群众集体所有制是公有制的形式之一。宪法第 6 条规定："中华人民共和国的社会主义经济制度的基础是生产资料的社会主义公有制，即全民所有制和劳动群众集体所有制。社会主义公有制消灭人剥削人的制度，实行各尽所能、按劳分配的原则。""国家在社会主义初级阶段，坚持公有制为主体、多种所有制经济共同发展的基本经济制度，坚持按劳分配为主体、多种分配方式并存的分配制度。"第 8 条第 3 款规定："国家保护城乡集体经济组织的合法的权利和利益，鼓励、指导和帮助集体经济的发展。"

二是属于集体所有的土地等自然资源。宪法第 9 条第 1 款规定："矿藏、水流、森林、山岭、草原、荒地、滩涂等自然资源，都属于国家所有，即全民所有；由法律规定属于集体所有的森林和山岭、草原、荒地、滩涂除外。"第 10 条第 1、2 款规定："城市的土地属于国家所有。""农村和城市郊区的土地，除由法律规定属于国家所有的以外，属于集体所有；宅基地和自留地、自留山，也属于集体所有。"

三是农村集体经济组织实行家庭承包经营为基础、统分结合的双层经营体制。宪法第 8 条对这一农村基本经营制度作出了规定。同时规定："参加农村集体经济组织的劳动者，有权在法律规定的范围内经营自留地、自留山、家庭副业和饲养自留畜。"

四是集体经济组织具有从事经济活动的权利。宪法第 17 条第 1 款规定："集体经济组织在遵守有关法律的前提下，有独立进行经济活动的自主权。"

（二）土地管理法的规定

土地管理法规定了属于农民集体所有的土地，以及经营管理主体。

第 2 条第 1 款规定："中华人民共和国实行土地的社会主义公有制，即全民所有制和劳动群众集体所有制。"第 9 条规定："城市市区的土地属于国家所有。""农村和城市郊区的土地，除由法律规定属于国家所有的以外，属于农民集体所有；宅基地和自留地、自留山，属于农民集体所有。"第 11 条规定："农民集体所有的土地依法属于村农民集体所有的，由村集体经济组织或者村民委员会经营、管理；已经分别属于村内两个以上农村集体经济组织的农民集体所有的，由村内各该农村集体经济组织或者村民小组经营、管理；已经属于乡（镇）农民集体所有的，由乡（镇）农村集体经济组织经营、管理。"

（三）民法典的规定

2020 年 5 月 28 日，第十三届全国人民代表大会第三次会议通过民法典，以列举的方式对农村集体经济组织的财产（包括不动产和动产）进行了界定。第 260 条规定："集体所有的不动产和动产包括：（一）法律规定属于集体所有的土地和森林、山岭、草原、荒地、滩涂；（二）集体所有的建筑物、生产设施、农田水利设施；（三）集体所有的教育、科学、文化、卫生、体育等设施；（四）集体所有的其他不动产和动产。"民法典物权编第五章"国家所有权和集体所有权、私人所有权"对集体所有权作出了规定。

（四）农村集体经济组织法（草案）二次审议稿的规定

农村集体经济组织法（草案）二次审议稿在第 37 条第 1 款规定："集体财产主要包括：（一）集体所有的土地和森林、山岭、草原、荒地、滩涂；（二）集体所有的建筑物、生产设施、农田水利设施；（三）集体所有的教育、科技、文化和旅游、卫生、体育、交通等设施和农村人居环境基础设施；（四）集体所有的资金；（五）集体投资兴办的企业和集体持有的其他经济组织的股权及其他投资性权利；（六）集体所有的无形资产；（七）集体所有的接受国家扶持、社会捐赠、减免税费等形成的财产；（八）集体所有的其他财产。"

草案二次审议稿的规定基本延续了民法典的规定，采用列举的方式界定集体经济组织的财产；同时进一步细化了集体财产的内容，明确集体财产包括集体所有的资金、集体投资兴办的企业及其所持有的其他经济组织的股权及其他投资性权利、集体所有的无形资产、集体所有的接受国家扶持、社会捐赠、减免税费等形成的财产、集体所有的其他财产。作为一部专门规范农村集体经济组织的法律，有必要尽可能详细地对集体财产的范围进行列举。

二、集体所有的土地等资源性财产

集体所有的土地和森林、山岭、草原、荒地、滩涂，是集体经济组织最重要的财产，基本上可以分为：耕地、林地、草地等农用地；宅基地和宅基地上的住房；集体经营性建设用地；集体公益性建设用地；农业生产性设施用地。我国有健全的土地管理法律法规。集体经济组织使用和经营管理集体所有的土地等资源性财产应当依法合规。

（一）土地等资源性财产的一般特点

1. 土地所有权一般不能变动

依据宪法和土地管理法等法律，土地属于国家所有或者集体所有；任何组织或者个人不得侵占、买卖或者以其他形式非法转让土地。宪法规定："国家为了公共利益的需要，可以依照法律规定对土地实行征收或者征用并给予补偿。"所以，集体土地所有权只有在征收的情况下发生由集体所有向国家所有的变动；集体土地所有不能通过买卖等方式变动。

关于征收，主要法律规定有：（1）征收的目的是满足公共利益的需要。土地管理法第45条对"公共利益"进行了界定，第1款规定："为了公共利益的需要，有下列情形之一，确需征收农民集体所有的土地的，可以依法实施征收：（一）军事和外交需要用地的；（二）由政府组织实施的能源、交通、水利、通信、邮政等基础设施建设需要用地的；（三）由政府组织实施的科技、教育、文化、卫生、体育、生态环境和资源保护、防灾减灾、文物保护、社区综合服务、社会福利、市政公用、优抚安置、英烈保护等公共事业需要用地的；（四）由政府组织实施的扶贫搬迁、保障性安居工程建设需要用地的；（五）在土地利用总体规划确定的城镇建设用地范围内，经省级以上人民政府批准由县级以上地方人民政府组织实施的成片开发建设需要用地的；（六）法律规定为公共利益需要可以征收农民集体所有的土地的其他情形。"（2）征收应经严格审批。土地管理法对征收规定了严格的审批程序。一是征收永久基本农田、永久基本农田以外的耕地超过35公顷的、其他土地超过70公顷的，由国务院批准。二是其他征收情形，由省、自治区、直辖市人民政府批准。（3）征收应当给予补偿。土地管理法第48条规定："征收土地应当给予公平、合理的补偿，保障被征地农民原有生活水平不降低、长远生计有保障。""征收土地应当依法及时足额支付土地补偿费、安置补助费以及农村村民住宅、其他地上附着物和青苗等的补偿费用，并安排被征地农民的社会保障费用。""征收农用地的土地补偿费、安置补助费标准由省、自治区、直辖市通过制定公布区片综合地价确定。制定区片综合地价应当综合考虑土地原用途、土地资源条件、土地产值、土地区位、土地供求关系、人口以及经济社会发展水平等因素，并至少每三年调整或者重新公布一次。""征收农用地以外的其他土地、地上附着物和青苗等的补偿标准，由省、自治区、直辖市制定。对其中的农村村民住宅，应当按照先补偿后搬迁、居住条件有改善的原则，尊重农村村民意愿，采取重新安排宅基地建房、提供安置房或者货币补偿等方式给予公平、合理的补偿，并对因征收造成的搬迁、临时安置等费用予以补偿，保障农村村民居住的权利和合法的住房财产权益。""县级以上地方人民政府应当将被征地农民纳入相应的养老等社会保障体系。被征地农民的社会保障费用主要用于符合条件的被征地农民的养老保险等社会保险缴费补贴。被征地农民社会保障费用的筹集、管理和使用办法，由省、自治区、直辖市制定。"

2. 土地使用权可以归单位或者个人

土地使用权可以归单位或者个人，因而土地使用权与土地所有权可以分离。土地管理法第 10 条规定："国有土地和农民集体所有的土地，可以依法确定给单位或者个人使用。使用土地的单位和个人，有保护、管理和合理利用土地的义务。"土地管理法的土地使用权是个宽泛的概念，包括：国有建设用地使用权、宅基地使用权、集体（经营性）建设用地使用权；农村土地承包经营权、林地使用权、草原使用权、滩涂和水面的养殖使用权、国有农用地使用权等。依照民法典，土地使用权依照有关不动产登记的法律、行政法规执行。

3. 土地规划和土地用途管制

按照土地管理法，各级人民政府组织编制土地利用总体规划；下级土地利用总体规划应当依据上一级土地利用总体规划编制。

2019 年 5 月，《中共中央　国务院关于建立国土空间规划体系并监督实施的若干意见》提出了要逐步建立国土空间规划体系。已经编制国土空间规划的，不再编制土地利用总体规划和城乡规划。

依法编制的土地利用总体规划，规定土地用途，将土地分为农用地、建设用地和未利用地。农用地是指直接用于农业生产的土地，包括耕地、林地、草地、农田水利用地、养殖水面等。建设用地是指建造建筑物、构筑物的土地，包括城乡住宅和公共设施用地、工矿用地、交通水利设施用地、旅游用地、军事设施用地等。县级土地利用总体规划应当划分土地利用区，明确土地用途。乡（镇）土地利用总体规划应当划分土地利用区，根据土地使用条件，确定每一块土地的用途，并予以公告。土地利用总体规划一经批准，必须严格执行。

国家严格限制农用地转为建设用地，控制建设用地总量，对耕地实行特殊保护。

一是严格规划编制。根据土地管理法第 16 条的规定，地方各级人民政府编制的土地利用总体规划中的建设用地总量不得超过上一级土地利用总体规划确定的控制指标，耕地保有量不得低于上一级土地利用总体规划确定的控制指标。

二是严格限制农用地转为建设用地。根据土地管理法第 44 条的规定，建设占用土地，涉及农用地转为建设用地的，应当办理农用地转用审批手续。在土地利用总体规划确定的城市和村庄、集镇建设用地规模范围内，为实施该规划而将一般农用地转为建设用地的，由原批准土地利用总体规划的机关或者其授权的机关批准。在已批准的农用地转用范围内，具体建设项目用地可以由市、县人民政府批准。在土地利用总体规划确定的城市和村庄、集镇建设用地规模范围外，将一般农用地转为建设用地的，由国务院或者国务院授权的省、自治区、直辖市人民政府批准。

三是特殊保护耕地。根据土地管理法第 4、16、32 条的规定，省、自治区、直辖市人民政府应当采取措施，确保本行政区域内耕地总量不减少、质量不降低。乡村振兴促进法进一步明确，省、自治区、直辖市人民政府应当采取措施确保耕地质量有提高。严格控制耕地转为非耕地。转为建设用地的，要严格办理转用手续。非农业建设必须节约使用土地，可以利用荒地的，不得占用耕地；可以利用劣地的，不得占用好地。禁止占用耕地建窑、建坟或者擅自在耕地上建房、挖砂、采石、采矿、取土等。国家实行占用耕地补偿制度。非农业建设占用耕地的，必须开垦与所占用耕地的数量和质量相当的耕地；没有条件开垦或者开垦的耕地不符合要求的，应当按照规定缴纳耕地开垦费，专款用于开垦新的耕地。

四是实行永久基本农田保护制度。国家将粮棉油糖等重要农产品生产基地内的耕地、有良好的水利与水土保持设施的耕地、正在实施改造计划以及可以改造的中低产田和已建成的高标准农田、蔬菜生产基地、农业科研与教学试验田等优质耕地划为永久基本农田。永久基本农田经依法划定后，除非国家重点建设项目难以避让的情况，任何单位和个人不得擅自占用或者改变其用途。农村村民建住宅，不得占用永久基本农田。永久基本农田转为建设用地的，由国务院批准。禁止占用永久基本农田发展林果业和挖塘养鱼。

国家建设粮食生产功能区、重要农产品生产保护区。"两区"范围内的耕地，应当划定为永久基本农田。

4. 农用地之间的用途转换

农用地之间用途转换要受到国土空间规划的约束。有关专门法律对林地、草地、湿地、养殖水面、畜禽养殖用地等，作出了法律规范。

森林法确立了林地管理制度。森林法第 36 条规定，国家保护林地，严格控制林地转为非林地，实行占用林地总量控制，确保林地保有量不减少。各类建设项目占用林地不得超过本行政区域的占用林地总量控制指标。

畜牧法对畜禽养殖用地作出了规定。畜禽养殖用地按照农业用地管理。畜禽养殖用地使用期限届满或者不再从事养殖活动，需要恢复为原用途的，由畜禽养殖用地使用人负责恢复。在畜禽养殖用地范围内需要兴建永久性建（构）筑物，涉及农用地转用的，依照《中华人民共和国土地管理法》的规定办理。

草原法确立了草原管理制度。湿地保护法规定了湿地保护制度。渔业法规定了养殖水面管理的有关制度。国务院发布的《农田水利条例》规定了农田水利用地的有关制度。

乡村振兴促进法规定，严格控制耕地转为林地、园地。

5. 集体建设用地类别

建设用地分为国有建设用地、集体建设用地。集体建设用地又可以分为三类：（1）经营性建设用地。土地管理法第60条、第63条对集体经营性建设用地使用的审批手续，以及集体经营性建设用地使用权出让、出租等作出了规定。（2）公共设施、公益事业建设。土地管理法第61条对乡（镇）村公共设施、公益事业建设用地的审批手续作了规定。（3）宅基地等住宅用地。土地管理法第62条对宅基地使用作了规定。

按照法律规定，集体建设用地必须符合以下规定：一是应当符合乡（镇）土地利用总体规划；二是应当符合村庄和集镇规划；三是依法办理相关审批手续。

（二）耕地、林地、草地等农用地的法律规范

以家庭承包经营为基础、统分结合的双层经营体制，是我国农村基本经营制度。稳定和完善农村土地承包关系，是党的农村政策的基石。宪法、土地管理法、农业法规定了家庭承包经营和其他方式的承包。农村土地承包法专门对农民集体所有和国家所有依法由农民集体使用的耕地、林地、草地以及其他依法用于农业的土地的承包经营进行了规范。

1. 宪法和法律的规定

（1）宪法

1993 年通过的宪法修正案，将"农村中的家庭联产承包为主的责任制和生产、供销、信用、消费等各种形式的合作经济，是社会主义劳动群众集体所有制经济"写入了宪法。

1999 年通过的宪法修正案，明确："农村集体经济组织实行家庭承包经营为基础、统分结合的双层经营体制。"以宪法形式明确了农村基本经营制度。

（2）土地管理法

1986 年通过的土地管理法首次将土地承包经营写入了法律。第12 条规定："集体所有的土地，全民所有制单位、集体所有制单位使用的国有土地，可以由集体或者个人承包经营，从事农、林、牧、渔业生产。""承包经营土地的集体或者个人，有保护和按照承包合同规定的用途合理利用土地的义务。""土地的承包经营权受法律保护。"

1998 年通过的土地管理法对土地承包经营作出了更加明确具体的规定，并对其他方式的承包首次作出规定。第 14 条规定："农民集体所有的土地由本集体经济组织的成员承包经营，从事种植业、林业、畜牧业、渔业生产。土地承包经营期限为三十年。发包方和承包方应当订立承包合同，约定双方的权利和义务。承包经营土地的农民有保护和按照承包合同约定的用途合理利用土地的义务。农民的土地承包经营权受法律保护。""在土地承包经营期限内，对个别承包经营者之间承包的土地进行适当调整的，必须经村民会议三分之二以上成员或者三分之二以上村民代表的同意，并报乡（镇）人民政府和县级人民政府农业行政主管部门批准。"第 15 条规定："国有土地可以由单位或者个人承包经营，从事种植业、林业、畜牧业、渔业生产。农民集体所有的土地，可以由本集体经济组织以外的单位或者个人承包经营，从事种植业、林业、畜牧业、渔业生产。

发包方和承包方应当订立承包合同，约定双方的权利和义务。土地承包经营的期限由承包合同约定。承包经营土地的单位和个人，有保护和按照承包合同约定的用途合理利用土地的义务。""农民集体所有的土地由本集体经济组织以外的单位或者个人承包经营的，必须经村民会议三分之二以上成员或者三分之二以上村民代表的同意，并报乡（镇）人民政府批准。"

2019 年土地管理法与农村土地承包法的规范进行了衔接，对家庭承包、其他方式承包的主要法律制度作了概括。土地管理法第 13 条规定："农民集体所有和国家所有依法由农民集体使用的耕地、林地、草地，以及其他依法用于农业的土地，采取农村集体经济组织内部的家庭承包方式承包，不宜采取家庭承包方式的荒山、荒沟、荒丘、荒滩等，可以采取招标、拍卖、公开协商等方式承包，从事种植业、林业、畜牧业、渔业生产。家庭承包的耕地的承包期为三十年，草地的承包期为三十年至五十年，林地的承包期为三十年至七十年；耕地承包期届满后再延长三十年，草地、林地承包期届满后依法相应延长。""国家所有依法用于农业的土地可以由单位或者个人承包经营，从事种植业、林业、畜牧业、渔业生产。""发包方和承包方应当依法订立承包合同，约定双方的权利和义务。承包经营土地的单位和个人，有保护和按照承包合同约定的用途合理利用土地的义务。"

（3）农业法

1993 年 7 月制定的农业法对农村土地承包作了规定。第 6 条规定："国家稳定农村以家庭联产承包为主的责任制，完善统分结合的双层经营体制，发展社会化服务体系，壮大集体经济实力，引导农民走共同富裕的道路。"第 11 条规定："集体所有的土地依照法律属于村农民集体所有，由村农业集体经济组织或者村民委员会经营、管理。已经属于乡（镇）农民集体经济组织所有的，可以属于乡（镇）农民集体所有。""村农民集体所有的土地已经分别属于村内两个以上农业集体经济组织所有的，可以属于各该农业集体经济组织的农民集体所有。"第 12 条规定："集体所有的或者国家所有由农业集体经济组织使用的土地、山岭、草原、荒地、滩涂、水面可以由个人或者集体承包从事农业生产。国家和集体所有的宜林荒山荒地可以由个人或者集体承包造林。个人或者集体的承包经营权，受法律保护。发包方和承包方应当订立农业承包合同，约定双方的权利和义务。"第 13 条规定："除农业承包合同另有约定外，承包方享有生产经营决策权，产品处分权和收益权，同时必须履行合同约定的义务。承包方承包宜林荒山荒地造林的，按照森林法的规定办理。""在承包期内，经发包方同意，承包方可以转包所承包的土地、山岭、草原、荒地、滩涂、水面，也可以将农业承包合同的权利和义务转让给第三者。""承包期满，承包人对原承包的土地、山岭、草原、荒地、滩涂、水面享有优先承包权。""承包人在承包期内死亡的，该承包人的继承人可以继续承包。"第 14 条规定："农业集体经济组织或者村民委员会应当向承包土地、山岭、草原、荒地、滩涂、水面的个人或者集体提供生产服务。"第 15 条规定："国家鼓励个人或者集体对荒山、荒地、荒滩进行承包开发、治理，并保护承包人的合法权益。"

2002 年农业法修订通过。第 5 条规定："国家长期稳定农村以家庭承包经营为基础、统分结合的双层经营体制，发展社会化服务体系，壮大集体经济实力，引导农民走共同富裕的道路。"第 10 条规定："国家实行农村土地承包经营制度，依法保障农村土地承包关系的长期稳定，保护农民对承包土地的使用权。""农村土地承包经营的方式、期限、发包方和承包方的权利义务、土地承包经营权的保护和流转等，适用《中华人民共和国土地管理法》和《中华人民共和国农村土地承包法》。""农村集体经济组织应当在家庭承包经营的基础上，依法管理集体资产，为其成员提供生产、技术、信息等服务，组织合理开发、利用集体资源，壮大经济实力。"

（4）农村土地承包法

农村土地承包法于 2002 年 8 月 29 日第九届全国人民代表大会常务委员会第二十九次会议通过；2009 年 8 月第十一届全国人民代表大会常务委员会第十次会议作出决定，将法律中的土地"征用"修改为"征收、征用"；2018 年 12 月 29 日第十三届全国人民代表大会常务委员会第七次会议审议通过了农村土地承包法的修改决定，对"三权分置"、农村土地承包关系稳定并长久不变等内容作出了规定。

2. 农村土地承包有关财产权利的主要规定

（1）一般规定

按照农村土地承包法等法律，农村土地承包的主要制度内容包括以下三个方面。

一是国家实行农村土地承包制度。农村土地承包采取农村集体经济组织内部的家庭承包方式。不宜采取家庭承包方式的荒山、荒沟、荒丘、荒滩等农村土地，可以采取招标、拍卖、公开协商等方式承包，即其他方式的承包。

二是家庭承包的主要特点：按人分地，按户承包。按人分地，即统一组织发包时，农村集体经济组织成员都可以分得一份承包地；按户承包，以家庭为单位作为承包的主体。也就是说，家庭取得的承包地的多少是在统一发包时以家庭的农村集体经济组织成员数确定的，但是在承包期内以家庭为单位享有土地承包经营权，不随家庭成员数量的变化而变化。

家庭承包的承包期。耕地的承包期为三十年。草地的承包期为三十年至五十年。林地的承包期为三十年至七十年。前款规定的耕地承包期届满后再延长三十年，草地、林地承包期届满后依照前款规定相应延长。

三是其他方式的承包。承包对象主要是不宜采取家庭承包方式的"四荒"地。这种承包方式对承包人的身份没有特别限制，可以是农村集体经济组织成员，也可以是非本集体经济组织成员，包括外村农户、农业企业、其他组织等。承包方不必然是家庭，可以是个人、各类组织或者家庭。荒山、荒沟、荒丘、荒滩等可以直接通过招标、拍卖、公开协商等方式实行承包经营，也可以将土地经营权折股分给本村集体经济组织成员后，再实行承包经营或者股份合作经营。

（2）"两权分离"

改革开放从农村开始，在土地制度上实行了农村土地家庭承包经营制度。在家庭承包经营制度下，农村土地承包经营权从农村土地所有权分离出来，即"两权分离"。

最初，农民土地承包经营权的确认和保护，主要通过中央政策。1982 年，中共中央批转的《全国农村工作会议纪要》（1982 年中央一号文件）充分肯定了"包产到户、到组，包干到户、到组"的社会主义性质和合法地位。1983 年 1 月，中共中央出台的《当前农村经济政策若干问题》（1983 年中央一号文件），对联产承包责任制进行了高度评价和理论总结，认为联产承包责任制"采取统一经营与分散经营相结合的原则，使集体优越性和个人积极性同时得到发挥"，"是在党的领导下我国农民的伟大创造、是马克思主义农业合作化理论在我国实践中的发展"，具有"广泛的适应性"。之后，家庭联产承包责任制迅速发展为农村的主要经济形式。1983 年，全国农村 95% 以上的生产队实行了家庭联产承包责任制，并由农业逐渐扩展到林业、牧业、渔业、开发荒山荒水以及其他多种经营领域。至此，家庭承包经营和集体统一经营相结合的双层经营体制基本形成。1984 年 1 月，中共中央出台《关于一九八四年农村工作的通知》（1984 年中央一号文件），明确"土地承包期一般应在十五年以上"。这就是第一轮承包，为期 15 年。在这个时期，集体与农户之间签订承包合同，农户获得土地承包经营权。这个时期，农村土地承包经营权是一种债权。

1986 年 6 月，土地管理法通过，以法律形式确认了家庭承包责任制。1993 年 3 月，宪法修正案明确了"农村中的家庭联产承包为主的责任制，是社会主义劳动群众集体所有制经济"。以国家根本大法的形式确立了家庭联产承包责任制的性质和地位。1993 年 11 月，中共中央、国务院发布《关于当前农业和农村经济发展的若干政策措施》，明确提出："在原定的耕地承包期到期之后，再延长 30 年不变。开垦荒地、营造林地、治沙改土等从事开发性生产的，承包期可以更长。"从而确立了第一轮承包到期后实施第二轮承包，承包期为 30 年。2002 年农村土地承包法通过，土地承包经营权成为一种法律规范的特定权利，这种权利的取得、内容等有了法治保障，并且规定县级以上地方人民政府应当向承包方颁发土地承包经营权证或林权证，稳定和保护了土地承包经营关系。2007 年 3 月物权法通过，明确了土地承包经营权的物权性质。实践中，国家加强土地承包经营权确权登记颁证工作，土地承包经营权的物权保护日益增强。2013 年中央一号文件明确，健全农村土地承包经营权登记制度，强化对农村耕地、林地等各类土地承包经营权的物权保护。用 5 年时间基本完成农村土地承包经营权确权登记颁证工作，妥善解决农户承包地块面积不准、四至不清等问题。2020 年通过的民法典，明确了土地承包经营权是用益物权。

将土地所有权和承包经营权的分设，所有权归集体，承包经营权归农户，极大地调动了亿万农民积极性，有效解决了温饱问题，并逐步向农业强国迈进。

（3）"三权分置"

随着工业化、信息化、城镇化和农业现代化进程不断推进，我国农业农村发生了巨大变化。工业化进程使得二、三产业就业吸纳了大量的农村劳动力转移就业，城镇化进程中农民进入城镇、城市。工业化、城镇化使得农民来自二、三产业收入增加，农业收入比重下降，而且使得原来农民的生活方式也发生了极大变化，产生了流转土地承包经营权的愿望。农业现代化进程中，农民专业合作社、家庭农场、种植大户等新型农业经营主体，需要适度规模经营。农户承包土地的经营权流转明显加快。土地流转和适度规模经营是发展现代农业的必由之路，有利于优化土地资源配置和提高劳动生产率，有利于保障粮食安全和主要农产品供给，有利于促进农业技术推广应用和农业增效、农民增收。据有关数据，农村土地流转面积已经占农民家庭承包土地面积的约三分之一。[①]

2013 年底，习近平总书记指出，"要不断探索农村土地集体所有制的有效实现形式，落实集体所有权、稳定农户承包权、放活土地经营权"。2014 年 1 月，中央一号文件明确指出，"在落实农村土地集体所有权的基础上，稳定农户承包权、放活土地经营权"。2014 年 11 月，中共中央办公厅、国务院办公厅印发《关于引导农村土地经营权有序流转发展农业适度规模经营的意见》，指出"坚持农村土地集体所有，实现所有权、承包权、经营权三权分置"。此后，党中央和国务院有关文件多次肯定"三权分置"的提法。2016 年 10 月，中共中央办公厅、国务院办公厅印发《关于完善农村土地所有权承包权经营权分置办法的意见》，专门就"三权分置"提出意见，指出"现阶段深化农村土地制度改革，顺应农民保留土地承包权、流转土地经营权的意愿，将土地承包经营权分为承包权和经营权，实行所有权、承包权、经营权（以下简称'三权'）分置并行，着力推进农业现代化，是继家庭联产承包责任制后农村改革又一重大制度创新"。为确保"三权分置"有序实施，扎实做好农村土地确权登记颁证工作，建立健全土地流转规范管理制度，因地制宜加强农

[①] 2016 年 11 月 3 日，国务院新闻办举行新闻发布会，时任农业部部长韩长赋介绍，全国土地流转面积占承包地面积的比例是三分之一左右。2017 年 3 月 7 日上午在十二届全国人大五次会议举办记者发布会上，时任农业部部长韩长赋在回答关于"农村土地流转"的问题时表示，土地问题是现在农村改革的重点；现在全国土地流转面积占家庭承包耕地总面积的 35% 左右，流转的形式有多种。

村产权交易市场建设，逐步实现涉农县（市、区、旗）全覆盖。

为健全归属清晰、权能完整、流转顺畅、保护严格的农村土地产权制度，更好地维护农民集体、承包农户、经营主体的权益，明确农村集体土地所有权、农民土地承包经营权、经营主体的土地经营权的关系，规范"三权分置"成为修改农村土地承包法的重要内容之一。2018 年 12 月，全国人大常委会通过了农村土地承包法修正案，明确承包方承包土地后，享有土地承包经营权，可以自己经营，也可以保留土地承包权，流转其承包地的土地经营权，由他人经营；国家保护承包方依法、自愿、有偿流转土地经营权，保护土地经营权人的合法权益，任何组织和个人不得侵犯；土地经营权流转期限为五年以上的，当事人可以向登记机构申请土地经营权登记，未经登记，不得对抗善意第三人。

将"三权分置"纳入法治轨道具有重大意义。第一，"土地经营权"作为一个独立的权利显现出来，完善了农村土地权利配置。家庭承包是农村土地集体所有权与农户家庭土地承包经营权的"两权分离"，土地承包经营权成为一项法定权利。"三权分置"，土地经营权从土地承包经营权当中分离出来，成为一项新的权利。土地经营权被写入法律，成为法定权利，使得农村土地权利更加丰富和细分，完善了农村土地权利配置。第二，有利于保护相关各方当事人的合法权益，尤其是土地经营权人的合法权益。通过规范土地经营权，明确农户土地承包经营权与土地流入方的土地经营权的关系，明确土地流转当事人（包括承包方和土地经营权人）与土地所有者的关系，使得相关各方的权利义务关系更加明确，权利义务边界更加清晰，有利于各方当事人权益的保护。第三，有利于农业现代化进程。一方面，"三权分置"可以稳定农村土地承包关系，让承包方放心流转土地。另一方面，也可以给予经营者比较可靠的未来预期，放心经营土地。如果农民流转承包地后，就会丧失一切土地相关权利，那么农民宁愿不流转承包地，这样不利于土地流转，甚至出现承包地闲置等现象。在日本就曾出现这种情况。所以"三权分置"有利于土地要素顺畅流转，在稳定和发展、公平与效率之间找到一个平衡，从而加快农业发展方式，推动农业现代化进程。习近平总书记指出，改革前农村集体土地是所有权和经营权合一；搞家庭联产承包制，把土地所有权和承包经营权分开，这是我国农村改革的重大创新；现在，把农民土地承包经营权分为承包权和经营权，实行承包权和经营权分置并行，这是我国农村改革的又一次重大创新。①"三权分置"的重大意义受到充分肯定。

"三权分置"以"两权分离"为基础，同时"两权分离"和"三权分置"将长期共存。在家庭承包土地流转的情况下，集体所有权、农户土地承包经营权、转入方的土地经营权三权并存。土地不流转，或者流转完成土地回归承包方后，就又回归到集体所有权、农户土地承包经营权的"两权分离"状态。

（4）土地所有权

土地所有权的权利主要体现在以下几个方面：

发包权。农村土地承包法第14条规定，发包方享有"发包本集体所有的或者国家所有依法由本集体使用的农村土地"的权利。统一发包时，本集体经济组织成员的村民会议选举产生承包工作小组；承包工作小组依照法律、法规的规定拟订并公布承包方案；依法召开本集体经济组织成员的村民会议，讨论承包方案，并依法经本集体经济组织成员的村民会议三分之二以上成员或者三分之二以上村民代表的同意。这样，就可以公开组织实施承包方案，并依法签订承包合同。

监督权。农村土地承包法第14条规定，发包方享有"监督承包方依照承包合同约定的用途合理利用和保护土地""制止承包方损害承包地和农业资源的行为"等监督权利。承包方给承包地造成永久

---

① 2013年12月23日在中央农村工作会议上的讲话。参考习近平：《论"三农"工作》，中央文献出版社2022年版。

性损害的，发包方有权制止，并有权要求赔偿由此造成的损失。土地经营权人擅自改变土地的农业用途、弃耕抛荒连续两年以上、给土地造成严重损害或者严重破坏土地生态环境，承包方在合理期限内不解除土地经营权流转合同的，发包方有权要求终止土地经营权流转合同。土地经营权人对土地和土地生态环境造成的损害应当予以赔偿。

承包方转让土地承包经营权应当经发包方同意。农村土地承包法第 34 条规定，经发包方同意，承包方可以将全部或者部分的土地承包经营权转让给本集体经济组织的其他农户，由该农户同发包方确立新的承包关系，原承包方与发包方在该土地上的承包关系即行终止。

在承包地流转中接受备案的权利。承包方之间互换土地承包经营权，承包方依法采取出租（转包）、入股或者其他方式向他人流转土地经营权，受让方再流转土地经营权，承包方或者受让方以土地经营权向金融机构融资担保，都需要向发包方备案。

工商资本流转土地经营权时适当收取费用的权利。农村土地承包法第 45 条规定，工商企业等社会资本通过流转取得土地经营权的，本集体经济组织可以收取适量管理费用。

土地所有权人的义务主要有：维护承包方的土地承包经营权，不得非法变更、解除承包合同；尊重承包方的生产经营自主权，不得干涉承包方依法进行正常的生产经营活动；依照承包合同约定为承包方提供生产、技术、信息等服务；执行县、乡（镇）土地利用总体规划，组织本集体经济组织内的农业基础设施建设；不得违法收回、调整承包地；不得强迫或者阻碍承包方进行土地承包经营权的互换、转让或者土地经营权流转；不得将承包地收回抵顶欠款；法律、行政法规规定的其他义务。

（5）土地承包经营权

农村集体经济组织成员与发包方签订农村土地承包合同，获得了承包地，作为承包方取得了土地承包经营权。

农村土地承包法第17条规定："承包方享有下列权利：（一）依法享有承包地使用、收益的权利，有权自主组织生产经营和处置产品；（二）依法互换、转让土地承包经营权；（三）依法流转土地经营权；（四）承包地被依法征收、征用、占用的，有权依法获得相应的补偿；（五）法律、行政法规规定的其他权利。"

依法享有土地承包经营权。按照民法典，农村土地承包经营权是一种用益物权。用益物权人对他人所有的不动产或者动产，依法享有占有、使用和收益的权利。物权是权利人依法对特定的物享有直接支配和排他的权利，包括所有权、用益物权和担保物权。相对于债权，物权是一种更强的保护。

依法使用承包地并获得收益的权利。承包方有权依法使用承包地，在承包地上进行耕作。承包方可以利用承包地，自主组织农业生产经营活动，自主决定种植或养殖项目的种类和结构。只要承包方的生产经营活动不违反法律规定，任何组织或者个人无权干涉，更不能强迫。承包方对自己生产的产品有权自主处置。承包方出售农产品，依法按照市场原则自主决定价格。承包方生产经营活动获得的收益归承包方所有，其他组织和个人不得侵占、剥夺。农户在土地上增加投入，改良土壤等增加的土地价值，归承包方所有。

依法互换、转让土地承包经营权。互换和转让，都是发生在本集体经济组织农户之间的行为。互换是指承包方之间为方便耕种或者各自需要，对属于同一集体经济组织的土地的土地承包经营权进行互换；转让是指承包方将全部或部分的土地承包经营权转让给本村集体经济组织的其他农户。互换行为的后果是当事人丧失自己原有的部分或全部土地承包经营权，同时获得另一方当事人部分或全部土地承包经营权。转让行为的后果为：一方当事人让渡自己原有的部分或全部土地承包经营权，另一方当事人获得相应的土地承包经营权。承包方如果转让的是部分土地承包经营权，则转让部分土地上的承包关系终止，未转让的土地上的承包关系存续；如果转让的是其全部土地承包经营权，则其与发包方的承包关系终止。

依法流转土地经营权。流转，是指承包方采取出租（转包）、入股或者其他方式，向他人流转土地经营权，流转受让方身份可以不是本集体经济组织成员。流转的客体是土地经营权。承包方可以自主决定依法采取出租（转包）、入股或者其他方式向他人流转土地经营权。土地经营权流转的价款，应当由当事人双方协商确定。流转的收益归承包方所有，任何组织和个人不得擅自截留、扣缴。在土地流转中，受让方的土地经营权要受到承包方的制约。受让方再流转土地经营权，流转取得的土地经营权用于向金融机构融资担保，投资改良土壤或者建设农业生产附属、配套设施等，都应经承包方同意。

承包地被依法征收、征用、占用时依法获得补偿的权利。按照农村土地承包法第 17 条的规定，承包地被依法征收、征用、占用的，承包方有权依法获得相应的补偿。土地经营权流转，双方应当在合同中约定土地被依法征收、征用、占用时有关补偿费的归属。按照土地管理法的规定："国家为了公共利益的需要，可以依法对土地实行征收或者征用并给予补偿。""国家实行占用耕地补偿制度。"关于征收土地的补偿标准，法律规定：征收土地的补偿应当公平、合理，保障被征地农民原有生活不降低、长远生计有保障。征收农用地的土地补偿费、安置补助费标准由省、自治区、直辖市通过制定公布区片综合地价确定。关于征收土地补偿的使用，法律和有关行政法规规定：一是要拟订征收补偿安置方案并充分听取意见。县级以上地方人民政府应当拟订征地补偿安置方案，并在拟征收土地所在的乡（镇）和村、村民小组范围内公告至少三十日，征地补偿方案应当包括征收范围、土地现状、征收目的、补偿方式和标准、安置对象、安置方式、社会保障等内容；如果多数被征地农村集体经济组织成员认为征地补偿安置方案不符合法律、法规规定的，县级以上地方人民政府应当组织召开听证会，并根据法律法规和听证会的情况修改方案；拟征收土地的所有权人、使用权人应当在公告规定期限内，持不动产权属证明材料办理补偿登记，县级以上地方人民政府必须与拟征收土地的所有权人、使用权人就补偿、安置等签订协议，经过补偿登记、签订协议等环节后，县级以上地方人民政府才可以申请征收土地。二是征收土地应当依法及时足额支付土地补偿费、安置补助费以及农村村民住宅、其他地上附着物和青苗等的补偿费用，并安排被征地农民的社会保障费用。其中，地上附着物和青苗等的补偿费用，归其所有权人所有；社会保障费用主要用于符合条件的被征地农民的养老保险等社会保险缴费补贴，按照省、自治区、直辖市的规定单独列支。三是被征地的农村集体经济组织应当将征收土地的补偿费用的收支状况向本集体经济组织的成员公布，接受监督。禁止侵占、挪用被征收土地单位的征地补偿费用和其他有关费用。

承包方的其他权利。承包人应得的承包收益可以依法继承。林地承包人死亡，其继承人可以在承包期内继续承包等。

承包方的义务主要有：维持土地的农业用途，未经依法批准不得用于非农建设；依法保护和合理利用土地，不得给土地造成永久性损害；法律、行政法规规定的其他义务。

（6）土地经营权

土地经营权可以有两种来源：一是家庭承包的承包方流转承包地，受让方取得土地经营权；二是通过招标、拍卖、公开协商等其他承包方式承包荒山、荒沟、荒丘、荒滩等农村土地，承包方与农村集体经济组织签订承包合同，取得土地经营权。两者的共同特点是，流转受让方不受是否是本集体经济组织成员的身份限制。

在家庭承包方式下，承包方将承包地流转给第三方使用后，形成了土地所有权人、承包方和受让方三者的权利义务关系，土地所有权、农村土地承包经营权、土地经营权"三权分置"。在其他承包方式下，形成了土地所有权人、受让方两者的权利义务关系，土地所有权和土地经营权分离。

土地经营权人有权在合同约定的期限内占有农村土地，自主开展农业生产经营并取得收益。其权利包括：按照合同使用流转的承包地，自主开展生产经营并取得收益；依法投资改良土壤或者建设农业生产附属、配套设施的，按照流转合同约定对其投资部分获得合理补偿；经承包方同意并向发包方备案，可以用土地经营权设定融资担保；经承包方同意并向发包方备案，可以再流转土地经营权等。

土地经营权人承担的义务：支付土地流转对价；不得改变土地所有权的性质和土地的农业用途，不得破坏农业综合生产能力和农业生态环境。受让方擅自改变土地的农业用途、弃耕抛荒连续两年以上、给土地造成严重损害或者严重破坏土地生态环境，或者其他严重违约行为的，承包方可以单方解除土地经营权流转合同；承包方在合理期限内不解除土地经营权流转合同的，发包方有权要求终止土地经营权流转合同。土地经营权人对土地和土地生态环境造成的损害应当予以赔偿。

（三）宅基地和宅基地上的住房

1. 宅基地属于集体所有

宪法第 10 条、土地管理法第 9 条明确规定，宅基地属于集体所有。

2. 农村集体经济组织成员可以获得宅基地使用权

农村集体经济组织成员可以依照法律获得宅基地使用权。按照民法典以及土地管理法律法规，主要规定有以下几个方面：

（1）获得宅基地必须经过批准

农村村民建住宅，应当符合乡（镇）土地利用总体规划、村庄规划，不得占用永久基本农田，并尽量使用原有的宅基地和村内空闲地。农村村民住宅用地，由乡（镇）人民政府审核批准；其中，涉及占用农用地的，依照土地管理法第 44 条的规定办理审批手续。

（2）原则上"一户一宅"

农村村民一户只能拥有一处宅基地，其宅基地的面积不得超过省、自治区、直辖市规定的标准。人均土地少、不能保障一户拥有一处宅基地的地区，县级人民政府在充分尊重农村村民意愿的基础上，可以采取措施，按照省、自治区、直辖市规定的标准保障农村村民实现户有所居。

（3）宅基地使用权受到保护

宅基地使用权人依法对集体所有的土地享有占有和使用的权利，有权依法利用该土地建造住宅及其附属设施。依法取得的宅基地和宅基地上的农村村民住宅及其附属设施受法律保护。禁止违背农村村民意愿强制流转宅基地，禁止违法收回农村村民依法取得的宅基地，禁止以退出宅基地作为农村村民进城落户的条件，禁止强迫农村村民搬迁退出宅基地。宅基地被征用的，可以采取重新安排宅基地建房的方式予以补偿。宅基地因自然灾害等原因灭失的，对失去宅基地的村民，应当依法重新分配宅基地。

国家保护进城农民的宅基地权利。乡村振兴促进法第 55 条规定，县级以上地方人民政府应当采取措施促进在城镇稳定就业和生活的农民自愿有序进城落户，不得以退出土地承包经营权、宅基地使用权、集体收益分配权等作为农民进城落户的条件。

（4）宅基地相关权利受到限制

依照法律规定，宅基地土地使用权不得抵押。民法典第 399 条列举了不得抵押的财产，第 2 项为：宅基地、自留地、自留山等集体所有土地的使用权，但是法律规定可以抵押的除外。

（5）宅基地的退出

土地管理法第 62 条规定，农村村民出卖、出租、赠与住宅后，再申请宅基地的，不予批准。国家允许进城落户的农村村民依法自愿有偿退出宅基地，鼓励农村集体经济组织及其成员盘活利用闲置宅基地和闲置住宅。

民法典第 364 条规定，宅基地因自然灾害等原因灭失的，宅基地使用权消灭。对失去宅基地的村民，应当依法重新分配宅基地。

3. 关于宅基地上住房的权利

宅基地使用权人有权在宅基地上建造住宅及其附属设施。宅基地上的住房的所有权属于农村集体经济组织成员，但是"房地一体"即宅基地上住房相关权利和宅基地使用权是一体的。农村村民以出卖、赠与等方式转让住房所有权，宅基地使用权相应得到转让；不能保留宅基地使用权而单独转让住房所有权。农村村民出租住房的，宅基地使用权一并出租；租赁到期后，农村村民一并收回住房和宅基地使用权。

依据土地管理法第 48 条规定，征收农村村民住宅，应当按照先补偿后搬迁、居住条件有改善的原则，尊重农村村民意愿，采取重新安排宅基地建房、提供安置房或者货币补偿等方式给予公平、合理的补偿，并对因征收造成的搬迁、临时安置等费用予以补偿，保障农村村民居住的权利和合法的住房财产权益。

4. 宅基地所有权、资格权、使用权"三权分置"

近十年来，国家持续推进宅基地制度改革。以下梳理了 2014 年以来中央一号文件对宅基地改革的论述。

2014 年："完善农村宅基地管理制度。改革农村宅基地制度，完善农村宅基地分配政策，在保障农户宅基地用益物权前提下，选择若干试点，慎重稳妥推进农民住房财产权抵押、担保、转让。有关部门要抓紧提出具体试点方案，各地不得自行其是、抢跑越线。""加快包括农村宅基地在内的农村地籍调查和农村集体建设用地使用权确权登记颁证工作。"

2015 年："分类实施农村土地征收、集体经营性建设用地入市、宅基地制度改革试点。""依法保障农民宅基地权益，改革农民住宅用地取得方式，探索农民住房保障的新机制。"

2016 年："推进农村土地征收、集体经营性建设用地入市、宅基地制度改革试点。完善宅基地权益保障和取得方式，探索农民住房保障新机制。"

2017年："统筹协调推进农村土地征收、集体经营性建设用地入市、宅基地制度改革试点。全面加快'房地一体'的农村宅基地和集体建设用地确权登记颁证工作。认真总结农村宅基地制度改革试点经验，在充分保障农户宅基地用益物权、防止外部资本侵占控制的前提下，落实宅基地集体所有权，维护农户依法取得的宅基地占有和使用权，探索农村集体经济组织以出租、合作等方式盘活利用空闲农房及宅基地，增加农民财产性收入。允许地方多渠道筹集资金，按规定用于村集体对进城落户农民自愿退出承包地、宅基地的补偿。"

2018年："系统总结农村土地征收、集体经营性建设用地入市、宅基地制度改革试点经验，逐步扩大试点，加快土地管理法修改，完善农村土地利用管理政策体系。扎实推进房地一体的农村集体建设用地和宅基地使用权确权登记颁证。完善农民闲置宅基地和闲置农房政策，探索宅基地所有权、资格权、使用权'三权分置'，落实宅基地集体所有权，保障宅基地农户资格权和农民房屋财产权，适度放活宅基地和农民房屋使用权，不得违规违法买卖宅基地，严格实行土地用途管制，严格禁止下乡利用农村宅基地建设别墅大院和私人会馆。在符合土地利用总体规划前提下，允许县级政府通过村土地利用规划，调整优化村庄用地布局，有效利用农村零星分散的存量建设用地；预留部分规划建设用地指标用于单独选址的农业设施和休闲旅游设施等建设。对利用收储农村闲置建设用地发展农村新产业新业态的，给予新增建设用地指标奖励。进一步完善设施农用地政策。"

2019年："加快推进宅基地使用权确权登记颁证工作，力争2020年基本完成。稳慎推进农村宅基地制度改革，拓展改革试点，丰富试点内容，完善制度设计。抓紧制定加强农村宅基地管理指导意见。研究起草农村宅基地使用条例。开展闲置宅基地复垦试点。"

2020年:"严格农村宅基地管理,加强对乡镇审批宅基地监管,防止土地占用失控。扎实推进宅基地使用权确权登记颁证。以探索宅基地所有权、资格权、使用权'三权分置'为重点,进一步深化农村宅基地制度改革试点。"

2021年:"加强宅基地管理,稳慎推进农村宅基地制度改革试点,探索宅基地所有权、资格权、使用权分置有效实现形式。规范开展房地一体宅基地日常登记颁证工作。""保障进城落户农民土地承包权、宅基地使用权、集体收益分配权,研究制定依法自愿有偿转让的具体办法。"

2022年:"稳慎推进农村宅基地制度改革试点,规范开展房地一体宅基地确权登记。"

2023年:"稳慎推进农村宅基地制度改革试点,切实摸清底数,加快房地一体宅基地确权登记颁证,加强规范管理,妥善化解历史遗留问题,探索宅基地'三权分置'有效实现形式。"

以土地管理法的修改时间划分,农村宅基地制度改革试点可以分为两个阶段。

第一阶段,主要开展试点,并由此总结经验,成熟的成果转化为法律规定。一是2015年2月全国人大常委会作出授权决定,在北京大兴区等33个县(市、区)开展农村土地征收、集体经营性建设用地入市、宅基地制度改革试点。在宅基地制度方面,主要是按照"依法公平取得、节约集约使用、自愿有偿退出"的目标要求,围绕保障农户住有所居、建立宅基地有偿使用和退出机制、下放宅基地审批权限、完善宅基地管理制度等进行了积极探索。二是2015年12月全国人民代表大会常务委员会作出决定,授权国务院在部分试点县(市、区)行政区域分别暂时调整实施有关法律规定,开展农村承包土地的经营权和农民住房财产权(以下简称"两权")抵押贷款试点。根据授权决定,中国人民银行等部门制定了《农民住房财产权抵押贷款试点暂行办法》规定:因借款人不履行到期债务,或者按借贷双方约定的情形需要依法行使抵押权的，贷款人应当结合试点地区实际情况，配合试点地区政府在保障农民基本居住权的前提下，通过贷款重组、按序清偿、房产变卖或拍卖等多种方式处置抵押物，抵押物处置收益应由贷款人优先受偿。变卖或拍卖抵押的农民住房，受让人范围原则上应限制在相关法律法规和国务院规定的范围内。具体试点中，一般将购买宅基地使用权限定在集体经济组织或其成员，用于再分配；也有的允许农业企业、农民专业合作社、家庭农场与集体经济组织合作购买，获得宅基地占用、使用和收益权利；部分地方允许将宅基地复垦为耕地，获得建设用地指标交易收入。①

　　第二阶段，明确提出探索宅基地所有权、资格权、使用权"三权分置"，加快房地一体宅基地确权登记颁证，并着手制定宅基地管理法规。"三权分置"将三类权利主体的权利突出出来，为财产权利的实现提供了一条路径。"所有权"，探索宅基地有偿使用，集体经济组织因此获得一定收益。例如，对因历史原因形成的超标准占用、一户多宅以及非本集体经济组织成员通过继承房屋或其他方式占用宅基地的，探索收取有偿使用费；部分地区建立了宅基地有偿使用制度，如通过成本价取得、择位竞争等方式分配宅基地；对利用宅基地上住房从事客栈餐饮等经营活动的收取土地收益金；农民跨村取得宅基地的实行有偿取得。"资格权"，强调宅基地使用权原始取得的身份属性，突出宅基地的住房保障价值。"使用权"强调宅基地使用权的财产属性，为在宅基地上开展生产经营和通过流转取得宅基地使用权开辟了路径。

　　如何以法律规制宅基地"三权分置"，尚需进一步明晰宅基地的住房保障功能和财产功能，确定各类主体之间的权利关系，明确权利的边界。

----

　　① 杨合庆主编：《中华人民共和国土地管理法释义》，法律出版社 2020 年版。

（四）集体经营性建设用地

1. 乡镇企业用地的历史沿革

（1）乡镇企业发展简要情况

乡镇企业的前身是发轫于 20 世纪 50 年代的社队企业。1978 年改革开放后，社队企业首先得到了迅速发展。1984 年中央四号文件将社队企业正式改称为乡镇企业。1984 至 1988 年乡镇企业全面高速高效发展。1992 年 10 月党的十四大报告指出："乡镇企业异军突起，是中国农民的又一个伟大创造。它为农村剩余劳动力从土地上转移出来，为农村致富和逐步实现现代化，为促进工业和整个经济的改革和发展，开辟了一条新路。"根据《中国乡镇企业年鉴（1993）》数据，1992 年乡镇企业数发展到 2091.62 万个；总产值17659.69 亿元，占全社会总产值中的比重为 32.3%；就业人口10624.6 万人，在全社会劳动力中的占比为 17.8%。1995 年以后乡镇企业进入稳步发展的时期。1996 年《中华人民共和国乡镇企业法》的出台，保护和规范乡镇企业行为。2017 年底，乡镇企业总产值 85 万亿元，乡镇企业从业人员 1.64 亿人。①

（2）土地管理法对乡镇企业用地的法律规定

1986 年出台的土地管理法。一是明确规定可以举办乡镇企业。第 31 条规定，因国家建设征用土地造成的多余劳动力，可以通过发展农副业生产和举办乡（镇）村企业等途径，加以安置。第 36 条规定，全民所有制企业、城市集体所有制企业同农业集体经济组织共同投资举办的联营企业，需要使用集体所有的土地的，依法经县级以上人民政府批准使用土地的，可以按照国家建设征用土地的规定实行征用，也可以由农村集体经济组织按照协议将土地的使用权作

---

① 宗锦耀、陈建光：《历史不会忘记乡镇企业的重要贡献——为纪念我国改革开放四十周年而作》，载中华人民共和国农业农村部网站 2018 年 7 月 31 日，https://www.moa.gov.cn/xw/bmdt/201807/t20180731_6154959.htm。

为联营条件。二是明确乡镇企业建设用地的要求。第 37 条规定，乡（镇）村建设应当按照合理布局、节约用地的原则制定规划，经县级人民政府批准执行；包括乡（镇）村企业建设在内的乡（镇）村建设，应当按照乡（镇）村建设规划进行。第 39 条规定，乡（镇）村企业建设需要使用土地的，必须依法由县级以上地方人民政府批准；对乡（镇）村企业建设用地加以严格控制，省、自治区、直辖市可以按照乡（镇）村企业的不同行业和经营规模，分别规定用地标准。

1988 年修正土地管理法。主要是适宪性修改，删去了土地不得出租的规定，增加国有土地和集体所有的土地使用权可以依法转让，国家依法实行国有土地有偿使用的制度。

1998 年修订土地管理法。这次修法，确立了以耕地保护为核心的土地用途管制制度，其中，建设占用土地涉及农用地转为建设用地的，应当办理农用地转用审批手续；明确建设用地必须依法申请国有土地，兴办乡镇企业和村民建设住宅经依法批准使用本集体经济组织农民集体所有的土地的，或者乡（镇）村公共设施和公益事业建设经依法批准使用农民集体所有的土地的除外。这次修改后的法律，明确兴办乡镇企业可以不必使用国有土地，但是涉及占用农用地的，应当依法办理农用地转用审批手续。此外，还应当符合土地利用规划、依法办理审批手续、严格控制用地规模。

2004 年修正土地管理法。主要是适宪性修改，将原来国家为了公共利益的需要可以对土地实行"征用"修改为"征收或征用"。

2019 年修正土地管理法。这次修改，总结 2015 年以来开展农村土地征收、集体经营性建设用地入市、宅基地制度改革试点成果，将各方面认识比较一致的制度创新经验及时上升为法律。与乡镇企业密切相关的主要有：一是缩小土地征收范围。删去 2004 年土地管理法关于从事非农业建设使用土地的，必须使用国有土地或者征为国有的原集体土地的规定；明确因国家征收集体土地应是为了公共利益需要，并列举了六种情形。二是明确集体经营性建设用地入市的条件和管理措施。这些修改，表明非农业建设不是为了公共利益需要的情形，可以使用集体土地；集体经营性建设用地可以入市交易。后面对此还要作进一步介绍。

2. 集体经营性建设用地

（1）中央政策历程

2013 年 11 月，党的十八届三中全会通过《中共中央关于全面深化改革若干重大问题的决定》，提出"建立城乡统一的建设用地市场，在符合规划和用途管制前提下，允许农村集体经营性建设用地出让、租赁、入股，实行与国有土地同等入市、同权同价"。自此，国家逐步探索和完善集体经营性建设用地流转相关政策。2014 年中央一号文件提出："引导和规范农村集体经营性建设用地入市。在符合规划和用途管制的前提下，允许农村集体经营性建设用地出让、租赁、入股，实行与国有土地同等入市、同权同价，加快建立农村集体经营性建设用地产权流转和增值收益分配制度。有关部门要尽快提出具体指导意见，并推动修订相关法律法规。各地要按照中央统一部署，规范有序推进这项工作。"2015 年中央一号文件提出："分类实施农村土地征收、集体经营性建设用地入市、宅基地制度改革试点。……赋予符合规划和用途管制的农村集体经营性建设用地出让、租赁、入股权能，建立健全市场交易规则和服务监管机制。"2016 年中央一号文件提出："总结农村集体经营性建设用地入市改革试点经验，适当提高农民集体和个人分享的增值收益，抓紧出台土地增值收益调节金征管办法。"2019 年中央一号文件提出："在修改相关法律的基础上，完善配套制度，全面推开农村土地征收制度改革和农村集体经营性建设用地入市改革，加快建立城乡统一的建设用地市场。"

2015 年 2 月，全国人大常委会作出授权决定开展土地制度改革三项试点工作，其中之一为开展集体经营性建设用地试点工作。

2019 年 8 月，第十三届全国人大常委会第十二次会议表决通过了《关于修改〈中华人民共和国土地管理法〉、〈中华人民共和国城市房地产管理法〉的决定》，明确农村集体经营性建设用地可以入市交易，确定了集体经营性建设用地入市的基本法律规范。2021 年修订通过的国务院行政法规《土地管理法实施条例》专门用一节规定了集体经营性建设用地。

2020 年中央一号文件指出："制定农村集体经营性建设用地入市配套制度。"2021 年中央一号文件指出："积极探索实施农村集体经营性建设用地入市制度。"2022 年中央一号文件指出："稳妥有序推进农村集体经营性建设用地入市。推动开展集体经营性建设用地使用权抵押融资。"2023 年中央一号文件提出："深化农村集体经营性建设用地入市试点，探索建立兼顾国家、农村集体经济组织和农民利益的土地增值收益有效调节机制。"

（2）全国人大授权开展集体经营性建设用地入市改革试点情况

2015 年 2 月全国人大常委会作出授权决定，其中内容之一，即暂时调整实施集体建设用地使用权不得出让等的规定。在符合规划、用途管制和依法取得的前提下，允许存量农村集体经营性建设用地使用权出让、租赁、入股，实行与国有建设用地使用权同等入市、同权同价。

试点地区按照"同权同价、流转顺畅、收益共享"的目标要求，推进集体经营性建设用地与国有土地同等入市、同权同价。一是赋予集体经营性建设用地使用权同等权能。允许集体经营性建设用地使用权出让、租赁、作价出资或者入股，以及转让、出租或者抵押。至 2018 年 12 月，集体经营性建设用地入市地块 1 万余宗，面积 9 万余亩，总价款约 257 亿元，收取调节金 28.6 亿元，办理集体经营性建设用地抵押贷款 228 宗、38.6 亿元。[①] 二是合理确定入市范围、途径和方式。大多数试点地区以存量集体建设用地入市，部分试点地区探索了增量集体经营性建设用地入市。以就地入市为主，之后为异地调整入市；以租赁和出让为主，少数地方探索了作价出资入股。三是建立健全市场交易规则和服务监管制度。试点地区参照国有建设用地交易制度，建立了集体经营性建设用地入市管理办法、交易规则、计价体系和服务监管制度，搭建了农村产权交易平台。四是探索入市土地增值收益分配和调节制度。按照有关部门政策文件，对农村集体经营性建设用地入市的，按照土地增值收益的 20%—50% 征收土地增值收益调节金，全额上缴试点县地方国库，纳入地方一般公共预算管理。在坚持村民自治的原则下，探索入市收益集体内部分配办法，一般在集体与集体经济组织成员间分享入市收益。有的地区由村集体留一部分用于公益事业支出，剩余部分直接以现金形式分配给成员个人或者折合成股份用于集体经济发展；有的地区将入市净收益列入村集体公积公益金管理，折股量化到本集体经济组织成员，但不直接分配；有的地区采取将不超过入市地块所在区域的征地补偿标准的部分分配给农民，剩余部分留归集体用于公共事业支出。

通过集体经营性建设用地入市试点取得了良好效果。根据国务院向全国人大常委会提交的总结报告，一是推动了城乡统一的建设用地市场建设。赋予集体建设用地与国有建设用地同等权能，将集体经营性建设用地纳入国有建设用地市场进行公开交易，充分发挥了市场在土地资源配置中的决定性作用，实现了城乡土地平等入市、公平竞争。集体经营性建设用地入市培植了市场信心，激发了农村土地资源活力，社会和市场对于入市集体土地的接受程度逐步提高。

[①] 国务院关于农村土地征收、集体经营性建设用地入市、宅基地制度改革试点情况的总结报告，2018 年 12 月 23 日在第十三届全国人民代表大会常务委员会第七次会议上。http: www.npc.gov.cn。

二是增强了农村产业发展用地保障能力。存量集体建设用地盘活后优先在农村配置，为乡村振兴增添了动力。浙江德清、河南长垣、山西泽州、辽宁海城等地通过集体建设用地调整入市建设乡（镇）工业园区，为促进乡村产业集聚、转型发展提供了有效平台。三是增加了农民土地财产收入。集体经营性建设用地入市进一步显化了集体土地价值，试点地区共获得入市收益 178.1 亿元。浙江德清已入市集体经营性建设用地 183 宗、1347 亩，农村集体经济组织和农民获得净收益 2.7 亿元，惠及农民 18 万余人，覆盖面达 65%。① 四是提升了农村土地利用率和治理水平。

2018 年 12 月，国务院向全国人大常委会提交了试点情况的总结报告，其中对集体经营性建设用地提出了明确入市的条件和范围、明确集体经营性建设用地入市规则和监管措施等建议。

（3）关于集体经营性建设用地的法律规定

2019 年 8 月，全国人大常委会通过了关于修改土地管理法、城市房地产管理法的决定。其中首次对集体经营性建设用地作出了规定。2021 年 7 月，国务院修订通过了土地管理法实施条例，对有关内容进一步细化。

关于集体经营性建设用地的主要法律规定有以下内容：

一是土地利用年度计划应当对集体经营性建设用地作出合理安排。过去，能进入建设用地市场的只有国有建设用地，土地利用年度计划指标体系中对新增建设用地指标的管控，实际上是限制在国有建设用地范围内的，主要从农用地转用计划指标、耕地保有量计划指标、土地开发整理计划指标等方面进行管控。经过本次修法，农村集体经营性建设用地入市后，要将集体经营性建设用地纳入土地利用年度计划。土地利用年度计划应当对集体经营性建设用地作

---

① 国务院关于农村土地征收、集体经营性建设用地入市、宅基地制度改革试点情况的总结报告——2018 年 12 月 23 日在第十三届全国人民代表大会常务委员会第七次会议上。http：www.npc.gov.cn。

出合理安排，主要是要保证集体经营性建设用地合理、有序入市。

二是可以入市的条件是规划确定为经营性用途并经依法登记。在土地利用总体规划和城乡规划中，确定为工业、商业等经营性用途的地块，性质上属于经营性建设用地。这些集体经营性建设用地可以依法入市。入市的集体经营性建设用地应当在登记机构依法登记，以保障土地权属清晰，避免在流转过程中出现产权纠纷，影响当事人权利的实现。

除集体经营性建设用地外，农村还有其他建设用地。2019 年 4 月，《中共中央　国务院关于建立健全城乡融合发展体制机制和政策体系的意见》指出，允许村集体在农民自愿的前提下，依法把有偿收回的闲置宅基地、废弃的集体公益性建设用地转变为集体经营性建设用地入市；推动城中村、城边村、村级工业园等可连片开发区域土地依法合规整治入市；推进集体经营性建设用地使用权和地上建筑物所有权房地一体、分割转让。中央的决策部署为进一步盘活农村其他闲置建设用地提供了保障。其他建设用地需要盘活利用的，需要依法转变为集体经营性建设用地后才能入市。

三是集体经营性建设用地入市需经集体依法决策。集体经营性建设用地入市是对村集体重大财产的处置，事关集体经济组织成员的权益，应当经过本集体经济组织成员民主讨论决定。按照法律规定，集体经营性建设用地出让、出租等，应当经本村集体经济组织成员的村民会议三分之二以上成员或者三分之二以上村民代表的同意。

四是入市的方式。集体经营性建设用地可以通过出让、出租等方式进入一级市场，也可以通过转让、互换、出资、赠与等方式进入二级市场。集体经营性建设用地使用权的流转，应当参照同类用途的国有建设用地执行，具体办法由国务院制定。这些规定赋予集体经营性建设用地与国有建设用地同等权能，保障实现同地同权同价。两者在供地渠道和价格形成机制上应当保持一致；出让方式应当保持一致，原则上以招标、拍卖、挂牌或者协议等方式确定土地使用者；集体经营性建设用地的出租，集体经营性建设用地使用权的出让及其最高年限、转让、互换、出资、赠与、抵押等，参照同类用途的国有建设用地执行。

五是集体经营性建设用地入市应当签订书面合同。合同应当载明土地界址、面积、动工期限、使用期限、土地用途、规划条件和双方其他权利义务。此外，合同还可以明确提前收回的条件及补偿方式、使用期限届满是否续期，以及地上建筑物、其他附着物的处理方式，使用权转让、出租、抵押的条件，违约责任等。

六是特殊情况下收回集体经营性建设用地使用权。在特殊情形下，农村集体经济组织报经原批准用地的人民政府批准，可以收回土地使用权，主要是为乡（镇）村公共设施和公益事业建设，需要使用土地的；不按照批准的用途使用土地的；因撤销、迁移等原因而停止使用土地的。需要注意的是，集体经营性建设用地使用权属于用益物权，在实践中应当慎重使用，区分不同情况，采取不同措施，不能随意侵害土地使用权人的财产权益。依照合同约定收回使用权的，一般按合同约定处理补偿事宜。因公共设施和公益事业建设收回使用权的，对土地使用权人应当给予适当补偿。

（五）集体公益性建设用地

1986 年制定的土地管理法第 37 条规定，乡（镇）村公共设施、公益事业建设等乡（镇）村建设，应当按照乡（镇）村建设规划进行。第 40 条规定，乡（镇）村公共设施、公益事业建设，需要使用土地的，经乡级人民政府审核，报县级人民政府批准。

1998 年修正通过的土地管理法第 43 条规定，任何单位和个人进行建设，需要使用土地的，必须依法申请使用国有土地；但是，……乡（镇）村公共设施和公益事业建设经依法批准使用农民集体所有的土地的除外。第 59 条规定，乡（镇）村公共设施、公益事业等乡（镇）村建设，应当按照村庄和集镇规划，合理布局，综合开发，配套建设；建设用地，应当符合乡（镇）土地利用总体规划和土地利用年度计划，并依照法办理审批手续。第61条规定，乡（镇）村公共设施、公益事业建设，需要使用土地的，经乡（镇）人民政府审核，向县级以上地方人民政府土地行政主管部门提出申请，按照省、自治区、直辖市规定的批准权限，由县级以上地方人民政府批准；其中，涉及占用农用地的，依法办理审批手续。第65条规定，为乡（镇）村公共设施和公益事业建设，需要使用土地的情形，农村集体经济组织报经原批准用地的人民政府批准，可以收回土地使用权。

2004年修正土地管理法，仅对"征收""征用"作了两个条款的修改。

2019年修正通过的土地管理法，对乡（镇）村公共设施、公益事业等建设用地的规定基本上没有作出修改。

综合来看，关于集体公益性建设用地法律法规的主要内容有以下五点。

（1）集体公益性建设用地的概念。集体公益性建设用地主要包括乡村公共设施和公益事业如乡村行政办公、文化科学、医疗卫生、教育设施、公用事业等建设用地。具体来说，集体经济组织或者村民自治组织的办公用房，乡（镇）村的教育、科技、文化和旅游、卫生、体育、交通等设施和农村人居环境基础设施，都属于集体公益性建设用地或设施。

（2）集体公益性建设用地可以使用集体所有的土地。1986年制定土地管理法时，虽然规定了国家建设征用土地，被征地单位应当服从国家需要，不得阻挠，但并未规定建设用地必须使用国有土地。1998年土地管理法明确，任何单位和个人进行建设需要使用土地的必须依法申请使用国有土地，但对乡（镇）村公共设施和公益事业建设，明确可以依法批准使用农民集体所有的土地。2018年土地管理法进一步缩小了征地范围，删除了建设用地必须使用国有土地的规定。

（3）集体公益性建设用地应当符合规划。自 1986 年土地管理法制定以来，始终坚持这一规定。一是乡（镇）土地利用总体规划。当前，乡（镇）土地利用总体规划应当划分土地利用区，根据土地使用条件，确定每一块土地的用途。集体公益性建设用地应当符合土地利用总体规划的规定。二是村庄和集镇规划。城乡规划法规定，村庄规划的内容应当包括：规划区范围，住宅、道路、供水、供电、垃圾收集、畜禽养殖场所等农村生产、生活服务设施、公益事业等各项建设的用地布局、建设要求，以及对耕地等自然资源和历史文化遗产保护、防灾减灾等的具体安排。同时规定，在乡镇、村庄规划区内进行乡镇企业、乡村公共设施和公益事业建设的，建设单位或者个人应当向乡、镇人民政府提出申请，由乡、镇人民政府报市、县人民政府城乡规划行政主管部门核发乡村建设规划许可证。在乡镇、村庄规划区内进行公共设施和公益事业建设，不得占用农用地；确需占用的，应当依法办理农用地转用手续。

（4）集体公益性建设用地应当合理布局、综合开发、配套建设、节约集约用地。土地利用总体规划要统筹安排城乡生产、生活、生态用地，满足乡村产业和基础设施建设用地合理需求，促进城乡融合发展。乡（镇）土地利用总体规划、村庄规划应当统筹并合理安排各类用地，改善农村村民居住环境和条件。公益性建设用地应当尽量使用存量建设用地，尽量不占用耕地。

（5）依法办理相关审批手续。集体公益性建设用地要依法向县级以上地方人民政府自然资源主管部门提出申请，按照省、自治区、直辖市规定的批准权限，由县级以上地方人民政府批准，如果建设活动占用农用地的，还应当依法办理农用地转用审批手续。

（六）农业生产设施用地

1. 农田水利设施的法律规定

1998 年土地管理法规定了土地用途管制制度，并明确农用地包括"耕地、林地、草地、农田水利用地、养殖水面等",农田水利用地是其中类型之一。这一分类沿用至今。

2016年4月,国务院通过了《农田水利条例》,规定农田水利是指为防治农田旱、涝、渍和盐碱灾害,改善农业生产条件,采取的灌溉、排水等工程措施和其他相关措施。

农田水利设施建设和维护主要有以下特点:

(1)农田水利用地属于农用地。建设农田水利不需要办理农用地转用手续。

(2)农田水利建设依照规划进行。国务院或者国务院授权的部门批准公布全国农田水利规划。县级以上地方人民政府批准公布本行政区域农田水利规划。下级农田水利规划应当根据上级农田水利规划编制,并向上一级人民政府行政主管部门备案。经批准的农田水利规划是农田水利建设和管理的依据。

(3)农田水利工程建设的统筹。县级人民政府应当根据农田水利规划组织制定农田水利工程建设年度实施计划,统筹协调有关部门和单位安排的与农田水利有关的各类工程建设项目。乡镇人民政府应当协调农村集体经济组织、农民用水合作组织以及其他社会力量开展农田水利工程建设的有关工作。

(4)农田水利工程按照下列规定确定运行维护主体:政府投资建设的大中型农田水利工程,由县级以上人民政府按照工程管理权限确定的单位负责运行维护,鼓励通过政府购买服务等方式引进社会力量参与运行维护;政府投资建设或者财政补助建设的小型农田水利工程,按照规定交由受益农村集体经济组织、农民用水合作组织、农民等使用和管理的,由受益者或者其委托的单位、个人负责运行维护;农村集体经济组织筹资筹劳建设的农田水利工程,由农村集体经济组织或者其委托的单位、个人负责运行维护;农民或者其他社会力量投资建设的农田水利工程,由投资者或者其委托的单位、个人负责运行维护;政府与社会力量共同投资建设的农田水工程，由投资者按照约定确定运行维护主体。

（5）农田水利工程的保障和扶持。农田水利工程建设实行政府投入和社会力量投入相结合的方式。关于社会力量参与农田水利建设，农田水利条例明确规定：县级人民政府应当及时公布农田水利工程建设年度实施计划、建设条件、补助标准等信息，引导社会力量参与建设农田水利工程；县级以上地方人民政府应当支持社会力量通过提供农田灌溉服务、收取供水水费等方式，开展农田水利工程经营活动，保障其合法经营收益。关于农田水利公共服务，农田水利条例明确规定：基层水利服务机构应当履行农田水利建设管理、科技推广等公益性职能，其公益性业务经费纳入县本级政府预算；国家通过政府购买服务等方式，支持专业化服务组织开展农田灌溉和排水、农田水利工程设施维修等公益性工作。

2. 关于畜禽养殖设施的法律规定

2022 年 10 月修订通过的畜牧法对畜禽养殖设施作出了规定。第37 条规定，各级人民政府应当保障畜禽养殖用地合理需求。县级国土空间规划根据本地实际情况，安排畜禽养殖用地。畜禽养殖用地按照农业用地管理。畜禽养殖用地使用期限届满或者不再从事养殖活动，需要恢复为原用途的，由畜禽养殖用地使用人负责恢复。在畜禽养殖用地范围内需要兴建永久性建（构）筑物，涉及农用地转用的，依照《中华人民共和国土地管理法》的规定办理。其主要内容有以下三点。

（1）国土空间规划应当安排畜禽养殖用地，保障畜禽养殖用地合理需求。畜牧业是关系国计民生的重要产业，也是我国农业农村经济的支柱产业和增加农牧民收入的重要来源。畜禽养殖，尤其是发展规模化、标准化养殖，必须占用一定的土地。畜禽养殖用地是畜牧业发展的重要基础。畜禽养殖设施用地是农业设施建设用地的一类。在编制国土空间规划时，应当充分考虑畜牧业发展需要，对畜禽养殖用地作出合理安排。

（2）畜禽养殖用地一般作为农用地管理。一般畜禽养殖被纳入设施农业管理，属于农业内部结构调整，可以使用一般耕地，不需要办理占补平衡。养殖设施原则上不得使用永久基本农田。但是，在畜禽养殖范围内建设永久性建（构）筑物，涉及农用地转用的，应当依法办理转用审批手续。

（3）不再使用的畜禽养殖用地应当依法恢复为原用途。畜禽养殖用地使用期限届满或者不再从事养殖活动，需要恢复为原用途的，由畜禽养殖用地使用人负责恢复。

3. 关于设施农业用地的政策规定

2019年，自然资源部、农业农村部联合发布《关于设施农业用地管理有关问题的通知》（自然资规〔2019〕4号），改进设施农业生产用地管理，建立长效机制，促进现代农业健康发展。通知有效期为5年。

（1）设施农业用地的范围。包括农业生产中直接用于作物种植和畜禽水产养殖的设施用地。其中，作物种植设施用地包括作物生产和为生产服务的看护房、农资农机具存放场所等，以及与生产直接关联的烘干晾晒、分拣包装、保鲜存储等设施用地；畜禽水产养殖设施用地包括养殖生产及直接关联的粪污处置、检验检疫等设施用地，不包括屠宰和肉类加工场所用地等。

（2）设施农业用地要求。设施农业属于农业内部结构调整，可以使用一般耕地，不需要落实占补平衡。种植设施不破坏耕地耕作层的，可以使用永久基本农田，不需要补划；破坏耕地耕作层，但由于位置关系难以避让永久基本农田的，允许使用永久基本农田但必须补划。养殖设施原则上不得使用永久基本农田，涉及少量永久基本农田确实难以避让的，允许使用但必须补划。

设施农业用地不再使用的，必须恢复原用途。设施农业用地被非农建设占用的，应依法办理建设用地审批手续，原地类为耕地的，应落实占补平衡。

（3）确定各类设施农业用地规模。由各省（区、市）自然资源主管部门会同农业农村主管部门根据生产规模和建设标准合理确定。其中，看护房执行"大棚房"问题专项清理整治整改标准，养殖设施允许建设多层建筑。

（4）加强设施农业用地管理和监管。设施农业用地由农村集体经济组织或经营者向乡镇人民政府备案，乡镇人民政府定期汇总情况后汇交至县级自然资源主管部门。涉及补划永久基本农田的，必须经县级自然资源主管部门同意后方可动工建设。

三、集体投资兴办的企业及其所持有的其他经济组织的资产份额

农村集体经济组织可以依法出资设立或者参与设立公司、农民专业合作社等市场主体。设立的市场主体依法从事经营活动，享有相应市场主体的权利、履行相应义务，以其财产对债务承担责任。农村集体经济组织以其出资为限对其设立或参与设立的市场主体的债务承担责任。

1. 集体出资设立或参与设立公司，作为股东依法获得分配利润等权利

公司法对有限责任公司或者股份有限公司的设立、运行、利润分配等作出规定。农村集体经济组织可以依法出资设立或者参与设立公司并作为股东依法获得分配利润等权利。

有限责任公司是由 1 个以上 50 个以下的股东出资设立，每个股东以其所认缴的出资额为限对公司承担有限责任，公司以其全部资产对公司债务承担全部责任的经济组织。集体经济组织可以独资设立有限责任公司，也可以与其他个人或者经济组织共同出资设立有限责任公司。

股份有限公司是指公司资本为股份所组成的公司。设立股份有限公司，应当有 1 人以上 200 人以下为发起人；可以采取发起设立

或者募集设立的方式。发起设立，是指由发起人认购公司应发行的全部股份而设立公司。募集设立，是指由发起人认购公司应发行股份的一部分，其余股份向社会公开募集或者向特定对象募集而设立公司。股份有限公司的股东以其认购的股份为限对公司承担责任。

集体出资设立或者参与设立公司，必须依法出资，并成为股东。出资可以用货币出资，也可以用实物、知识产权、土地使用权等可以用货币估价并可以依法转让的非货币财产作价出资；但是，法律、行政法规规定不得作为出资的财产除外。集体出资之后，相对应的出资属于公司的法人财产。公司以其全部财产对公司的债务承担责任。有限责任公司的股东以其认缴的出资额为限对公司承担责任；股份有限公司的股东以其认购的股份为限对公司承担责任。

集体经济组织作为股东，依法获得股东有关权利。公司取得盈余时，弥补亏损和提取法定公积金后所余税后利润，股东依法参与分配。有限责任公司股东按照实缴的出资比例分取红利；但是，全体股东约定不按照出资比例分配红利或者不按照出资比例优先认缴出资的除外。股份有限公司按照股东持有的股份比例分配，但股份有限公司章程规定不按持股比例分配的除外。

2. 集体参与设立农民专业合作社，作为成员依法获得盈余分配权

农民专业合作社法规范了农民专业合作社的设立、运行、盈余分配等事项。集体经济组织可以依法参与设立农民专业合作社并获得盈余分配权。

农民专业合作社，是指在农村家庭承包经营基础上，农产品的生产经营者或者农业生产经营服务的提供者、利用者，自愿联合、民主管理的互助性经济组织。农民专业合作社以其成员为主要服务对象，开展以下一种或者多种业务：（1）农业生产资料的购买、使用；（2）农产品的生产、销售、加工、运输、贮藏及其他相关服务；（3）农村民间工艺及制品、休闲农业和乡村旅游资源的开发经营等；（4）与农业生产经营有关的技术、信息、设施建设运营等服务。

　　设立农民专业合作社必须有 5 名以上，而且农民至少应当占成员总数的 80%，其他成员可以是与农民专业合作社业务直接相关的生产经营活动的企业、事业单位或者社会组织。集体经济组织可以参与设立农民专业合作社，但是成员数量和结构必须符合法律规定。

　　农民专业合作在弥补亏损、提取公积金后的当年盈余，为农民专业合作社的可分配盈余。可分配盈余主要按照成员与本社的交易量（额）比例返还。可分配盈余按成员与本社的交易量（额）比例返还的返还总额不得低于可分配盈余的 60%；返还后的剩余部分，以成员账户中记载的出资额和公积金份额，以及本社接受国家财政直接补助和他人捐赠形成的财产平均量化到成员的份额，按比例分配给本社成员。

　　集体经济组织作为农民专业合作社的成员，与其他成员依法平等享有权利、承担义务。

四、集体所有的无形资产

　　无形资产包括商标、商誉、著作权、专利权、特许营业权等。集体经济组织可以通过购买他人的无形资产进而形成自身资产，也可以通过自身长期努力经营而形成优质品牌等无形资产。

　　商标是用以识别和区分商品或者服务来源的标志。任何能够将自然人、法人或者其他组织的商品与他人的商品区别开的标志，包括文字、图形、字母、数字、三维标志、颜色、声音等，以及上述要素的组合，均可以作为商标申请注册。商标法规定了商标注册的申请、商标使用、管理和保护等事项。

　　商誉是指企业收益水平与行业平均收益水平差额的资本化价格，它能在未来期间为企业经营带来超额利润。它是由顾客形成的良好声誉、企业管理卓著、经营效率较好、生产技术的垄断以及地理位置的天然优势所产生的。商誉不具可辨认性，不能独立存在，而是附着于企业的有形资产或者企业环境，是企业整体价值的组成部分，因而不能单独转让、出售。

著作权，又称为"版权"，是指作者及其他权利人依法对文学、艺术和科学作品享有的人身权和财产权的总称。作品是指文学、艺术和科学领域内具有独创性并能以一定形式表现的智力成果，包括文字作品；口述作品；音乐、戏剧、曲艺、舞蹈、杂技艺术作品；美术、建筑作品；摄影作品；视听作品；工程设计图、产品设计图、地图、示意图等图形作品和模型作品；计算机软件；符合作品特征的其他智力成果。著作权包括发表权、署名权、修改权、保护作品完整权、复制权、发行权、出租权、展览权、表演权、放映权、广播权、信息网络传播权、摄制权、改编权、翻译权、汇编权、应当由著作权人享有的其他权利。著作权法规定了著作权归属、权利行使和保护等内容。

专利权是指国家根据发明人或设计人的申请，以向社会公开发明创造的内容，以及发明创造对社会具有符合法律规定的利益为前提，根据法定程序在一定期限内授予发明人或设计人的一种排他性权利。发明创造是指发明、实用新型和外观设计。发明，是指对产品、方法或者其改进所提出的新的技术方案；实用新型，是指对产品的形状、构造或者其结合所提出的适于实用的新的技术方案；外观设计，是指对产品的整体或者局部的形状、图案或者其结合以及色彩与形状、图案的结合所作出的富有美感并适于工业应用的新设计。专利法、专利法实施细则、专利代理条例等法律法规规定了专利权申请、批准、权利期限和保护等内容。

特许经营权。商业特许经营是指拥有注册商标、企业标志、专利、专有技术等经营资源的企业（特许人），以合同形式将其拥有的经营资源许可其他经营者（被特许人）使用，被特许人按照合同约定在统一的经营模式下开展经营，并向特许人支付特许经营费用的经营活动。《商业特许经营管理条例》对商业特许经营作出了规定。

无形资产虽然不具有实物形态，但是能为企业较长期地提供某种特殊权利或有助于企业取得较高收益的资产。集体经济组织应当重视无形资产的创造、申请、使用和保护。

五、集体所有的其他财产

（一）集体所有的资金

集体所有的资金是指所有权和使用权都属集体所有的资金，包括现金、银行存款。现金是以暂时闲置的货币形态存在的财产。银行存款是集体存入银行或其他金融机构的货币资金。

（二）集体所有的建筑物、构筑物及其他设施

宅基地、集体经营性建设用地、集体公益性建设用地等属于建设用地。利用建设用地建造和经营管理住房、厂房、办公用房等建筑物、构筑物和设施，依法应属于集体所有的则成为集体财产。为了发展农业生产，在农业用地上建造和经营管理农田水利、畜禽养殖、农业设施等建筑物、构筑物，依法应属于集体所有的则成为集体财产。

（三）集体所有的接受国家扶持、社会捐赠、减免税费等形成的财产

国家扶持、社会捐赠、减免税费等形成的财产，依照国家规定属于集体所有的则成为集体财产。有的国家支持政策直接面向农民，直接支付给农村集体经济组织成员，那么这些财产属于农民，集体经济组织不得截留，不能成为集体经济组织的财产。同样，面向农民的社会捐赠、减免税费等形成的财产，也不能成为集体经济组织的财产。

六、集体经营性财产的范围

发展壮大农村集体经济，需要盘活农村集体资产，依法运营集体经营性资产。作为经营性财产，必须具有可以依法入市、流转等特征。结合上面对农村集体财产相关规定的梳理，可以分析哪些属于集体经营性财产。

按照 2016 年 12 月《中共中央　国务院关于稳步推进农村集体产权制度改革的意见》，农村集体资产大致分为三类：农民集体所有的土地、森林、山岭、草原、荒地、滩涂等资源性资产；用于经营的房屋、建筑物、机器设备、工具器具、农业基础设施、集体投资兴办的企业及其所持有的其他经济组织的资产份额、无形资产等经营性资产；用于公共服务的教育、科技、文化、卫生、体育等方面的非经营性资产。这三类资产是农村集体经济组织成员的主要财产，是农业农村发展的重要物质基础。

农民集体所有的土地、森林、山岭、草原、荒地、滩涂等资源，其集体土地所有权不能成为经营性资产。我国的土地属于国家所有或者集体所有；任何组织或者个人不得侵占、买卖或者以其他形式非法转让土地；土地所有权的改变情形仅限于国家为了公共利益的需要对土地实行征收的情况。

但是按照有关法律，农民集体所有的土地、森林、山岭、草原、荒地、滩涂等资源，可以依法确定转给单位或者个人使用；使用土地的单位和个人，有保护、管理和合理利用土地的义务。在集体土地上，还存在农村土地承包经营权、林地使用权、草原使用权、滩涂和水面的养殖使用权、土地经营权、宅基地使用权、集体（经营性）建设用地使用权等权利。按照有关法律规定，其中一些用益物权可以依法入市、流转，这些权利也可以作为集体经营性资产。主要有：（1）没有实行家庭承包经营的农用地的土地经营权。例如，荒山、荒沟、荒丘、荒滩等农村土地，可以通过招标、拍卖、公开协商等其他承包方式承包，流转受让方可以是本集体经济组织成员，也可以是其他单位或者个人。承包方与农村集体经济组织签订承包合同，取得土地经营权，农村集体经济组织依法获得承包费用。（2）集体经济组织通过依法流转取得的土地经营权。家庭承包经营的土地，农户自愿、依法流转给农村集体经济组织的，农户依法取得流转费用，集体经济组织取得承包地的土地经营权。

需要注意的是，农户流转承包地，必须基于自愿原则。集体经济组织不得强行流转承包地。（3）集体经营性建设用地使用权。土地利用总体规划和城乡规划确定为工业、商业等经营性用途的集体土地，在登记机构依法登记的，属于集体经营性建设用地。集体经营性建设用地可以通过出让、出租等方式进入一级市场，也可以通过转让、互换、出资、赠与等方式进入二级市场。可依法入市的自然资源资产权利还包括其他内容，如景观权、取水权、林木所有权、使用权等。

集体所有的建筑物、生产设施、农田水利设施等，集体经济组织依法拥有不动产所有权，可以依法获得收益，因而可以作为经营性财产。

集体所有的资金，集体投资兴办的企业和集体持有的其他经济组织的股权及其他投资性权利，集体所有的无形资产，集体所有的接受国家扶持、社会捐赠、减免税费等形成的资产，属于集体经济组织所有，依法可以作为集体经营性财产。

集体所有的资产中，有的不能作为集体经营性财产：一是土地所有权。二是已经赋予农户的土地承包经营权。以家庭承包经营为基础、统分结合的双层经营体制，是我国农村基本经营制度。稳定和完善农村土地承包关系，是党的农村政策的基石。农村土地承包经营权实行物权保护，不能强行作为集体经济组织的经营性资产。三是集体公益性资产。如集体所有的教育、科技、文化和旅游、卫生、体育、交通等设施和农村人居环境基础设施，使用的土地属于集体公益性建设用地，应当用于集体公益性事业，难以产生经营收益，因而不属于经营性财产。

七、集体依法获得集体收益并进行收益分配

（一）依法发展壮大新型农村集体经济

近年来，中央文件明确要求发展壮大新型农村集体经济。农村

集体经济组织可以多种形式、从实际出发探索发展集体经济有效途径。

根据 2016 年《中共中央、国务院关于稳步推进农村集体产权制度改革的意见》，农村集体经济组织可以利用未承包到户的集体"四荒"地（荒山、荒沟、荒丘、荒滩）、果园、养殖水面等资源，集中开发或者通过公开招投标等方式发展现代农业项目；可以利用生态环境和人文历史等资源发展休闲农业和乡村旅游；可以在符合规划前提下，探索利用闲置的各类房产设施、集体建设用地等，以自主开发、合资合作等方式发展相应产业。支持农村集体经济组织为农户和各类农业经营主体提供产前产中产后农业生产性服务。鼓励整合利用集体积累资金、政府帮扶资金等，通过入股或者参股农业产业化龙头企业、村与村合作、村企联手共建、扶贫开发等多种形式发展集体经济。

2023 年中央一号文件指出："巩固提升农村集体产权制度改革成果，构建产权关系明晰、治理架构科学、经营方式稳健、收益分配合理的运行机制，探索资源发包、物业出租、居间服务、资产参股等多样化途径发展新型农村集体经济。"

2024 年中央一号文件指出："支持农村集体经济组织提供生产、劳务等居间服务。""深化农村集体产权制度改革，促进新型农村集体经济健康发展，严格控制农村集体经营风险。"

发展壮大新型农村集体经济一般有两类途径：

一是农村集体经济组织直接经营获得收益。

资源发包。按照农村土地承包法，耕地、林地、草地等农用地采取农村集体经济组织内部的家庭承包方式，家庭承包不能收取承包费。不宜采取家庭承包方式的荒山、荒沟、荒丘、荒滩等农村土地，可以采取招标、拍卖、公开协商等方式承包，即其他方式的承包。以招标、拍卖方式承包的，承包费通过公开竞标、竞价确定；以公开协商等方式承包的，承包费由双方议定。集体经营性建设用地使用权可以依法通过出让获得出让收入，通过依法出租取得租金。

物业出租。集体所有的建筑物、生产设施等，可以依法出租获得租金收入。

居间服务。农村集体经济组织可以充分发挥服务功能，在提供农业生产性服务、组织服务农民等方面发挥积极作用。

二是通过经营性财产参股获得股份收入。农村集体经济组织可以经营性财产出资设立或者参与设立公司、农民专业合作社等市场主体，以所占股份获得利润分配的权利。

（二）财产收益权以份额形式量化到成员

集体财产依法由农村集体经济组织成员所有，由农村集体经济组织依法代表成员集体行使所有权，不得分割到成员个人。财产不可分割到个人，是集体所有的重要特点。但是，经营性财产所产生的财产收益，应当保障集体经济组织成员受益，依法获得收益权。此外，集体接受国家扶持、社会捐赠等获得的收益，也要保障成员收益权。集体财产收益权要以份额形式量化到本集体经济组织成员。

2017 年以来开展的农村集体产权制度改革，重要内容之一是将农村集体经营性资产以股份或者份额形式量化到本集体经济组织成员，作为其参加集体收益分配的基本依据。一是确认成员身份。按照尊重历史、兼顾现实、程序规范、群众认可的原则，统筹考虑户籍关系、农村土地承包关系、对集体积累的贡献等因素，协调平衡各方利益，进行农村集体经济组织成员身份确认，解决成员边界不清的问题。二是设置成员股。股权管理提倡实行不随人口增减变动而调整的方式。提倡农村集体经济组织成员家庭今后的新增人口，通过分享家庭内拥有的集体资产权益的办法，按章程获得集体资产份额和集体成员身份。三是明确成员股相关权利。实施赋予农民对集体资产股份占有、收益、有偿退出及抵押、担保、继承权改革试点。建立集体资产股权登记制度，记载农村集体经济组织成员持有的集体资产股份信息，出具股权证书。健全集体收益分配制度，明确公积金、公益金提取比例，把农民集体资产股份收益分配权落到实处。探索农民对集体资产股份有偿退出的条件和程序，现阶段农民持有的集体资产股份有偿退出不得突破本集体经济组织的范围，可以在本集体经济组织内部转让或者由本集体经济组织赎回。有关部门研究制定集体资产股份抵押、担保贷款办法，指导农村集体经济组织制定农民持有集体资产股份继承的办法。

从改革情况看，集体经济组织成员的收益权份额有以下特点：（1）集体经济组织成员的初始收益权份额，应当基于农村集体经济组织成员身份。（2）集体资产权益属于家庭享有。依据收益权份额取得的集体资产权益属于家庭。家庭的收益权份额一般不随人口增减变动而调整。家庭新增人口有权分享家庭的集体资产权益。（3）收益权份额可以继承。家庭成员去世的，其收益权份额可以依法被继承。（4）收益权份额可以用于抵押、担保，也可以有偿退出。按照文件精神要求，探索农民对集体资产股份有偿退出的条件和程序，现阶段农民持有的集体资产股份有偿退出不得突破本集体经济组织的范围，可以在本集体内部转让或者由本集体赎回。（5）初始收益权份额确定的具体方式以及由于收益权份额的继承、抵押、担保、有偿退出等，使得集体经济组织成员享有的收益权份额多少可能存在差异。

（三）集体收益分配的内容

农村集体经济组织通过直接经营、参股等获得的收益，应当依照法律和国家有关规定进行收益分配。农村集体经济组织法草案规定，章程规定集体财产经营和财务管理、集体经营性财产收益权的量化和分配。

提取公积公益金。公积公益金是依照法律和章程规定，从收益中积存的资金。一般来说，为了生产发展和应对风险，经济主体都要提取公积金、公益金。公司法规定，公司必须提取公积金，即公司应当提取利润的 10% 列入公司法定公积金；公司法定公积金累计额为公司注册资本的 50% 以上的，可以不再提取；经股东会决议，公司提取法定公积金后还可以提取任意公积金。农民专业合作社法规定，农民专业合作社提取公积金事项由章程或者成员大会决定，可以自主决定是否提取公积金以及提取的比例。农村集体经济组织是特殊法人，承担着促进共同富裕、促进乡村善治等重要职责，既是重要经济主体，也是重要的乡村治理主体。农村集体经济组织既要发展壮大集体经济，通过市场经营行为获得收入，又要积极参与乡村治理，依法支持村民自治、支持其他经济组织和社会组织发挥作用，开展集体经济组织内部公益事业、集体福利或成员福利活动等。农村集体经济组织可以根据未来经济发展和乡村治理需要等情况，在章程中就提取公积公益金事项作出规定。

弥补亏损。农村集体经济组织存在亏损的，其收益应当依法用于弥补亏损。本年度产生收益，以前年度存在亏损的，收益应当用于弥补亏损，弥补后仍有剩余的，可以提取公积金、公益金；本年度产生亏损的，应当冲减以前年度积累的公积金、公益金、未分配收益等。

农村集体经济组织的收益在弥补亏损、提取公积金、公益金后，形成可分配收益。可分配收益应当按照集体经济组织成员的收益权份额进行分配。

第六章　农村集体经济组织是否是市场主体

习近平总书记指出，市场主体是我国经济活动的主要参与者、就业机会的主要提供者、技术进步的主要推动者，在国家发展中发挥着十分重要的作用。

讨论农村集体经济组织是不是市场主体，我们首先要明晰何为市场主体，现阶段我国对于市场主体是如何界定的，市场主体的主要特征都有哪些。进而再将农村集体经济组织与通行标准进行对照，判断其是否为市场主体，选择操作性最强的立法范式对其进行调整规范。

一、市场主体的概念

市场主体是市场经济运行的基础也是市场体系和市场机制形成的关键。[①] 在市场经济条件下，任何有效的实质性的市场活动都是通过市场主体行为来完成的，没有主体行为的市场经济是不存在的。市场主体的有效运行不仅带动起整个市场客体要素的流动，而且也是市场机制发挥作用的载体。市场主体与市场客体是构成市场活动两个密不可分的方面，二者互相依存互相作用。市场主体决定着诸如资金、劳动力和生产资料等市场客体在社会各生产部门与企业之间的分配比例，并决定这种分配比例的大小流向、生产什么和生产多少等。

---

① 于光远：《关于"社会主义市场经济主体论"的再探索》，载《学习与探索》1992 年第 5 期。

（一）市场主体概念认知的动态变化

1. 市场主体登记制度的发展变化

改革开放以来，我国先后制定出台《中华人民共和国公司法》《中华人民共和国合伙企业法》《中华人民共和国个人独资企业法》《中华人民共和国农民专业合作社法》《中华人民共和国企业法人登记管理条例》《中华人民共和国公司登记管理条例》《中华人民共和国合伙企业登记管理办法》等多部涉及市场主体登记法律法规。

2013 年党的十八届二中全会提出改革工商登记制度以来，市场监管部门以注册资本登记制度改革为突破口，大力推进工商登记制度便利化，通过注册资本实缴改认缴，实施"先照后证"改革、"证照分离"改革，大力推进压缩企业开办时间、年检改年报等一系列改革举措，营商环境不断改善，市场经济的迅猛发展，商事制度改革的持续深化。

与此同时，商事登记制度的纷繁复杂，多种主体登记规则同时存在，对于市场主体完善登记带来不必要的负担，信息共享和交易安全都受到了一定程度的影响，需要与商事制度改革同步进行。2021 年 4 月，为推进商事制度改革和优化营商环境，进一步完善市场主体登记规则、标准、程序，增强登记效力，国务院颁布《中华人民共和国市场主体登记管理条例》，解决市场主体登记立法分散，不同市场主体登记规则、标准、程序不统一，效力不明确等问题，将商事制度改革成熟举措法律化。

2. 市场主体概念的解析

随着我国社会主义市场经济的不断成熟和日益丰富，市场主体作为一个使用时间不长、尚未正式收入各类经济辞典或其他辞书的概念，其产生与发展本身就是一个渐进变化的过程。

经济学意义上的市场主体一般是指参与市场活动的经济组织或个人。在我国社会主义市场经济发展初期，学者认为，从规范性的现代市场经济运行来看，能够称为市场主体的须是自主经营、自负盈亏、自我发展和自我约束的法人企业。通俗地说，市场主体是指在市场上从事交易的自然人、法人或者其他经济组织。从市场经济理论上看，市场主体的概念有广义和狭义之分。广义的市场主体包括市场的生产经营者、市场的消费者和市场中介机构等，而狭义的市场主体，仅指以营利为目的在市场上从事经营活动的，以自己的名义享有权利和承担义务的个人或组织。一般而言，我们常说的市场主体是指狭义的市场主体。

市场主体登记管理条例明确规定纳入市场主体登记管理范围的，不仅包括各类企业，也包括个体工商户和农民专业合作社等。由此可见，市场主体登记管理条例中的市场主体是指在中华人民共和国境内以营利为目的从事经营活动的自然人、法人及非法人组织，包括公司、非公司企业法人及其分支机构，个人独资企业、合伙企业及其分支机构，农民专业合作社（联合社）及其分支机构，个体工商户，外国公司分支机构以及法律、行政法规规定的其他市场主体。

市场主体登记管理条例对"市场主体"外延进一步明确，与发展环境、发展条件的变化直接相关，是基于我国发展环境、条件所发生的深刻复杂变化，对整体市场主体的认知，对作为市场主体各个组成部分的企业、个体工商户和农民专业合作社等认知，进行了适时的调整深化，也为真正在市场经济环境下直接创造价值的经济实体提供了良好的发展空间。同时，为我国商事登记制度的完善创造了良好的实践条件，为关于市场主体的讨论搭建了明确的话语平台。

（二）关于市场主体作用的认识

从早期的工商登记到现在的市场主体登记，我们可以感受到市场主体登记范围的发展变化，市场主体概念内涵的丰富和外延的扩大，可以看出尽管市场主体范围在不同经济发展阶段有着不同的表现，但不同发展阶段确定市场主体的基本原则和标准是有其同一性的。市场主体作为动态不断变化的概念，其与国民经济整体发展密切相关，与其在经济社会中的地位和作用紧密相连。

第一，市场主体是社会主义市场经济的重要组成部分。2020 年和 2021 年连续两年的国务院《政府工作报告》，都以"青山"喻指市场主体。从"留得青山，赢得未来"到"青山常在、生机盎然"，这充分说明现阶段，市场主体对于经济发展的作用十分重要。无论是改革开放初期的企业，还是法人制度确立后的公司、合伙，再到现阶段明确的以营利为目的从事经营活动的自然人、法人及非法人组织，包括公司、非公司企业法人及其分支机构，个人独资企业、合伙企业及其分支机构，农民专业合作社（联合社）及其分支机构，个体工商户，外国公司分支机构以及法律、行政法规规定的其他市场主体，都是经济发展的重要力量。只有"留得青山"，才能"赢得未来"。只有"青山常在"，才能"生机盎然"。无论面临什么样的风险挑战，只有市场主体的健康规范发展，经济发展才会有源源不断的动力。

第二，市场主体是社会主义市场经济的微观基础。改革开放 40 多年来的历史进程表明，我国社会主义市场经济的建立和完善同市场主体力量的不断壮大，是彼此依存、互为条件的统一体。例如，家庭联产承包责任制的实行，将农户改造成生产经营主体；又如，鼓励回城知青自谋职业并支持个体经济、民营企业发展，成就了非公有制经济份额的扩大；再如，下放国有企业经营自主权、推行经济责任制，进而实行"利改税"、建立现代企业制度，增强了国有企业竞争活力；还如，大量外资企业的进入，在带来资金、技术和管理经验的同时，亦成为我国经济不可或缺的组成部分。从某种意义上讲，我国社会主义市场经济发展的历程，也是市场主体力量不断壮大的过程。正是依托于市场主体力量的不断壮大，才有力推动了社会主义市场经济体制的建立和完善。

第三，随着社会主义市场经济的深化发展，市场主体发挥的作用日益多元，社会功能、文化功能逐步显现。市场主体是稳就业、扩就业的"顶梁柱"。保住、稳住了市场主体，也就保住、稳住了就业。我们对于市场主体的认识在市场经济经历多年发展之后不再仅仅聚焦于企业、侧重于对 GDP 的贡献，而是将宏观经济分析的视角和中心伸展至所有市场主体，所有参与 GDP 创造的基本经济单元。随着市场主体越来越多地替代企业而成为宏观经济分析的聚焦点，意味着我国经济工作和宏观政策配置的出发点和落脚点越来越向微观基础层面转移和聚焦，宏观经济分析视域和重心的伸展，实质上是经济工作和宏观政策配置格局的调整和变化。市场主体并不等同于企业。目前，全国市场主体数量已突破 1.5 亿户，企业增长到 4600 万户。这显然在提醒我们，除 4600 万户企业之外，1 亿以上个体工商户以及 200 多万农民专业合作社同样属于市场主体。由以企业为聚焦点向包括企业、个体工商户和农民专业合作社等在内的所有市场主体为聚焦点的伸展，意味着宏观经济分析视域和重心延伸至更广范围。市场主体内涵的丰富以及外延的扩大，已是不争的事实。到评估这些市场主体发挥的多元化作用，均为其经济功能营利性的辅助，与其他组织的社会功能相比不存在不可替代性。

（三）市场主体的基本特征

市场主体是市场经济得以运行的依托，通过观察分析市场主体的发展和丰富的过程，可以看到合格的市场主体一般具备以下特征。

第一，作为市场主体必须是从事经济性活动，或从事商品（或商品类服务）生产或从事商品流通或是二者兼而有之，此类主体以本组织经济行为为主。市场主体是经济组织，但它又不同于一般的经济组织。在社会经济活动中，经济组织的类型众多，其发挥的作用、进入市场的形式也多有不同。[①] 此外，现代经济运行过程中，政府担负着组织经济和调节市场运行的职能。同时，还有许多民间性

---

① 刁永祚：《社会主义市场经济主体分析》，载《吉林大学学报》1994 年第 1 期。

的组织都参与市场经济活动，并在其中发挥一定的作用。如何认识、划分此类主体的性质，似乎并不成问题。政府的经济职能是调控市场、组织市场，它不是在市场中运行而是在市场之上运行。所以，政府只是市场调控的主体而不是市场运行主体，只有以利润为动机的独立生产和经营的才是真正的市场主体。同理，也可以思考得出，一些承担监督调控职责的市场活动参与者，并不能简单定义为市场主体。

第二，市场主体必须且只能在市场中获得生存，其行为的选择主要是由市场因素和情况来决定的而不是依靠各种形式的行政指令，行为选择依靠市场主体自身对市场情况的判断，其产生、发展乃至终止都是非常普遍，且为意愿自主性更高的行为。市场主体的判断能力应当可以独立参与市场竞争，能够自觉能动地接受市场机制和市场信号的引导并且在市场信号的引导下有效地选择自己的行为方式。市场主体可以自主决定自身对内对外行为，不受其他主体意志的限制和约束。

第三，市场主体不等于市场上的主体，并非市场上的各种类型的参与者都为市场主体。市场活动的多样性决定参与市场活动的主体纷繁复杂，不仅有调控市场的政府，还有以消费行为出现的消费者身份，也不能据此说明该主体为市场主体。在现代市场经济中，当劳动者作为劳动力的供给者时，这一劳动力实际上是市场运行的客体要素，当劳动者作为消费者出现在市场上时，他虽然可以在市场上行使消费者的权利，但他不是独立的商品生产者和经营者，也不是经济实体。同时，消费者的购买行为不是为了追求利润，而是为了获取使用价值。因此，消费者的购买行为虽然是市场行为，但不是市场主体行为。市场主体行为必须在组织上具有独立性和法人性。

（四）市场主体的法律特性

市场主体作为市场经济活动中的行为主体，除具备民法中民事主体的基本特征，如自然人要有民事权利能力、民事行为能力，法人要有独立人格、独立财产、独立责任等，还具有一些有别于其他民事主体的特殊法律特征。

第一，市场主体具有法定性。什么组织和个人能够作为市场主体参加市场经济活动，这需要相关法律法规的确认和赋予，在法学领域为通常所讲的商法。各国均以商法典或者单行法的方式对市场主体作出相应的规定。我国目前并没有形式意义上的统一商法典，有关商事制度大多以公司法、合伙企业法等单行立法形式存在。市场主体法定性的特征有多种含义，涉及公示法定、类型法定、内容法定。

市场主体公示法定是指作为市场交易的双方，由于信息不对称和不透明，使得交易成本和交易风险大大增加，这时需要权威部门加以介入，依照法定程序公布经营者身份、经营状况、经营能力等信息，有利于交易相对人或者社会公众对经营者的基本情况有所了解，从而理智地选择和决定自己的交易行为。

市场主体类型法定是指市场主体类型必须由国家法律明确设定，市场交易当事人不得自行创设法定类型之外的其他市场主体类型。随着不同阶段经济发展的需要，新的市场主体也将会不断出现，如我国1999年出台了个人独资企业法、2006年出台了农民专业合作社法，个人独资企业和农民专业合作社都是新的市场主体。

市场主体内容法定是指，市场主体的财产关系和组织机构由国家法律明确规定，不得任意创设法律规定以外的财产关系和组织机构。例如，法律规定个人独资企业财产为投资人个人所有，投资人以个人财产对企业债务承担无限责任，不能要求个人独资企业必须像有限公司一样设置董事会、监事会等机构，或者约定由投资人来承担有限责任。

第二，市场主体商事性。市场主体较之民事主体具备特殊的权利能力和行为能力。这也被称为商事能力。这是指市场主体依法从事营业性商行为以及依法担当商法上权利义务的能力，不同的市场主体依据核准登记而取得的商事能力具有不同的内容和范围，特定的市场主体只能在其商事能力范围之内从事商事活动。商事权利能力指商法所赋予的、商事主体能够参加商事法律关系，并在其中享有商事权利和承担商事义务的资格或能力。在商法上确定商事能力概念具有重要的意义，它对于理解商主体的特殊行为能力与特殊权利能力之本质，对于解决商个人的一般民事能力与特殊商事能力之关系，均具有不可取代的作用。在民商合一体制下，商事能力概念对于解释民法上的法人主体中为何一部分仅具有民法上的资格和民法上的行为能力，而另一部分却兼具商法上的资格和商事能力尤其重要。商事能力实质上是商法依照特定程序赋予符合商主体要求的民事主体的特别权利能力和行为能力，不同商主体依据核准登记而取得的商事能力具有不同的内容和范围，特定的商主体只能在其具体的商事能力范围内从事合法商事活动。这就与一般民事主体所具有的平等的权利能力和行为能力有质的差别。商事能力作为法律拟制主体经登记核准取得的能力，其起止时间取决于商业登记这一公法行为。按照我国和多数国家的法律规定，商主体的商事能力自主体设立登记时发生，至主体注销登记时终止。

第三，市场主体营利性。市场主体必须以营利性活动作为其组织存在的首要价值。行为的营利性是商行为的最基本特征，是商主体设立的根本目的。所谓的经营性是指，营利行为的连续性和不间断性，表明商主体至少在一段时期内连续不断地从事某种同一性质的营利活动，因而是一种职业性营利行为。多数国家商法规定，一般民事主体偶尔从事营利活动不属于商行为。商事经营行为关系到交易安全和经济秩序，因此属于商事公告内容。市场主体从事商事行为应该以营业的方式进行，即以获取利益为目的连续、稳定地从事营业范围确定的经营活动，这就区别于一般的民事主体。一般的民事主体既可以从事营利性活动，也可以从事非营利活动，如果以营利活动作为其经常职业，就必须依照商法规定取得市场主体资格。

二、民事主体、商事主体、市场主体的关系

（一）民事主体、商事主体的概念

法学意义上的主体，均指法律关系的主体。顾名思义，民事主体，又称民事法律关系主体，是指参加民事法律关系、享有民事权利、承担民事义务的人。民事主体资格由法律规定，在我国，根据民法典的规定，能够作为民事主体的有自然人、法人和非法人组织。其中，自然人和法人是两类重要的民事主体。自然人就是通常意义上的人，民法上使用这个概念，主要是与法人相区别。法人就是法律上拟制的人，法人是一种社会组织，法律赋予一定条件的组织以法人资格，便于这些组织独立从事民事活动。法人是指具有民事权利能力和民事行为能力，依法独立享有民事权利和承担民事义务的组织。

商事主体，即商事法律关系的主体，又称为商主体，是指依照商法的规定具有商事权利能力和商事行为能力，参加商事活动，形成商事法律关系，能够以自己的名义从事商事行为，在商事法律关系中享有权利和承担义务的个人和组织（以下均称商主体）。在我国，商主体的种类没有以商法典的形式作出明确区分。可以从事商事经营活动的主体颇多，它主要体现在民法、企业法、涉外企业法、工商登记法规以及税法等之中。根据上述法律、法规的规定，在我国，商主体主要表现为商法人、商个人、商合伙人、商中间人、商辅助人等类型。

商主体的特征：（1）商主体由商法法定，即必须是商法上规定的人，是商事法拟制的主体，具有商事权利能力（资格）。（2）商主体依法具有商事行为能力，即参加商事活动，所谓参加商事活动是指以自己的名义，经常性实施某种商行为，且是商事权利和义务的归属者。(3）商主体的身份或资格经商业登记而取得。（4）商主体必须以从事营利性活动为其常业。

（二）民事主体与商主体的关系

两者的联系：（1）民事主体中含商主体，商主体是特殊的民事主体，商主体具有民事主体的通常特点，独立、平等、自由。（2）民事主体和商主体都是私法上的主体，民事主体实施的民事行为、商主体实施的商事行为都是私法的行为。（3）民事主体实施的民事行为、商主体实施的商事行为都是表示行为，都适用意思表示自由原则。

两者的区别：一是从主体行为角度去区分。民事行为是民事主体实施的行为，商行为是商主体实施的以营利为目的的经营行为。已在登记机关登记的商主体，只有实施的行为符合了商行为的特征才是实质意义上的商主体。商行为具有如下显著特征使其和民事行为相区别：（1）商行为是商主体以自己的名义所实施的行为。商主体以其法律人格参与商事法律关系，其经营行为所产生的法律后果直接归属于商主体承受。民事行为是民事主体以自己名义实施的行为，其与商行为的区别表现在三个方面：其一，在主体范围上，商行为是商主体所为的行为，商行为的本质属性限制了某些主体不能取得商主体这一特定身份；民事主体一般无此限制。如政府机关及其公务员不得成为商主体从事商行为的原则，已为各国法律公认，而政府则可以成为民事主体实施民事行为。其二，在行为方式上，特定法律关系中的民事主体之行为，既有行为人的积极行为，也有消极行为，前者如民事合同的订立，后者如财产的继承；商行为只能是商主体实施的积极行为，消极行为一般不能成立商行为，如商主体歇业。其三，对商行为的范围和种类作出界定是确认商主体的一个重要依据，许多国家商法典正是通过规定商行为的范围和种类以判断主体的商事法律特征；民事主体的民事行为无须法律对其范围作明确界定。① （2）商行为以营利为目的。商主体必须以具有营

---

① 范健：《中国商法四十年（1978—2019）回顾与思考——中国特色市场经济主体与行为制度的形成与发展历程》，载《学术论坛》2018 年第 2 期。

利目的的商事活动为存在基础。因此，行为的营利性是商行为的最基本特征，是商主体设立的根本目的，也是商主体区别于民事主体的关键所在。判断商主体的营利性，以其实施的行为具有营利性目的为充分条件，不以行为结果是否实际营利为标准。而民事行为一般不具有营利性目的。（3）商行为是经营性行为。所谓经营性是指营利行为的连续性和不间断性，它表明商主体至少在一段时期内连续不断地从事某种同一性质的营利活动，因而是一种职业性营利行为。商事经营行为关系到交易安全和经济秩序，因此属于商事登记公示的内容，履行了商事登记的行为一般推定为商行为。民事行为一般不具有营利性，不具有职业性特征，也无须登记公示程序。

二是从主体本身角度去区分。商主体本身具有不同于一般民事主体的法律特征，这一点可以从两方面来分析：（1）从民事主体与商主体是否需要法律特别认可来看。商主体法定是商法的原则之一，是指商主体的设立、存续必须以商法的规定为依据，非经商法的确认不得成为商主体。现代各国为保障商事交易安全和维护市场经济秩序，一般都通过制定大量强行法，对商主体资格的类型、得丧和商主体的内容在实体上和程序上予以严格规制，形成商主体法定原则。商主体法定包括商主体公示法定、商主体类型法定及商主体内容法定三个方面。（2）从民事主体的民事能力与商主体的商事能力的区别来看。商主体的商事能力不同于民事主体的民事能力，主要表现在：一方面，民事能力是商事能力的基础，商事能力的取得以具备民事能力为前提。商事能力是一种附加于民事能力之上的能力，具备商事能力必须具备民事能力，但具备民事能力并不必然具备商事能力，民事主体未经法律授权不得享有商主体的特殊资格，不得从事商事经营活动。另一方面，商主体之商事能力取得、存续期限必须经由法律授权，即商事能力法定。

（三）民事主体与市场主体的关系

市场主体属于民事主体，但民事主体不一定是市场主体。市场主体作为市场经济活动中的行为主体，除具备民法中民事主体的基本特征，如自然人要有民事权利能力、民事行为能力，法人要有独立人格、独立财产、独立责任等，还具有一些不同民事主体的特殊法律特征，主要有以下三个特征：一是市场主体具有法定性，市场主体类型必须由国家法律明确设定，市场主体的财产关系和组织机构由国家法律明确规定。二是市场主体要具备商事权利能力和商事行为能力，不同的市场主体依据核准登记而取得的商事能力具有不同的内容和范围，特定的市场主体只能在其商事能力范围之内从事商事活动。三是必须以营利性活动作为其营业主要内容。从事商事行为应该以营业的方式进行，即以获取利益为目的连续、稳定地从事营业范围确定的经营活动，这就区别于一般的民事主体。一般的民事主体既可以从事营利性活动，也可以从事非营利活动，如果以营利活动作为其经常职业，就必须依照商法规定取得市场主体资格。

也有研究将市场主体作扩大解释，将所有针对商品、技术、服务的购买和出售等交易行为，都定义为市场行为，进而将实施这种市场交易行为的当事人都认定为市场主体。在此基础上推理出，民法典规定的各类民事主体，均可成为市场交易行为的提供者或者需求者的一方，从而认定所有的民事主体均为市场主体。通过前文的论述，可知市场主体与民事主体之间区别明显，且不应混同其主体特征及其组织特性，不能简单地以等同作扩大解释。若将所有的民事主体都因其在市场上发生过交易行为，而判定其为市场主体，那单独设计市场主体相关的制度体系也并无必要，没有必要对同一范围的主体作出两种类型的设定和相关制度设计，完全可以在民事主体架构下进行规范。据此可知，民事主体与市场主体二者关系不能简单以等同方式理解，还应明晰其主体差异，以确保民事主体制度、商事主体制度，以及市场经济相关体制机制的稳步发展。

三、市场主体的类型

追溯分析市场主体概念的法律表达，在既有的法律体系的国家法律层面中没有准确的表述，但可以在商法中有关商事主体登记的概念分类中开展比较研究。依据《中华人民共和国市场主体登记管理条例》的规定，市场主体主要包括三大类：企业、农民专业合作社、个体工商户。市场主体登记是行政机关赋予或者确认申请人市场主体资格和经营资格的行政许可行为。在我国，市场主体登记主管机关为各级市场监督管理部门，由其依照相关权限对市场主体的设立、变更或终止进行登记。① 市场主体登记是依申请的具体行政行为，在没有行政相对人的主动申请的情况下，市场主体登记主管机关不能主动予以登记。市场主体登记是一种要式行政行为，市场主体登记是由特定机关就特定内容以特定形式实施的，采用书面证书——营业执照作为行政许可行为的凭证。

我国实行的是主体资格与经营资格合一的登记制度，在市场主体取得企业法人营业执照时，其往往同时取得了主体资格和经营资格。

2022 年 3 月 1 日开始施行的市场主体登记管理条例，是我国第一部整合了所有市场主体登记规范、管理规则的行政法规，市场主体登记管理条例第 2 条明确，本条例所称市场主体，是指在中华人民共和国境内以营利为目的从事经营活动的下列自然人、法人及非法人组织：（1）公司、非公司企业法人及其分支机构；（2）个人独资企业、合伙企业及其分支机构；（3）农民专业合作社（联合社）及其分支机构；（4）个体工商户；（5）外国公司分支机构；（6）法律、行政法规规定的其他市场主体。条例没有把"农村集体经济组织"列为登记管理对象。条例所涉及的市场主体主要包括以下类型。

（一）企业

常见的企业登记类型有公司、非公司企业法人及分支机构，合

---

① 许新建：《〈中华人民共和国市场主体登记管理条例〉解读》，载《中国市场监管研究》2021 年第 9 期。

伙企业、个人独资企业及分支机构。公司、非公司企业法人是企业法人，有独立的法人财产，享有法人财产权。公司的股东以其认缴的出资额或认购的股份为限对公司承担责任。合伙企业是非法人组织，普通合伙人对合伙企业债务承担无限连带责任。个人独资企业是由一个自然人投资，财产为投资人个人所有，投资人以其个人财产对企业债务承担无限责任的经营实体。所有企业均需建立财务制度。

（二）农民专业合作社

农民专业合作社是指在农村家庭承包经营基础上，农产品的生产经营者或者农业生产经营服务的提供者、利用者，自愿联合、民主管理的互助性经济组织。主要为该社成员提供农业生产资料的购买、使用，农产品的生产、加工、销售、运输、贮藏及其他相关服务。农民专业合作社可以开展农村民间工艺及制品、休闲农业和乡村旅游资源的开发经营，开展与农业生产经营有关的技术、信息、设施建设运营等服务。农民专业合作社需要建立财务制度。

（三）个体工商户

有经营能力的公民，申请从事工商业经营，经过登记均可以成为个体工商户。个体工商户可以个人经营，也可以家庭经营。个人经营的，以个人财产承担经营债务；家庭经营的，以家庭财产承担经营债务；无法区分的，以家庭财产承担。个体工商户不需要建立财务制度。

在此基础上，我们分析农村集体经济组织是否符合市场主体特征。现实中，确有一些农村集体经济组织在参与市场经营活动，如一些典型的富裕村，像华西村、南街村等。但进一步深入，则会发现实际与相对人签订合同的并非农村集体经济组织本身，而是与农村集体经济组织相关联的其他市场主体。农村集体经济组织不仅具有经济功能，还具有基本公共服务供给、社区治理等综合性功能，且这些功能的发挥是法律赋予的，农村集体经济组织不能随意放弃的，农村集体经济组织还不具备市场主体的能力与资格。

四、农村集体经济组织法人特性的立法范式

(一)农村集体经济组织法人职能的特殊性

农村集体经济组织作为具有中国特色的特殊经济组织,自 20 世纪 50 年代以来,从农业社会主义改造时期的建立,以及随后不断发展演变,经历了一次次改革,其已不仅仅是经济组织,还承载着政治、社会功能,尤其是集体所有制的组织功能。随着中国特色社会主义法律体系的健全和完善,农村集体经济组织在一些综合性、经济、社会以及行政性法律中,被赋予了相关的权利和义务。依据相关法律的规定,农村集体经济组织在我国农村经济社会中发挥的作用在如下方面呈现,发包土地;办理农村宅基地申请、使用事项;开发利用、保护耕地、林地、草地等土地资源并进行监督;使用集体经营性建设用地或者通过出让、出租等方式交由单位、个人使用;组织开展集体财产经营管理;决定集体出资的企业所有权变动;分配、使用集体收益;分配、使用集体土地被征收征用的土地补偿费;为成员的生产经营提供技术、信息等服务;支持和配合村民委员会在村党组织领导下开展村民自治;支持农村其他经济组织、社会组织依法发挥作用等。这些职能是农村集体经济组织切实履行的,发挥着十分重要且不可替代的作用,综合性特点突出,法律应当予以确认和保护,并应当在此基础上对农村集体经济组织的法人性质、特征及其边界进行界定。有学者从不同层面就农村集体经济组织的特别之处展开论证,认为农村集体经济组织是一种典型的民法法人。[1] 在农村集体经济组织法人职能的综合性和不可替代性基础上进一步判断可知,若将农村集体经济组织与其他市场主体作简单类比,并套用公司或者农民专业合作社的组织制度和市场运行机制有较大

---

① 孙宪忠:《从〈民法典〉看乡村治理中急需关注的十个法治问题》,载《中州学刊》2021 年第 2 期。

风险。经济或市场风险相关职能的履行不能，将导致其等同于市场主体进行规范在法律上和事实上的不可能。

（二）农村集体经济组织法人规范的现实焦点

如前文分析可知，农村集体经济组织与经市场主体登记条例所调整的市场主体相较，市场主体所涉及的法人类型的法定职责、相关组织制度、行为准则、财务盈余制度等，与农村集体经济组织法人特性有较大的差异。

狭义的集体资产，包括了集体所有的经营性资产和非经营性资产。广义的集体资产，还应当包括土地等集体资源。① 乡村振兴促进法中将管理集体资产与开发集体资源并列，采用的是狭义概念。② 但是，考虑到集体所有权的客体，显然应当包括集体资产和集体资源两个方面。③ 从集体所有权代表行使主体的阐释可知农村集体经济组织兼具公益性和营利性，不适用于破产法的法律规定；农村集体经济组织成员具有社区封闭性，不能随意进出；农村集体资产虽然可以参与市场经营活动，但土地等资源性资产不能对外承担责任。例如，集体土地的所有权虽然可以被纳入农村集体经济组织的财产之中，但不能够以其承担民事责任。如果将集体土地的所有权用于清偿债务，该集体经济组织成员将会失去其赖以生存的根基，难以维持其基本生计，也与我国的土地制度不符。解决农村集体经济组织的对外经营问题，只能依据农村土地承包法和民法典物权编关于农村承包地"三权分置"的原则，通过土地经营权的依法流转来实现。又如，农村集体经济组织一般也不能破产，一旦破产，该组织即不

---

① 李适时、张荣顺：《中华人民共和国民法总则释义》，法律出版社 2017 年版，第306 页。

② 肖鹏：《农村集体经济组织法人属性的再思考——以〈乡村振兴促进法〉为中心》，载《云南大学学报》2021 年第 6 期。

③ 王利明：《物权法研究（第三版）》上卷，中国人民大学出版社 2013 年版，第528—529 页。

再存在，这与设立农村集体经济组织的初衷相悖。

有意见认为，农村集体经济组织是农村集体资产经营管理的主体，依法代表农民集体成员行使农村集体资产经营管理权。明确农村集体经济组织的市场主体地位，有利于其更方便地从事管理经营活动，增强农村集体经济的发展活力，对于发展农村经济，提高农民收入，实现乡村振兴具有重要意义。有方案提出可以将其定位为半市场主体、中间法人或是将土地等财产不列入农村集体经济组织法人财产等方案。

同时，近年来，中央相关文件中，对于农村集体经济组织的市场主体地位问题也有提及。2015 年，中共中央办公厅、国务院办公厅印发《深化农村改革综合性实施方案》，要求"分类推进农村集体资产确权到户和股份合作制改革……明确集体经济组织市场主体地位，建立符合实际需求的农村产权轮流转交易市场，保障农村产权依法自愿公开公正有序交易"。2016 年，中共中央、国务院印发《关于稳步推进农村集体产权制度改革的意见》（以下简称《意见》），在"改革的基本原则"中规定："把握正确改革方向—充分发挥市场在资源配置中的决定性作用和更好发挥政府作用，明确农村集体经济组织市场主体地位""发挥农村集体经济组织功能作用，农村集体经济组织是集体资产管理的主体，是特殊的经济组织……现阶段可由县级以上地方政府主管部门负责向农村集体经济组织发放组织登记证书，农村集体经济组织可据此向有关部门办理银行开户等相关手续，以便开展经营管理活动。"《意见》还指出："健全适应社会主义市场经济体制要求、以公平为核心原则的农村产权保护法律制度。抓紧研究制定农村集体经济组织方面的法律，赋予农村集体经济组织法人资格，明确权利义务关系，依法维护农村集体经济组织及其成员的权益，保证农村集体经济组织平等使用生产要素，公平参与市场竞争，同等受到法律保护。"

如何落实好中央发展农村集体经济组织的要求，确保其参与市场活动安全有效，赋予其稳健的发展空间、有序的发展通路，同时要确保整个社会市场经济制度的平稳发展，农村集体经济组织需要综合各方需求设定。

（三）农村集体经济组织法人特性立法范式的选择

对于农村集体经济组织如何进入市场或者以何种身份和方式进入市场的立法表达路径。有的意见认为，农村集体经济组织是市场主体，但它是具有特殊性的市场主体。因为其自身的特殊性，使它区别于一般的市场主体，所以在明确它是市场主体的前提下，要进一步明确它的特殊性，即它不能为的事项。还有观点认为，农村集体经济组织不是市场主体，但它可以以一定的形式进入市场，它可以通过设立市场主体去从事市场经营活动。

农村集体经济组织法人制度的进一步设计和完善，要从我国当前国情和基本经济制度出发，符合我们所处的历史阶段和实际发展情况。在发展集体经济的过程中，不管怎么改，集体土地所有制不能改，稳住农业、稳住农村、保护农民的合法权益不受侵害，这不仅是农村集体产权制度改革必须坚持的不可动摇的原则，也是搭建法律制度框架的根基。因此，在立法范式的选择上，要谨慎考虑集体经济的开放程度、集体资产的市场化程度，以及农民财产权利的保护等问题。

认为可以直接赋予农村集体经济组织市场主体地位，直接授权其进入市场，开展经营活动的观点认为采取此类制度设计授权充分，可以实现对于中央要求的直接落实，有利于促进快速实现农村集体经济组织的规范化，推进农村集体经济组织法人化改造。这一处理方式确实从文字上体现出了赋予农村集体经济组织市场主体的要求，但后续需要处理和解决的问题依然非常复杂，且与现行的法人制度体系对接困难。由于农村集体经济组织的特殊性，农村集体经济组织对其成员所承担的多方面管理和服务职能，不能随意放弃或因组织灭失而导致的事实上的履行不能，使得农村集体土地的所有权不能转让，承包到户的耕地和农民依法使用的宅基地所属于农户的用益物权不得擅自处理，基于此，其行为受到多种限制，责任财产范围受到制约，亦不能破产，不能以一个平等的身份完全进入市场，导致其市场交易能力受到限制。农村集体经济组织具有特殊性，它是集经营、发展、服务、治理多重功能为一体的，这种写法，更多强调突出它的经济功能，忽视了对其职能定位及特殊责任的保护。更为现实的问题是，不是所有农村集体经济组织都具备进入市场的能力，不同地区集体经济发展的实际情况也有所不同，能够直接参与市场活动的农村集体经济组织是要具备一定条件和优势的，此类经济组织不能代表或涵盖我国农村集体经济组织发展情况和趋势，简单的线性思维作出的制度设计，容易出现过度市场化的认识偏差。

认为农村集体经济组织不直接参与市场活动，而是通过出资设立或参与设立其他市场主体进入市场的观点，属于间接授权农村集体经济组织参与市场经济的一条通路。这样可以实现农村集体经济组织与其他市场主体的平等和兼容，保证它能以平等合法的身份进入市场，进行风险隔离，农村集体经济组织设立的市场主体与其他市场主体享有平等的权利义务责任，农村集体经济组织以其出资对其设立的市场主体的债务承担责任，这种写法是对农村集体经济组织的责任能力制度的完善。给当前和未来有实力的农村集体经济组织参与市场竞争留有空间和余地。同时兼顾多数农村集体经济组织的发展实际。农村集体经济组织是集体所有权的代行主体，可以从事集体四荒地土地经营权出租、集体物业出租等风险较低的市场经营活动，同时鼓励农村集体经济组织可以探索通过资源发包、物业出租、居间服务、经营性财产参股等多样化途径发展新型农村集体经济。

（四）农村集体经济组织法草案有关规定的分析

为了界定集体经济组织，农村集体经济组织法草案起草考虑了三个方面的因素：一是历史上早已形成了这种有效的实现形式，即集体经济组织可以出资（含合资）依法设立市场主体，并以所出资产为限，承担市场风险和债务责任，这种形式自人民公社办社队企业开始，就已被普遍采用；二是现实中还没有出现过农村集体经济组织破产的情形；三是如果是市场主体就需要明确向哪个政府部门登记、接受哪个政府部门管理和指导的问题。[①] 这一观点在农村集体经济组织法起草领导小组第一次会议时，就有起草领导小组成员提出，认为农村集体经济组织与其依法设立的主体之间的关系，可类比于国资委与国有企业的关系。这一判断揭示了问题的本质和发展方向。

为此，农村集体经济组织法草案将"农村集体经济组织"界定为：农村集体经济组织是独立的民事主体，具有法人地位，可以依法从事相应的民事活动（如资源发包、物业出租、居间服务、资产参股等），其自身并不是单纯的以营利为目的的经营性市场主体，但可通过代表成员以集体组织出资或合资的方式，依法设立市场主体（如合作社、公司等），并向国家市场监管部门登记和接受管理。

农村集体经济组织法草案规定，农村集体经济组织依照本法登记，取得特别法人资格，依法从事与其履行职能相适应的民事活动。农村集体经济组织不适用有关破产法律的规定。农村集体经济组织可以依法出资设立或者参与设立公司、农民专业合作社等市场主体，以其出资为限对其设立或者参与设立的市场主体的债务承担责任。

草案这一规定以民法典第 96 条规定的"本节规定的机关法人、农村集体经济组织法人、城镇农村的合作经济组织法人、基层群众性自治组织法人，为特别法人"的内容为依据，以民法典第 99 条规定的"农村集体经济组织依法取得法人资格。法律、行政法规对农村集体经济组织有规定的，依照其规定"为指引，对农村集体经济组织如何取得特别法人资格，作出专项立法规定。鉴于农村集体经

---

① 陈锡文：《当前农业农村的若干重要问题》，载《中国农村经济》2023 年第 8 期。

济组织在我国农村经济社会中的特殊地位以及发挥的重要作用，较之其他主体民法典对其进一步规范作出了特别授权。

农村集体经济组织法人的市场化是有限的市场化，这种有限一方面源于其承担的社会功能，另一方面源于其特别法人地位对设立目的的要求。农村集体经济组织法人的市场化并不意味着其与一般企业进行同等的市场竞争，其市场化的集中表现在于农村产权要素的合理开放，尤其是具有稀缺性、垄断性等属性的农村产权的适度开放。也就是说，农村集体经济组织法人的市场化表达不在于单纯成为市场主体或者参与市场经营活动，而在于农村产权市场的有序、合理开放。市场经济因素的融入必须坚持集体所有制的核心地位和底线思维。就农村集体经济组织的法人化而言，首先在于坚持立法上已经确立的特别法人定位，其次在于明晰农村集体经济组织法人参与市场经济的治理目标，最后在于适度预留制度空间，赋予部分农村集体经济组织法人向真正市场主体转型的权利。

法人资格的取得及其相关制度的细化规定和组织体的运行，应当以保障国家主权政权安全以及经济社会稳定发展放在首位。当前阶段，农村集体经济组织法人的特殊作用在具有不可替代性，其经营目标的定位多以保证法人存续的长期性和收益分配的稳定性为主。农村集体经济组织法人从事稳健型经营活动，就是坚持"保守"的营利观，趋于小风险之利，规避大风险之害。相应地，如果农村集体经济组织法人追求效率价值，以利润最大化为目标，其风险规避措施应当是参与设立相应类型的市场主体，从事高风险的经营活动，或者采取其他承担有限责任的方式。从当前阶段的地区发展差异来看，上述两种情况都存在。草案有关内容的规定，统一解决了两种情况下的发展问题，实现了稳定与发展的协调。

第七章 如何规定农村集体经济组织的终止问题

法人作为一种具有民事权利能力和民事行为能力的社会组织，能依法独立享有民事权利和承担民事义务。法人终止是指法人资格的消灭。法人终止后，其民事权利能力和行为能力丧失，民事主体资格消灭。作为法律层面上的拟制人格，需要法律明确其成立和终止，从而明确其产生与消灭。民法典对法人终止的一般条件作出了规定。

一、农村集体经济组织作为法人组织的终止问题考量

（一）法人终止的一般条件

民法典赋予农村集体经济组织法人资格，作为各类法人中的类型之一，应当依照法人基本制度规范，设计其终止制度。

民法典第 68 条第 1 款规定，法人终止的条件包括：（1）具有法定事由，包括三种：一是法人解散；二是法人被宣告破产；三是法律规定的其他原因。除前两项原因外，有法律规定的其他原因，法人也要终止。（2）依法完成清算。在上述原因发生后，法人的主体资格并不立即消灭，只有经过清算，法人主体资格才能归于消灭。法人清算，是指清算组织在法人终止时，依据职权清理并消灭法人的全部财产关系的程序。清算的形式有两种：一是依破产程序进行清算；二是非按破产程序，而是依民法、民事诉讼法等有关规定清算。清算一般在法人终止时进行，但在法人负债过重时，经法人机关决定，由主管部门批准，可以自动清算。人民法院也可以根据法人的债权人或其他利害关系人的申请责令法人清算。（3）依法进行

注销登记。法人注销登记是法人依法终止，消灭其民事主体资格的要件。清算终结，应由清算组织向登记机关办理注销登记并公告，完成注销登记和公告，法人即告消灭。法人注销登记机关与设立登记机关相同，法人注销登记应提交的文件因法人种类不同而不同。

同时，民法典第 68 条还规定，法人终止，法律、行政法规规定须经有关机关批准的，依照其规定。法人设立，法律、行政法规规定须经有关机关批准的，依照其规定。相应地，法人终止，法律、行政法规规定须经有关机关批准的，依照其规定。这是针对一些特殊行业中，设立时即存在相关审批登记的法人，为实现规范的对等稳定作出的规定。如《医疗机构管理条例》第 20 条第 1 款规定，医疗机构歇业，必须向原登记机关办理注销登记。经登记机关核准后，收缴医疗机构执业许可证。

综上，任何法人组织的终止都是其法人制度的重要组成部分，不能有所缺失。明确法人终止制度，完善农村集体经济组织法人制度，可为农村集体经济组织特别法人的运行与治理提供基本遵循。同时，在实践中，各地方在推进集体资产股份合作制改革的过程中，对于农村集体经济组织相关制度，特别是其与其他主体的差异性规定需求迫切，把住出口，才能更有力地保障乡村振兴战略和集体产权制度改革的全面实施，为集体经济组织的转型重构与新型农村集体经济发展提供明确的定位和方向。在发展过程中，根据农村集体产权制度改革改组或新建的新型农村集体经济组织，其市场参与度较高，面临的经营风险也较大，更需要相关法律规范的引导与规制。明晰其发展规则，避免对相关法人制度的错误理解，影响农村集体经济组织的稳定发展。

（二）法人终止原因的一般规范

民法典在一般法人后续相关规定中，对法人终止原因的解散和破产两项内容分别进行了基本规范。

法人解散是指已成立的法人基于一定的合法事由而使法人消灭的

法律行为。民法典第 69 条规定了法人解散的情形包括：（1）法人章程规定的存续期间届满或者法人章程规定的其他解散事由出现。如法人章程规定了法人的存续期间，自成立之日起满十年，那么到了第十年法人存续期间届满后，该法人即可以自行解散。此外，如果法人章程规定了其他解散事由，一旦该事由出现，则法人也可以解散。（2）法人的权力机构决议解散。根据民法典规定，营利法人应当设权力机构。权力机构行使修改法人章程、选举或者更换执行机构、监督机构成员以及法人章程规定的其他职权。法人的权力机构如股东大会，可以作出决议解散法人。（3）因法人合并或者分立需要解散。法人合并，两个以上的法人合并为一个新法人，被合并的法人解散。法人分立，一个法人分立为两个以上的新法人，原法人解散。（4）法人依法被吊销营业执照、登记证书，被责令关闭或者被撤销。由于法人被依法给予行政处罚失去了从事原活动的资格，所以法人也就被解散了。（5）法律规定的其他情形。

破产，是指债务人因不能偿债或者资不抵债时，由债权人或债务人诉请法院宣告破产并依破产程序偿还债务的一种法律制度。狭义的破产制度仅指破产清算制度，广义的破产制度还包括重整与和解制度。民法典第 73 条规定，法人被宣告破产的，依法进行破产清算并完成法人注销登记时，法人终止。依据本条规定，法人被人民法院宣告破产的，依法进行破产清算并完成法人注销登记时，法人终止。这一规定明确了法人因破产而终止的破产清算和注销登记两个程序性规定：这里的"依法"主要是指企业破产法和其他规定了法人破产清算的法律，如农民专业合作社法、民办教育促进法等。因前文已多角度、多层面就农村集体经济组织破产问题进行论述，在此不再赘述。

综上，民法典明确了法人终止的基本内容和法人终止产生的原因，同时授权法律可因法人种类的不同，对法人终止原因进行不同类别的设置。

（三）农村集体经济组织作为特殊法人其终止问题考量

1. 农村集体经济组织破产能力的研究

农村集体经济组织作为不同于营利法人和非营利法人的特别法人，其以农民集体土地的特殊关联性、地域性、唯一性与排他性和成员的封闭性，使得农村集体经济组织在设立、终止等方面均具有特别性，完全适用法人制度的一般性规定存在现实障碍，而需要通过特别立法对其终止事项进行构建和完善。

有的学者认为："农村集体经济组织由于负担了管理经营集体所有权的功能，无法依组织成员的意思自治而解散。"[1] 有的学者认为，农村集体经济组织无法解散，因为在此种情况下，财产无从分割。[2] 有的学者区分农村集体经济组织的组织形式，认为农工商总公司和股份合作公司存在解散和清算问题，其他形式的农村集体经济组织则不存在解散问题。[3] 有的学者则认为，农村集体经济组织法人可以依法被解散，并依法进行清算。[4] 对农村集体经济组织特别法人是否具有破产能力，存在具有破产能力和不应具有破产能力两种观点。认为具有破产能力的分析有："农村集体经济组织具有独立的法律人格，可以具有准破产能力，其作为一个平等的市场主体，既能够享有'入市'的便利，也应当遵守依法'退市'的规则。"[5] 集体经济组织作为民事主体在解散、破产时，其所经营管理的集体资产，

① 张安毅：《我国农村集体经济组织的角色扭曲与社会变革背景下的立法重构》，载《理论与改革》2017 年第 3 期，第 131 页。

② 李永军、张艺璐：《论特别法人制度的立法价值及特殊功能——以农村集体经济组织法人为视角》，载《新疆大学学报（哲学人文社会科学版）》2021 年第 1 期，第 39 页。

③ 屈茂辉：《农村集体经济组织法人制度研究》，载《政法论坛》2018 年第 2 期，第 37 页。

④ 参见陶钟太朗、沈冬军：《论农村集体经济组织特别法人》，载《中国土地科学》2018 年第 5 期，第 8 页。

⑤ 袁泉：《农村集体经济组织之破产适用》，载《西南石油大学学报（社会科学版）》2020 年第 2 期，第 38—39 页。

因属于信托财产而不纳入债务清偿范围，从而可以隔断破产风险。①
农村集体经济组织法人不用履行行政职能，其作为民事主体与其他
法人一样平等地参与到市场经济中，则也应与营利法人一样具有破
产能力。② 赋予农村集体经济组织破产能力，是维护市场经济公平交
易秩序的需要。③ 认为农村集体经济组织不具有破产能力的分析集中
于："农村集体经济组织不仅仅是经济组织，还承载着政治、社会以
及组织功能，赋予其破产能力，在我国目前的破产制度框架下，不
具有可接受性"，而且破产财产较难确定，因此我国相关立法不应赋
予其破产能力。④ "农村集体经济组织一般不能破产，一旦破产，该
组织即不再存在，这与设立农村集体经济组织的初衷相悖。"⑤

2. 农村集体经济组织与其他类型特别法人破产能力的差异性

农村集体经济组织，作为在集体公有制和集体土地所有权制度
下产生和发展的经济组织，其本身具有职能的社会公益性、财产的
集体公有性以及股权流转的封闭性等特别性，从而使其成为不同于
其他任何法人的一类特别法人，并使其在终止问题上也具有特别性。

民法典第 96 条规定了机关法人、农村集体经济组织法人、城镇
农村的合作经济组织法人、基层群众性自治组织法人，为特别法人。
赋予这些组织以特别法人资格的初衷，在于可以方便这些组织参与
民事活动，保护其自身及其成员的合法权益，同时保护与其从事民
事活动的相对人的合法权益。鉴于特别法人的特殊性，民法典并未

---

① 吴昭军：《农村集体经济组织"代表集体行使所有权"的法权关系界定》，载
《农业经济问题》2019 年第 7 期，第 44 页。

② 刘冰：《〈民法总则〉视角下破产法的革新》，载《法商研究》2018 年第 5 期，
第 55 页。

③ 臧昊、梁亚荣：《农村集体经济组织破产制度研究》，载《农业经济》2018 年
第 10 期，第 13 页。

④ 屈茂辉：《农村集体经济组织法人制度研究》，载《政法论坛》2018 年第 2
期，第 30 页、第 39 页。

⑤ 黄薇主编：《中华人民共和国民法典总则编释义》，法律出版社 2020 年版，第
192 页。

就特别法人，以及不同类型的特别法人作出进一步统一规范。

就终止问题而言，农村集体经济组织法人与农民专业合作社法人、机关法人相较，有其突出特点。

相对于农民专业合作社特别法人终止的特别性：农村集体经济组织与农民专业合作社同为特别法人，但其在成员组成和收益分配等方面均不同于农民专业合作社，使其在终止事由方面具有一定的限制性。

从成员组成上看，农民专业合作社，其成员构成"以农民为主，且不限于本社区内集体成员，成员入社自愿，具有开放性"。① 退社也取决于个人意愿，非本集体成员甚至城镇居民和非法人组织，也可以成为合作社成员。因此，其社员并不具有一定范围的社区性和封闭性。而农村集体经济组织的成员，仅限于社区的本集体成员，并且实践中其资格的确定，主要与本社区集体范围内的户籍挂钩，因而其成员具有身份特定性。同时，农村集体经济组织成员的加入，非基于自身意愿和自由选择，其退出时，相关权益的流动也在本集体范围的严格限制，呈现出社区封闭性。对国家整体或是具体的农村社区而言，对组织存续的稳定性具有更高的要求。农村集体经济组织在终止问题上具有限制性，破产制度适用可行性需谨慎统筹考虑目前经济社会发展实际。同时，由于组织功能的差异性，农村集体经济组织与农民专业合作社在收益分配规则方面有着突出的不同，二者参与市场经济活动的程度区分度也很高。从总体上来说，农村集体经济组织的成员构成具有明显的社区封闭性，收益分配具有较强的社会公益性，从而对组织实体的稳定性和长久性提出了更高的要求。

农村集体经济组织终止后对其成员社会保障要求也不同。农民专业合作社以生产经营合作为基础，是合作社成员基于自己的利益，以合作的方式结成的经济体，其本质属性是自愿联合、民主管理的

---

① 高海：《〈农民专业合作社法〉的改进与完善建议》，载《农业经济问题》2018 年第 5 期，第 45 页。

互助性经济组织。可以依法依程序进行清算与注销，无须过于考虑成员基本生活保障问题。而农村集体经济组织，以社区内集体土地的农民集体所有为基础，其法人财产来源于折股量化的集体资产，尤其是具有集体公有制属性和社会保障性质的集体土地，因而集体经济组织体现的是一种特定的所有制形式。[①] 作为统分结合的双层经营体制的组织载体和实施者，以及集体所有权的代行主体，其产生与发展，均受国家法律及相关政策指导，并具有经营管理农村集体资产、发展农村所有制经济的社会目的。农村集体经济组织不仅是经济组织，其更多地承担着公有制经济对社区成员的社会服务和保障功能，这种特定的社会性职能，要求农村集体经济组织，必须保持组织体存续的稳定性和长久性，不能随意发生解散和破产。即使其符合法人组织终止的条件，也需要考虑依法终止后可能对集体成员产生的影响，并应当采取相应措施，妥善处理集体成员的基本生活保障问题。

根据民法典第 98 条的规定，机关法人的终止原因主要是依法被撤销，与机关法人的终止相类似，农村集体经济组织特别法人也可以因被依法撤销而终止，这在实践中已有相关运用。例如，湖北省农村集体经济组织管理办法第 14 条，其中就谈到了农村集体经济组织的撤销情形。然而，两者在终止程序上应有突出差异。首先，民事权利和义务承担主体不同。根据民法典第 98 条的规定，当机关法人被撤销时，其相关权利义务由继任的机关法人或作出撤销决定的上级机关享有和承担。作为国家机关，机关法人没有经营性资产，当被撤销后，其上级机关或继任机关仍然存在，所以只需要确定权利和义务的继任主体。农村集体经济组织终止的，除合并或分立应由相关继任主体继续承担权利义务，若因其他理由而导致终止的其自身存在经营性资产，涉及农村集体经济组织成员及成员家庭长期

[①] 参见刘观来：《合作社与集体经济组织两者关系亟须厘清——以我国〈宪法〉的完善为中心》，载《农业经济问题》2017 年第 11 期，第 16 页。

利益，以及农民集体利益，如何处理还需要进一步探索规范。

（四）农村集体经济组织终止原因的选择分析

在民法典对法人的一般规定中，法人终止的情形包括解散、被宣告破产以及法律规定的其他原因，其中解散的具体情形包括：章程规定，权力机构决议，法人的合并或分立，被吊销营业执照或登记证书、被责令关闭或被撤销，以及法律规定的其他情形，这是一般法人解散的通常情形。而农村集体经济组织作为特别法人，其于成员、财产、职责等方面的社会公益性所决定，一般法人解散的具体情形，是否能够全部适用于农村集体经济组织，以及其是否具有破产能力等问题，均须依据其组织特性进行审慎规范。

基于社团自治性，法人组织可以自行决议解散事项。但农村集体经济组织不同于一般的社团组织，作为宪法规定的统分结合的双层经营体制的实施者、管理者，民法典规定其为集体所有权的代表行使主体，设立与存续均有其不可替代性，呈现出一定的法定性。农村集体经济组织的设立包含了法定因素，则其在终止方面也不能突破或摒弃法定性，由成员自行决议解散事项。同时，农村集体经济组织解散并非单纯的一种经济组织的终止，而是相关法律关系的消灭，涉及社区内集体成员甚至是未来成员的利益、集体经济的发展以及交易第三方的信赖利益等。因而其自行决议解散的任意性必然会受到一定程度的限制，不能仅依赖集体成员的意思自治而自行解散。所以民法典第69条有关法人解散情形中的，法人章程规定的存续期间届满或者法人章程规定的其他解散事由出现，以及法人权力机构决议解散对于农村集体经济组织而言，适用困难。受组织特性因素决定，一个农村集体经济组织的终止，其权利义务必然应当由相关主体承继，才能做到从组织制度上为坚持和完善农村基本经营制度，坚持农村土地集体所有，坚持稳定土地承包关系，不能把农村土地集体所有制改垮了奠定良好的基础。

被吊销营业执照、登记证书，责令关闭或被撤销，是法人组织的经营行为违反法律法规相关规定的行政强制解散。吊销营业执照、登记证书和责令关闭都是行政处罚。行政处罚是指行政机关依照法定程序对公民、法人或者其他组织违反行政管理秩序的行为给予的处罚，是一种行政责任。行政处罚的种类包括警告、罚款、没收违法所得、没收非法财物、责令停产停业、暂扣或者吊销许可证、暂扣或者吊销执照、行政拘留，以及法律、行政法规规定的其他行政处罚。在这些处罚种类中，罚款和没收违法所得、没收非法财物属于财产罚。所谓财产罚，是指行政机关对违法的行政管理相对人给予的剥夺不合法占有的财产权的处罚种类，它是运用最广泛的一种行政处罚。警告属于申诫罚。申诫罚是指行政机关依法对违反行政法规的相对人给予的告诫或者通报批评。行政拘留属于人身罚，是指行政机关在一定期限内依法剥夺违法的行政管理相对人的人身自由的处罚，是最严厉的一种处罚。而吊销营业执照、登记证书和责令关闭，属于行为罚。所谓行为罚，是指行政机关限制或剥夺违法的行政管理相对人从事某种活动的权利或者资格的制裁形式，它是仅次于人身罚的一种较为严厉的行政处罚措施。

吊销营业执照、登记证书是指行政机关依法剥夺违法者已经获得的从事某种活动的权利或资格。吊销营业执照、登记证书的处罚，主要用于已经取得行政机关的许可，但其在生产经营等活动中，因为违反了法律法规的规定，被行政机关依法进行处罚，吊销其营业执照、登记证书，从而失去了从事某种活动的合法资格。而责令关闭是指行政机关责令违法者关闭其未经批准而从事违法生产经营活动的场所。责令关闭主要用于行为人违反法律法规规定，未经许可而擅自从事某种依法应当经过行政机关的许可才可以从事的活动。例如，依据《医疗机构管理条例》的规定，开办医疗机构应当经过卫生行政部门的审批，又如，根据食品安全法的规定，企业从事食品生产经营活动要征得食品药品监管部门的许可，对未经许可从事食品生产经营的违法者，要由食品药品监管部门责令其关闭从事非法食品生产经营活动的场所等。

法人依法被撤销，是指法人违反国家法律、法规的规定被主管部门撤销登记。根据市场主体登记管理条例第 40 条明确，提交虚假材料或者采取其他欺诈手段隐瞒重要事实取得市场主体登记的，受虚假市场主体登记影响的自然人、法人和其他组织可以向登记机关提出撤销市场主体登记的申请。登记机关受理申请后，应当及时开展调查。经调查认定存在虚假市场主体登记情形的，登记机关应当撤销市场主体登记。相关市场主体和人员无法联系或者拒不配合的，登记机关可以将相关市场主体的登记时间、登记事项等通过国家企业信用信息公示系统向社会公示，公示期为 45 日。相关市场主体及其利害关系人在公示期内没有提出异议的，登记机关可以撤销市场主体登记。因虚假市场主体登记被撤销的市场主体，其直接责任人自市场主体登记被撤销之日起 3 年内不得再次申请市场主体登记。登记机关应当通过国家企业信用信息公示系统予以公示。

根据《社会团体登记管理条例》第 30 条第 1 款的规定，社会团体有下列情形之一，情节严重的，由登记管理机关予以撤销登记：（1）涂改、出租、出借《社会团体法人登记证书》，或者出租、出借社会团体印章的；（2）超出章程规定的宗旨和业务范围进行活动的；（3）拒不接受或者不按照规定接受监督检查的；（4）不按照规定办理变更登记的；（5）违反规定设立分支机构、代表机构，或者对分支机构、代表机构疏于管理，造成严重后果的；（6）从事营利性的经营活动的；（7）侵占、私分、挪用社会团体资产或者所接受的捐赠、资助的；（8）违反国家有关规定收取费用、筹集资金或者接受、使用捐赠、资助的。

此外，《民办非企业单位登记管理暂行条例》第 25 条第 1 款也规定，民办非企业单位有下列情形之一，情节严重的，由登记管理机关予以撤销登记：（1）涂改、出租、出借民办非企业单位登记证书，或者出租、出借民办非企业单位印章的；（2）超出其章程规定的宗旨和业务范围进行活动的；（3）拒不接受或者不按照规定接受监督检查的；（4）不按照规定办理变更登记的；（5）设立分支机构的；（6）从事营利性的经营活动的；（7）侵占、私分、挪用民办非企业单位的资产或者所接受的捐赠、资助的；（8）违反国家有关规定收取费用、筹集资金或者接受使用捐赠、资助的。

法律规定的其他情形。这是一项兜底的规定，除农村集体经济组织法第17条规定的前4项情形外，如果符合其他法律规定的法人解散情形的，法人也应当解散。例如，公司法规定，公司经营管理发生严重困难，继续存续会使股东利益受到重大损失，通过其他途径不能解决的，持有公司全部股东表决权10%以上的股东，可以请求人民法院解散公司。

市场经济须在国家法律规范的管理下依法运行，规范明确的法人制度，对于整个社会的运行发展有着极其重要的作用。法人制度不断完善，给予了多类型的法人依据各自特性的多样化发展空间，普适性基础上的差异性是确保经济社会和谐稳定发展的关键。就农村集体经济组织立法而言，组织本身具有鲜明的中国特色，依照有关法律规定，农村集体经济组织依法代表农民集体行使农村集体资产所有权，是农村集体资产经营管理的主体，负有管理集体资产、开发集体资源、发展集体经济、服务集体成员等职责，通过立法维护农村集体经济组织及其成员的权益，规范和促进农村集体经济组织健康发展，有利于完善农村集体经济实现形式和运行机制增强农村集体经济发展活力，发展壮大集体经济，巩固农村集体所有制。①对于一定区域内农村集体经济组织存续，取决于集体资产是否存在，成员集体是否存在，天然禀赋经过多年的发展尽管形式有所变化，但集体的内核依然坚固存在，不能简单地将市场主体成立与终止的相关制度涉及应用于农村集体经济组织。

---

①　何宝玉：《我国农村集体经济组织的历史沿革、基本内涵与成员确认》，载《法律适用》2021年第10期。

二、农村集体经济组织法草案关于终止原因的设计评述

(一) 草案拟规定内容的现实分析

在法律起草过程中，关于集体经济组织的合并与分立，主要意见有：一是要对合并和分立应当有更具体、更细致的规定，要符合绝大多数成员的意愿；二是要增加农村集体经济组织"终止"和"撤销"的条款，并明确条件和程序。由于现实中还没有这样的实例，因此，法律初审稿没有设置关于"终止"和"撤销"的条款。①

在农村集体经济组织法（草案）说明中，在就规范农村集体经济组织的设立、合并、分立等事项作出原则规定，明确其基本要求、基本条件，以及农村集体经济组织合并、分立的程序作出说明的基础上，专门就村改居后农村集体经济组织的终止提出意见。即在城镇化进程中，一些农村集体经济组织农民集体所有的土地全部被征收，成员全部或者大部分转为城镇居民，但集体财产还在，农村集体经济组织是否应当终止、集体财产如何处分，事关重大，但缺乏实践经验，目前还难以作出明确规定，可在试点基础上总结经验，再作出规范。草案初审稿规定，"农村集体经济组织因合并、分立等解散的，依法办理注销登记后终止"。草案二审稿对此内容未作改动。

可见，农村集体经济组织法草案对于农村集体经济组织终止，有相应的涉及和制度安排。首先，草案初审稿明确了农村集体经济组织是有终止可能的。其作为一种法人，拟制人格，是一个完整的闭环。并不存在农村集体经济组织只会长期存在的、不发生变动"有生无终"的状态。

其次，在终止事由上，草案明确解散为农村集体经济组织终止

---

① 陈锡文：《当前农业农村的若干重要问题》，载《中国农村经济》2023 年第 8 期。

的理由，并未将破产列为其终止的原因，这与草案关于农村集体经济组织的特别法人相关制度设计是一致的，即农村集体经济组织是独立的民事主体，是法人，具有特殊法人地位，可以依法从事相应的民事活动（如资源发包、物业出租、居间服务、资产参股等），其自身并不是单纯的以营利为目的的经营性市场主体，但可以代表成员以集体组织出资或合资的方式，依法设立市场主体（如合作社、公司等），并向国家市场监督管理部门登记和接受管理。① 当前，农村集体经济组织发展实践，并无农村集体经济组织宣告破产。为保证集体资产最大的安全性，确保农村集体经济组织成员的合法财产权益，为农村集体经济组织设置了一道安全门，也为其他市场主体设立了一个安全阀，确保社会经济的稳定发展，草案在整体法人制度设计的终结点——终止问题上，再一次明确，农村集体经济组织不因破产而解散。从而将农村集体经济组织特别法人的重要特征之一，通过立法的形式予以明确。

最后，草案明确合并、分立为农村集体经济组织解散的事由。这一选择是在总结农村集体经济组织发展历史和实践经验的基础上作出的，是基于农村集体经济组织社区特殊性作出的现实选择，从而实现农村集体经济组织法人制度设计与民法典一般法人制度的协调统一。

（二）关于农村集体经济组织合并、分立的实践

农村集体经济组织立法具有良好立法实践基础，农村集体经济组织终止问题也不例外。《湖北省农村集体经济组织管理办法》第12 条规定，设立农村集体经济组织，应当经乡人民政府审核同意后向县级农村经济经营管理部门申请登记。第 14 条提到农村集体经济组织合并、分立、撤销，须向原登记机关申请办理有关手续。这里

---

① 陈锡文：《当前农业农村的若干重要问题》，载《中国农村经济》2023 年第 8 期。

提到了合并、分立、撤销等终止事由，并且规定了县级农村经济经营管理部门作为设立和注销的登记机关。然而，该管理办法早在1997年就已经颁布实施，但实践中并未发生农村集体经济组织撤销的情形。

《广东省农村集体经济组织管理规定》第22条提到了农村集体经济组织可以合并、分立、解散，应当依法清理债权债务，涉及集体资产处置，应当经原集体经济组织成员大会决议通过。广东省的这一管理规定不仅提到了合并、分立和解散程序，对于较为关键的集体资产处置也作出了原则性指导，即需要经过成员大会的表决通过。除被强制终止外，对于农村集体经济组织是否终止，特别法人成员有权根据意思自治原则自行决定，具体可通过章程或成员大会决议的方式决定是否终止。但与此同时，政府又担心特别法人成员目光短浅，将资产一分了之。①

《浙江省农村集体资产管理条例》第11条提到了农村集体经济组织的合并、分立和终止，其中第33条提到了因撤村建居而终止的情形。《江苏省农村集体资产管理办法》第10条对农村集体资产所有权争议处理作出规定，当农村集体经济组织与村民委员会在终止责任财产的权属问题上发生纠纷，该规定为解决纠纷提供了具体思路。第26条提到了农村集体经济组织可以因合并、分立或者转入其他集体经济组织而终止。

《都江堰市农村集体经济组织管理办法》第20条规定，农村集体经济组织合并、分立的，应当报市人民政府农业行政主管部门备案。与广东省规定不同的是，农村集体经济组织合并、分立需要报市级人民政府农业行政主管部门备案。全国20个省（自治区、直辖市）先后制定了农村集体经济组织条例、农村集体资产管理条例等地方性法规。有些地方性法规，在民法典出台之前，就此问题作出

---

① 方志权：《农村集体经济组织特殊法人：理论研究和实践探索》，载《科学发展》2018年第1期。

规范。但经民法典授予特别法人地位后，作为民事主体，其非经法律规定，农村集体经济组织不能任意消灭，也不能随意解散。2020年颁布施行的《黑龙江省农村集体经济组织条例》，未就此问题作出规定。不论地方性法规具体如何规范，这些立法作为地方经验的总结和判断，为全国立法提供了有益的参考和借鉴。①

2020年农业农村部制定《农村集体经济组织示范章程（试行）》，成为农村集体经济组织规范运行的重要依据。其中明确农村集体经济组织因合并、分立、解散需要依法依规注销的，由成员大会表决通过，并依照相关法律政策履行审核批准程序。其后2021年颁布施行的四川省农村集体经济组织条例，就此问题的规定与示范章程一致。可见合并、分立，作为农村集体经济组织解散情形，是具有实践和立法基础的。

（三）关于农村集体经济组织特别法人合并、分立的理解

民法典就法人组织上的变更进行了规范，明确了合并、分立两种情形下有关权利义务的规范。

法人合并，是指由两个或两个以上的法人合并为一个新法人，是法人在组织上的一种变更。法人合并分为新设合并和吸收合并。所谓新设合并，是指原法人资格随即消灭，新法人资格随即确立。所谓吸收合并，是指一个或多个法人归入一个现存的法人中去，被合并的法人主体资格消灭，存续法人的主体资格仍然存在。法人发生合并，它的权利义务应当由合并后的法人享有和承担。

法人合并，应经主管机关批准，依法应当向登记机关办理登记并公告的，还应向登记机关进行登记，并应及时公告。法人合并的，因合并而消灭的法人办理注销登记，因合并而成立的法人办理设立登记，因合并而继续存在的法人办理变更登记。在新设合并中，被

---

① 陈锡文：《关于〈中华人民共和国农村集体经济组织法（草案）〉的说明》，2022年12月27日。

合并的法人终止了，因此应当办理注销登记，而合并后的法人属于新设，应当办理设立登记。在吸收合并中，被吸收的法人终止了，因此办理注销登记，而吸收其他法人的法人仍然继续存在，但是却发生了变更，所以应当办理变更登记。依据民法典第 67 条的规定，法人合并的，其权利和义务由合并后的法人享有和承担。

法人分立的，其权利和义务由分立后的法人享有连带债权，承担连带债务，但是债权人和债务人另有约定的除外。法人分立，是指一个法人分成两个或两个以上的法人，是法人在组织上的一种变更。法人的分立分为新设式分立和派生式分立两种方式。所谓新设式分立，是指原法人分立为两个或者两个以上新的法人，原法人不复存在。所谓派生式分立，是指原法人仍然存在，但从原法人中分立出来一个新的法人，原法人的资格不变。

法人分立，因分立而保留的企业应申请变更登记；因分立而新开办的企业应申请开业登记。法人分立，应经主管机关批准，依法应当向登记机关办理登记并公告的，还应当向登记机关办理分立登记，并应及时公告。

法人分立的，其权利和义务由分立后的法人享有连带债权，承担连带债务，但是债权人和债务人另有约定的除外。当事人分立后，不仅原有的一切债权债务依法由分立后的法人或者其他组织承担，而且原有的财产所有权、经营权、知识产权等也都转移给分立后的企业。因此，分立后的各法人对原债权享有连带债权，对原债务承担连带债务，但是债权人和债务人另有约定的，可以依照约定处理。

基层实践中，民法典中的合并和分立，对于法人的债权债务和财产处理有着明确具体的规定，可以保证农村集体经济组织对于资源管理，以及社区服务功能的有效承接和延续，从而保障农村集体经济组织成员权益得到最大限度的保护。原农村集体经济组织发生合并或分立后，其权利义务应由相关权利义务继任者承继。

第八章 关于农村集体经济组织与村民委员会关系的几个问题

农村集体经济组织是具有中国特色的经济组织，依法代表集体成员集体行使所有权，负责管理集体财产、开发集体资源、发展集体经济、服务集体成员，是发展壮大农村集体经济、巩固社会主义公有制、促进共同富裕的重要主体。村民委员会是村民自我管理、自我教育、自我监督、自我服务的基层群众性自治组织，负责办理本村公共事务和公益事业，调解民间纠纷，协助维护社会治安，向人民政府反映村民的意见、要求和提出建议。农村基层党组织依据法律和党规发挥领导作用，农村集体经济组织与村（居）民委员会在农村基层党组织领导下各司其职、各负其责，相互支持、配合，共同推进农村基层经济发展和社会治理。

随着工业化城镇化迅速推进和农村改革不断深化，农村经济体制和社会结构发生深刻变化，农村集体产权制度改革健全了农村集体经济组织。随着基层民主制度化、规范化、程序化的不断推进，基层群众自治制度不断健全，村民委员会的工作对象、内容、职责也发生深刻变化。发展壮大农村集体经济，加强农村社会治理，都面临新形势、新任务、新要求，迫切需要深入研究农村集体经济组织与村民委员会的关系。本章就是一个初浅的尝试。

一、农村集体经济组织的产生与发展

农村集体经济组织是 20 世纪 50 年代农业社会主义改造时产生

的，随后发展演变成为一种独具特色的经济组织。[①]

（一）农村集体经济组织的产生

新中国成立后实行土地改革，没收和征收地主的土地分配给农民，彻底废除了封建剥削的土地制度，实现了耕者有其田，解放了农村生产力，促进农业生产活动迅速恢复和发展，为国家工业化建设创造了条件。为促进农业生产有更大发展，国家在农民互助合作的基础上推进农业合作化，1952 年起在农村建立初级农业生产合作社（初级社）。

初级社是农村集体经济组织的雏形，是根据农户居住情况，一般以长期形成的自然村为基础建立的，主要特征是：（1）农民以自有土地入社，交合作社统一使用，即土地所有权仍归社员，但由合作社统一行使土地使用权和经营权；（2）合作社按照社员入社土地的数量和质量，从每年收入中付给社员适当报酬，通常应低于劳动报酬；（3）社员有退社自由，退社时可以带走他入社的土地。学者普遍认为，初级社适应当时生产力发展，农民的生产积极性提高，农业生产效率也得到较大提高。[②]

1956 年初，毛泽东同志亲自主持编辑并加批按语的《中国农村的社会主义新高潮》出版后，全国掀起大办高级社的高潮。同年 6 月全国人大通过的《高级农业生产合作社示范章程》第 1 条规定：高级农业生产合作社是劳动农民在共产党和人民政府的领导和帮助下，在自愿和互利的基础上组织起来的社会主义的集体经济组织。第 2 条规定：高级农业生产合作社按照社会主义的原则，把社员私有的主要生产资料转为合作社集体所有，组织集体劳动，实行各尽所能、按劳分配，不分男女老少，同工同酬。当年末全国已有 96.3% 的农户加入高级社，以集体土地所有制为基础的高级农业生

---

① 何宝玉：《我国农村集体经济组织的历史沿革、基本内涵与成员确认》，载《法律适用》2021 年第 10 期。

② 管洪彦：《农民集体成员权研究》，中国政法大学出版社 2013 年版，第 69 页。

产合作社在全国范围内普遍建立起来。①

高级社是由若干个初级社联合建立的，为了照顾不同初级社之间客观存在的人均土地差异，多数高级社采取把原来的初级社作为农业生产作业区来管理的办法。② 高级社主要是作为管理机构，实际生产单位还是原来的初级社。

根据示范章程和实践，高级社的主要特征是：（1）土地集体所有，社员入社的土地和耕畜、大型农具都转归合作社集体所有；土地由合作社统一经营；（2）社员入社的土地不支付报酬，合作社实行各尽所能、按劳取酬；（3）按照示范章程，社员享有退社自由，退社时可以带走入社的土地或者同等数量和质量的土地，但章程并未规定退社程序，现实中很少有社员退社。

学者普遍认为，高级农业生产合作社是以生产资料公有制为基础的集体经济组织。③ 高级农业生产合作社确立了土地集体所有，具有了完全社会主义性质，是农业社会主义改造完成的标志。④ 高级农业生产合作社的建立，是我国农村合作社经济与集体经济相区别的重要分界线。⑤ 可以说，高级农业生产合作社正式形成具有社会主义性质的农村集体经济组织。

（二）实行"政社合一"的人民公社

1958 年 8 月，中共中央通过的《关于在农村建立人民公社问题的决议》指出，人民公社是形势发展的必然趋势，在目前形势下，建立农林牧副渔全面发展、工农商学兵互相结合的人民公社，是指导农民加速社会主义建设，提前达成社会主义并逐步过渡到共产主

---

① 罗平汉：《农业合作化运动史》，福建人民出版社 2004 年版，第 310 页。

② 陈锡文等：《中国农村制度变迁 60 年》，人民出版社 2009 年版，第 83 页。

③ 祝之舟：《农村集体土地统一经营法律制度研究》，中国政法大学出版社 2014年版，第 35 页。

④ 孟勤国等：《中国农村土地流转问题研究》，法律出版社 2009 年版，第 33 页。

⑤ 温铁军：《"三农"问题与制度变迁》，中国经济出版社 2009 年版，第 207 页。

义所必须采取的基本方针。随后，全国普遍推行"一大二公"的人民公社，基本形式是"一平二调三收款"，即在公社范围内实行贫富拉平平均分配；县、社两级无偿调走生产队（包括社员个人）的某些财物；银行收回过去发放的贷款。①

人民公社是在高级社的基础上发展起来的政社合一的新社会组织。1961 年 6 月通过的《农村人民公社工作条例（修正草案）》第 1 条明确指出，农村人民公社是政社合一的组织，是我国社会主义社会在农村中的基层单位，又是我国社会主义政权在农村中的基层单位。这就导致社员失去退社自由，因为公社不仅是纯粹的合作经济组织，社员入社的土地成为公社集体所有，而且土地入社后既不能在集体土地中享有明确的份额，也不能取得报酬。

人民公社的集体土地实行以生产队为基础的公社、生产大队、生产队"三级所有"。其中，生产大队大体相当于原来的高级社，生产队大体相当于原来的初级社。在人民公社初期，生产大队是基本核算单位，难以解决不同生产队之间的平均主义和生产积极性问题。1962 年 9 月通过的《农村人民公社工作条例（修正草案）》明确，以生产队为基本生产组织单位、核算单位和生产资料所有权单位。随着生产组织和核算单位下沉到生产队，公社的职能主要转为行政管理，经济职能逐步弱化。②

（三）农村改革初期的政社分开

农村改革后普遍推行承包责任制，农户成为生产经营主体，人民公社体制式微。为了克服人民公社体制政社合一的弊端，把农村社会管理与经营活动分开，减少行政对经营自主权的干扰，保障集体经济组织的经营自主权和农民的财产权益，充分调动农民的积极性，1983 年初中共中央发布《当前农村经济政策的若干问题》提

① 薄一波：《若干重大决策与事件的回顾》（下），中共党史出版社 2008 年版，第 532 页。

② 张云华：《读懂中国农业》，上海远东出版社 2015 年版，第 94 页。

出，从两个方面对人民公社体制进行改革，即实行生产责任制特别是联产承包责任制，实行政社分设。并且明确要求，保留基本核算单位，作为地区性合作经济组织，其名称、规模和管理机构的设置由群众民主决定，负责管理集体的土地等基本生产资料和其他财产；原来的公社一级和非基本核算单位的大队是取消还是作为经济联合组织保留下来，应根据具体情况，与群众商定。同年10月，中共中央、国务院发布《关于实行政社分开建立乡政府的通知》，要求以原公社的管辖范围为基础设立乡镇政权组织；根据村民居住情况设立村民委员会，办理本村公共事务，协助乡政府搞好本村行政工作和生产建设工作；有些以自然村为单位建立了农业合作社等经济组织的地方，当地群众愿意实行两个机构一套班子，兼行经济组织和村民委员会的职能，也可同意试行。

1984年中央一号文件进一步明确，政社分设后，农村经济组织应当根据生产发展的需要，在群众自愿基础上设置，形式与规模可以多种多样，不要自上而下强制推行某一种模式。为了完善统一经营和分散经营相结合的体制，一般应设置以土地公有为基础的地区性合作经济组织。这种组织，可以叫作农业合作社、经济联合社或群众选定的其他名称；可以村（大队或联队）为范围设置，也可以生产队为单位设置；可以同村民委员会分立，也可以"一个机构两块牌子"。以村为范围设置的，原生产队的资产不得平调，债权债务要妥善处理。

随后，人民公社普遍改为乡（镇）、民族乡，作为基层政府行使行政管理权，生产大队普遍改为村，生产队普遍改为村民小组。但同时，各地设立集体经济组织的情况差别很大，只有一些经济发达地区，在乡镇、村、村民小组分别设立了集体经济组织；有些地方实行集体经济组织与村民委员会"一个机构两块牌子"；不少地方，特别是经济欠发达地区，村只设了村民委员会，村和村民小组均未设立集体经济组织，因为这些村、村民小组只有集体土地，没有其他集体财产，土地承包期延长到 15 年后，不能随意调整承包地、干预农户生产经营活动，双层经营中"统"的功能发挥不好。

在这种情况下，由村委会代行集体经济组织的职能，避免了管理上出现真空或脱节。但同时，村委会下辖多个村民小组或者村庄，都是单独的土地所有权单位，村委会的治权与村民小组的土地所有权明显脱节，由此带来一些难以解决的问题。一是村民小组的经营活动受到影响。村民小组（生产队）原来是基本核算单位，是独立的经营主体，现在却没有法律地位，还要受生产队管理，难以独立自主开展经营活动。二是村委会、村民小组之间难免产生权利冲突，容易出现侵害村民小组权益的现象，甚至在未征求意见的情况下直接处分村民小组农民集体所有的财产。三是村委会办公所在村庄，在公共服务、基础设施建设方面明显占有优势，有些村村通工程主要就是通到村委会办公地点，很容易造成村内的不公平和矛盾。

二、村民委员会的产生与发展

村民委员会是农村改革后产生的农村基层群众性自治组织。

新中国成立初期，一些城市的基层相继建立居民委员会，协助人民政府开展工作，并且办理群众自己的事情。1954 年 12 月全国人大常委会制定《城市居民委员会组织条例》，确立了城市居民自治法律制度。

（一）村民委员会的产生

广大农村基层如何保障群众直接行使民主权利，依法管理自己的事情，在相当长时间内没有找到适当的形式。1954 年制定居民委员会组织条例后，曾经打算推广到农村，但当时农村地区先后历经互助组、合作社，此种设想也就无疾而终。[①] 农业社会主义改造建立

---

① 白益华：《彭真与〈村民委员会组织法〉的制定》，载《百年潮》2006 年第 1 期。

合作社后不久，就迅速发展到"一大二公"的人民公社，实行政社合一，各种经营管理活动采用自上而下的命令方式，严重阻碍了农村民主政治建设，束缚了农业和农村经济发展。

农村改革开放后普遍实行承包责任制，人民公社体制逐步解体。农民有了生产经营自主权以后，更加关注切身利益和集体事务，表现出强烈的参与意识。另外，实行家庭承包经营后，一些生产大队、生产队的负责人忙于经营自家承包地，很少有精力管理集体事务，导致有些农村地区的学校、道路、水利等公共事务和公益事业缺乏管理，邻里纠纷、家庭矛盾无人协调。在这种情况下，1980 年广西宜山、罗城等地部分村的村民自发商定具有契约性质的村规民约，以群众自己组织起来进行自治的形式，建立村民委员会、村自治会一类组织，民主推选负责人，负责管理公共事务和公益事业。[1] 这种群众自治组织的主要功能是协助当地政府维护社会治安、调解矛盾，后来逐渐发展为负责本村公共事务和公益事业。河北、四川等地农村也出现类似的群众性自治组织，并且功能逐渐向政治、经济、文化等方面扩展。

1982 年修改宪法，明确了村民委员会的法律地位和基本职责。根据宪法第 111 条的规定，村民委员会是基层群众性自治组织，负责办理本村的公共事务和公益事业，调解民间纠纷，协助维护社会治安，并且向人民政府反映群众的意见、要求和提出建议。

随着人民公社体制解体，各地按照 1983 年中央一号文件要求撤销人民公社，建立乡镇政府，作为农村基层政权，实际上承接了人民公社的政府管理职能。同时在村级建立村民委员会，实行村民自治，并协助乡镇政府开展工作。

由于"村"的含义比较模糊，村民委员会设在哪里，起初并不明确。1987 年制定村民委员会组织法（试行），鉴于自然村是历史

---

[1]　黄树贤、欧阳淞主编：《基层民主建设》，人民出版社、党建读物出版社 2011年版，第 13 页。

长期形成的社会单位，村民共同居住，便于开会商议，并且可以利用早晚等间歇时间工作，不必脱离生产，可以减少补贴，减轻农民负担，因此村民委员会一般设在自然村。但我国农村情况很不一样，有的自然村很大，有的太小，设村委会有困难，所以，大的自然村可以设几个村民委员会，几个小自然村可以联合设立村民委员会。① 实践中各地大多把村委会设在原来的生产大队，部分设在原生产队。1985 年全国基本完成撤社建乡和设立村民委员会，共设立乡镇人民政府 91590 个、村民委员会 94.9 万个、村民小组 588 万个。②

从当时情况看，实行家庭承包经营后，村民小组（原生产队）经济职能弱化，原生产大队保留党组织体系，并且仍然承担行政功能，③ 村委会设在原生产大队范围确有好处，但同时带来了村委会的治权与集体土地产权基础不一致的问题，因为集体土地所有权主要在村民小组。

（二）村民委员会的发展变化

1987 年全国人大常委会制定村民委员会组织法（试行），对村民委员会的主要方面作了全面规范。法律的试行对于扩大基层直接民主，保证农村基层群众直接行使民主权利，改善干群关系，维护农村社会稳定，发挥了重要作用。④

法律试行十年后，1998 年全国人大常委会总结实践经验，正式制定村民委员会组织法，完善了村委会选举、监督制度，增加了村民选举委员会主持选举、村民提名候选人、村民委员会成员罢免程序、村务公开，以及村民代表和村民代表会议等内容，完善了村民

① 顾昂然：《立法札记》，法律出版社 2006 年版，第 151 页。

② 陈锡文等：《中国农村改革 40 年》，人民出版社 2018 年版，第 95 页。

③ 温铁军：《三农问题与世纪反思》，生活·读书·新知三联书店 2005 年版，第 35 页。

④ 汤晋苏：《我国村民委员会建设状况与展望》，载《政治与法律》1992 年第 6 期。

小组的规定，便于落实村民自治。

随着基层民主制度化、规范化、程序化的不断推进，村民自治制度不断健全。2010年全国人大常委会修改村民委员会组织法，完善了村民选举委员会、村民代表会议的组成、推选程序和村委会成员罢免程序，增加了选民资格和选民登记、委托投票、村务监督机构等内容，并由原来不分章节的30条，扩充修改为6章41条，进一步完善了村民自治法律制度。

针对村委会的管理权与村民小组农民集体土地所有权脱节、容易引发利益纠纷和矛盾的情况，2013年中央一号文件提出，开展以村民小组、自然村为基本单元的村民自治试点工作。2016年中共中央办公厅、国务院办公厅印发《关于以村民小组或自然村为基本单元的村民自治试点方案》明确提出，在村民小组或自然村探索村民自治多种有效实现形式。2017年全国选择24个村开展以村民小组或自然村为基本单元的村民自治试点。

城镇化迅速推进，使一些城郊村庄并入城镇，村民委员会改为居民委员会，个别地方的村民委员会还有调整。到2017年，全国乡镇约有39800个，村民委员会约有58万个。①

近年来，一些地方开展撤村、合村并居，意图通过撤并、集中上楼，改善农民居住环境，提升农民生活质量，同时节省耕地资源，推进农业适度规模经营，导致村委会数量进一步减少。截至2020年底，50.3万个行政村全部建立了村民委员会。② 到2021年底，全国约有村民委员会49.2万个。③

同时，一些地方开展农村社会治理探索。有些地方试验将村民

---

① 陈锡文等：《中国农村改革40年》，人民出版社2018年版，第95页。

② 《伟大时代的历史跨越——奋进新征程　建功新时代》，载《人民日报》2022年2月18日，第6版。

③ 关于国务院新闻办举办《中国的民主》白皮书新闻发布会的报道，见国新网2021年12月4日，http://www.scio.gov.cn。

自治向上延伸到乡镇、向下延伸到村民小组。① 有些地方借鉴城市社区建设经验，开展农村社区建设试点，设立农村社区工作站负责行政事务。② 这些创新尚需在实践中探索发展。

三、农村集体经济组织与村民委员会的联系与区别

从两个组织的产生、发展和现行法律规定来看，它们显然是两个相互联系又各自独立的组织（特别法人）。

（一）农村集体经济组织与村民委员会的主要联系

其一，都以农村一定区域为地理边界而设立。农村集体经济组织起源于农业生产合作社，是以土地所有权为基础，设立在长期自然形成的村庄或者居民点，周围的土地通常属于该集体经济组织农民集体所有。村民委员会同样以农村一定地域范围为边界，但通常包含数个村庄或居民点，各个村庄或居民点都是独立的土地所有权单位。少数农村集体经济组织与村民委员会设立在同一个村落，其地域范围完全相同。

而且，两个组织虽然都具有自治性质，但都是按照法律规定和政策要求，主要基于政府决定而非成员意志设立的，成员的共同意志在设立过程中不像其他一些组织那样起决定性作用。

其二，都是特别法人。基于两个组织的特殊性，民法典将两者均规定为特别法人。村民委员会组织法对村民委员会的组成、职责、决策和监督机制等有明确规定，有关文件和农村集体产权制度改革实践也明确了农村集体经济组织的组成、内部运行机制等，根据相关法律、文件的规定和实践，两者的内部组织机构及其职责分工具

---

① 汤玉权、徐勇：《回归自治：村民自治的新发展与新问题》，载《社会科学研究》2015 年第 6 期；刘金海：《村民自治实践创新 30 年：有效治理的视角》，载《政治学研究》2018 年第 6 期。

② 冯乐坤：《村民委员会的反思与重构——以城乡社区建设实践经验为基础》，载《海峡法学》2021 年第 6 期。

有高度相似性，均设有权力机构、日常经营管理机构和监督机构，分别履行决定、执行和监督的职责。

其三，组成人员的重合与管理人员的兼任。两个组织都设在特定村落地域范围内，组成人员都是长期在该村落生产生活人员，这些人员在一定时期内是相对稳定的。因此，两者的组成人员普遍存在重合，外来村民比较少的，两者的组成人员大部分是重合的，有些甚至基本相同。如果参与村民大会的村民和集体经济组织成员完全重合，二者的意思表示基础就是完全一致的。[1] 类似的，在一些集体经济发展不充分、经营管理活动相对简单的地方，出于减少支出、提高效率等考虑，两个组织的领导班子成员之间相互兼任，有些地方甚至实行"一个机构两块牌子"。

其四，职能相互交叉。农村集体经济组织自始就负责为成员提供文化、卫生、教育等服务和福利。目前，一些经济实力较强的农村集体经济组织都为成员提供文化卫生等服务和养老等福利。农村改革后各地普遍成立村民委员会负责公共事务和公益事业，同时，一些地方的集体经济组织不健全，实际由村民委员会负责土地发包等集体财产经营性管理。1986 年制定的民法通则，根据当时的实际情况规定，集体所有的土地依照法律属于村农民集体所有，由村农业生产合作社等农村集体经济组织或者村民委员会经营、管理。随后制定的《村民委员会组织法（试行）》第 3 条规定，村民委员会依照法律规定，管理本村属于村农民集体所有的土地和其他财产。这就在法律上赋予村民委员会管理集体财产的权利。实践中，有些村民委员会实际代替集体经济组织负责集体经济管理事务。因此，农村集体经济组织与村民委员会在经济管理、公共事务和公益福利方面的职能明显存在交叉。

---

[1]　于明明：《集体经济组织的特别法人构造及职能界定——从集体经济组织与村民委员会的关系展开》，载《中国不动产法研究》2021 年第 1 辑。

（二）农村集体经济组织与村民委员会的主要区别

按照民法典第 96 条的规定，两个组织都是特别法人。根据相关法律规定和实践经验，两者的主要区别有：

其一，产生时间与地域范围不同。农村集体经济组织可以追溯到农业合作社，经过人民公社体制，在农村改革后重新建立乡、村、村民小组的经济合作社等农村集体经济组织。村民委员会是农村改革后在原生产大队基础上成立的。显然，农村集体经济组织在先，村民委员会在后。就地域范围而言，村民委员会通常设在村级，农村集体经济组织可以是村级、乡（镇）级、村民小组级，更多地承继了人民公社"三级所有、队为基础"的土地所有权基础。

其二，成员的构成和权利不同。农村集体经济组织成员主要是长期生活、居住在当地的原住民及其后代，而村民既包括原住民及其后代，也包括在本村居住一年以上的外来人员。因此，集体经济组织成员通常都是村民，而村民有些不一定是集体经济组织成员，特别是外来人口较多的经济发达地区，相当一部分村民不是集体经济组织成员。

集体经济组织成员依据民法典、农村土地承包法、土地管理法等法律，对农民集体土地等财产享有权利，如承包集体土地、依法取得宅基地、参与集体收益分配的权利，是成员权的重要组成部分，同时享有村民的自治权利。村民主要依据村民委员会组织法享有村民自治相关权利，村民如非集体经济组织成员，对集体土地和其他财产就不享有权利，也不参与集体收益分配。这一区别至关重要，实践中经常由此产生矛盾。

其三，基本职能和指导机关不同。农村集体经济组织代表农民集体行使所有权，负责经营管理农民集体土地和其他财产，发展集体经济，为成员提供生产、技术、信息等服务，主要承担经济职能，可能涉及但不负责公共事务。村民委员会负责办理本村公共事务和公益事业等，主要承担社会职能，也可以接受政府委托从事管理性事务。

乡镇人民政府和县级以上人民政府农业农村部门依职责对农村集体经济组织予以指导和监督，乡镇人民政府和县级以上人民政府民政部门依职责对村民委员会予以指导和监督。

其四，经费来源不同。村民委员会办理公益事业所需经费，由村民会议通过筹资筹劳解决；确有困难的，由地方人民政府给予适当支持。村民委员会本身所需经费的来源既有公共财政资金，也有集体经济收益；农村集体经济组织的经费来源是集体经济的收益，一般不包括公共财政。

四、村民委员会代行集体经济组织的职能

人民公社解体后，农村基层组织实行政社分开，在乡镇一级普遍成立乡镇人民政府，在村一级（原来的生产大队）普遍成立村民委员会，办理公共事务和公益事业，协助乡镇人民政府开展工作。

（一）村委会代行集体经济组织职能的形成

政社分开过程中，各地并未普遍建立农村集体经济组织，只有一些经济发达地区，在乡镇、村、村民小组分别成立了集体经济组织；相当一部分地区并未成立村集体经济组织，村民小组普遍没有建立集体经济组织，只有一两位负责人。究其原因，一方面，城乡二元结构导致农村公共事务和公益事业主要由农民兴办，农民要交纳农业税、支付"三提五统"，还要支付村组干部的补贴，设立集体经济组织明显会增加农民负担；另一方面，实行家庭承包经营后，承包户自主开展生产经营活动，双层经营中"统"的层次发挥作用不够，一些村、村民小组集体没有经营性财产需要经营，又不能随意干涉农户生产经营自主权，设立集体经济组织的需求并不迫切。实际上，在改革之初，集体经济组织与村委会分设并不是乡村治理体系构建的核心问题，没有集体经营的多数村庄因未分设而节约了

治理成本。①

1986 年全国人大制定民法通则，根据政社分设的实际情况，明确了农民集体土地所有权主体及经营管理主体。该法第 74 条第 2 款规定，集体所有的土地依照法律属于村农民集体所有，由村农业生产合作社等农业集体经济组织或者村民委员会经营、管理。这一规定同时将农业生产合作社等农村集体经济组织与村民委员会作为农民集体土地的经营管理主体，主要是因为，有些地方在人民公社解体后并未建立集体经济组织，农民集体所有的土地实际由村民委员会管理。

1987 年全国人大常委会制定村民委员会组织法（试行）时已经普遍推行家庭联产承包责任制，农户成为农业生产经营主体，一些地方集体经济组织不健全，功能日渐萎缩，又缺乏法律规范；有些地方的集体经济组织与村民委员会实行"一个机构两块牌子"，集体土地的发包等实际由村民委员会负责。因此，立法过程中虽然有些同志主张村民委员会与集体经济组织应当分立，② 但从现实情况出发，该法第 4 条规定，村民委员会应当支持和组织村民发展生产、供销、信用、消费等各种形式的合作经济，承担本村生产的服务和协调工作……村民委员会依照法律规定，管理本村属于村农民集体所有的土地和其他财产……

依照上述规定，农村集体经济组织和村民委员会都有权管理村农民集体所有的土地，实践中就会产生疑问：同时设有农村集体经济组织和村民委员会的，由谁经营管理集体土地？1991 年 9 月福建省人大农委向全国人大提出《关于村民委员会和村经济合作社的权

---

① 仝志辉：《村委会和村集体经济组织应否分设——基于健全乡村治理体系的分析》，载《华南师范大学学报（社会科学版）》2018 年第 6 期。

② 一些领导和同志坚持村委会和村合作经济组织应当分立，是两个组织不是一个组织，当时北京等地就是村委会、村合作经济组织、村党支部三个组织并列。参与起草工作的同志解释说，各村的大小不一，但总的来说规模不大，设两个组织没有必要。参见白益华：《亲历村民委员会组织法制定（上）》，载《中国人大》2004 年第 8 期。

利和关系划分的请示》，1992 年 1 月全国人大常委会法制工作委员会答复：按照民法通则第 74 条第 2 款的规定，集体所有的土地依照法律规定属于村农民集体所有的，应当由村农业生产合作社等农业集体经济组织经营、管理；没有村农业集体经济组织的，由村民委员会经营、管理。

1998 年全国人大常委会正式制定村民委员会组织法的过程中，对集体土地及其他财产应当由村民委员会管理还是集体经济组织管理有不同意见。一种意见认为不应由村委会管理，应由农村集体经济组织管理，理由是村委会是群众自治组织，不是经济组织，不应具有管理土地及其他财产的职能。另一种意见认为应当由村委会管理，理由是：（1）群众自治是全面的自治，理所当然应当包括经济自治；（2）现在很多地方没有全体村民都参加的区域性集体经济组织，即使有也是和村委会"一个机构两块牌子"；（3）从今后发展方向看，农村的集体经济模式应当是多种多样的，过去的那种全体村民都必须参加的"一村一社"模式不是农村集体经济的发展方向。法律委员会研究认为，现在一些地方建立了农村集体经济组织，相当多的村则没有建立，大多数仍由村委会管理集体经济。如何发展集体经济，建立适应社会主义市场经济的集体经济组织，是一个正在探索的问题。修订草案规定的"村民委员会依照法律规定，管理本村属于村农民集体所有的土地和其他财产"，并不排除有些地方由农村集体经济组织经营管理村集体财产，这样规定比较符合我国农村的实际情况。①

（二）代行职能的法律完善

2010 年修改村民委员会组织法再次提出这个问题。修订草案规定，涉及村民利益的重大事项如土地承包经营方案、宅基地使用方

---

① 张春生主编：《中华人民共和国村民委员会组织法释义》，法律出版社 1999 年版，第 101 页。

案等，应当经村民会议讨论决定方可办理。原农业部认为，村委会、农村集体经济组织是两个不同性质的组织，土地承包经营方案、宅基地使用方案等应当由村集体经济组织讨论决定。当时，全国有约 60% 的行政村的村委会与村集体经济组织是合一的，有约 40% 的行政村另有农村集体经济组织。法律委员会经研究认为，这个问题涉及的情况比较复杂，各地做法也有差异，拟在进一步调研的基础上提出意见。同时，考虑到土地一直以村民小组为所有制基本单位，农村的基本生产经营活动离不开村民小组，为切实保障村民依法办理自己的事情，保障村民利益不受侵害，还增加规定，属于村民小组的集体所有的土地、企业和其他财产的经营管理以及公益事项的办理，由村民小组会议依照有关法律的规定讨论决定。① 据此，属于村民小组农民集体所有的土地，由村民小组作为发包方，将土地承包给农户经营。②

1998 年正式制定村民委员会组织法时，为防止村干部擅自决定涉及全体村民重大利益的大事、把村民自治变成少数村干部自治，还明确规定了必须提请村民会议讨论决定的事项。2010 年修法时又进一步作了充实，包括集体收益分配、土地承包方案、宅基地使用方案、征地补偿费使用和分配方案等，导致在村委会与集体经济组织并存的情况下，应当由村民会议还是集体经济组织成员大会决定不够明确，甚至互相冲突。③ 从理论上说，涉及集体经济组织成员利益的重要事项，由村民会议讨论决定，既缺乏产权基础，也缺乏集

---

① 许安标、吴高盛主编：《中华人民共和国村民委员会组织法解读》，中国法制出版社 2010 年版，第 151 页。

② 全国人大常委会法工委国家法室等编著：《村民委员会组织法学习读本》，中国社会出版社 2010 年版，第 145—146 页。

③ 于明明：《集体经济组织的特别法人构造及职能界定——从集体经济组织与村民委员会的关系展开》，载《中国不动产法研究》2021 年第 1 辑。

体行动的基础。① 民法典出台后，这一规定也被认为与民法典第96条和第261条存在冲突。②

根据民法典第261条、262条的规定，农民集体所有的不动产和动产属于本集体成员集体所有。集体所有的土地和森林、山岭、草原、荒地、滩涂等，属于村农民集体所有的，由村集体经济组织或村民委员会依法代表农民集体行使所有权。③ 第101条还规定，未设立村集体经济组织的，村民委员会可以依法代行村集体经济组织的职能。按照这些法律规定，管理集体财产的职责分工及替补关系是明确的，村民委员会只有在农村集体经济组织不健全的情况下，才代行集体经济组织的职能。

五、新形势下农村集体经济组织与村民委员会的分设

按照现行法律规定，农村集体经济组织与村委会是两个独立的特别法人，各自依法履行职责。多年来，一些地方因农村集体经济组织不健全，由村委会代行集体经济组织的职能，但随着经济社会发展和农村改革深化，这种状况已经越来越不适应现实的需要，应当重新实行政社分开。

宪法第8条明确规定，农村集体经济组织实行家庭承包经营为基础、统分结合的双层经营体制。农村集体经济组织实质是以集体土地所有权为基础的农村社区性经济组织，是农村双层经营体制的实施者，得到宪法确认。无论集体经济组织是否挂牌子、叫什么名

---

① 杨一介：《我们需要什么样的村民自治组织？》，载《首都师范大学学报（社会科学版）》2017年第1期。

② 孙宪忠：《从〈民法典〉看乡村治理中急需关注的十个法治问题》，载《中州学刊》2021年第2期。

③ 按照立法机关工作人员的解释，如果有以村为单位的农村集体经济组织，就由该村集体经济组织经营、管理；如果没有以村为单位的农村集体经济组织，则由村民委员会经营、管理。见黄薇主编：《中华人民共和国民法典物权编释义》，法律出版社2020年版，第105页。

字，都是客观存在的，广大农民是清楚的。

（一）分设的必要性和可行性

进入 21 世纪以来，随着城镇化深入推进，不同村庄之间、城乡之间人员流动明显加速，一些村庄的外来人员越来越多，打破了农村比较封闭时村民与农村集体经济组织成员重合的状况，外来人员通常都是村民，但不是集体经济组织成员，这些村庄的集体经济比较发达、集体收益较高、集体福利较好，集体经济组织成员为防止外来人员分享集体收益和福利，与外来人员（村民）之间的矛盾日益突出。经济建设高速发展导致土地征用范围扩大，补偿水平提高，同时农民的权利意识、法律意识也不断增强，集体经济组织成员（原住居民）与外来人员（村民）之间的利益冲突，逐渐由早期的个别村庄扩展到珠三角、长三角地区以及其他地方的城中村、城郊村和经济发达村，有的甚至发展成为群体性事件，形成社会矛盾。为促进集体经济健康发展，保护农民合法权益，化解矛盾纠纷，维护农村社会稳定，明确农村集体经济组织法律地位、区分集体经济组织成员与村民，变得十分迫切。

随着法治不断健全，农村集体所有权的法律规定日益完善。2007 年物权法第 59 条规定，农民集体所有的不动产和动产，属于本集体成员集体所有，并且明确，土地承包方案等重大事项应当依照法定程序经本集体成员决定。这从集体财产所有权归属的角度，强调了明确本集体成员的必要性。乡村振兴促进法第 46 条规定，农村集体经济组织发挥依法管理集体资产、合理开发集体资源、服务集体成员等方面的作用。同时，随着农村改革不断深化，农村承包地、宅基地实行"三权分置"后，集体经济组织的作用被激活，它们必须行使土地所有权。[①] 这些从客观上产生了健全农村集体经济组织的

---

① 孙宪忠：《从〈民法典〉看乡村治理中急需关注的十个法治问题》，载《中州学刊》2021 年第 2 期。

现实需要。

实践中，村民委员会代行集体经济组织职能的过程中，有些村委会负责人未经民主程序，擅自处分集体财产权益，特别是集体土地使用权出租、集体财产处分、土地征收补偿费分配等涉及农民切身利益的重大事项，不征求农民意见，有些还借机谋取私利，损害集体经济组织成员的权益，引发了不少难以处理的纠纷和矛盾，甚至发生了 2011 年广东乌坎、2014 年山东平度那样的群体性事件，造成了恶劣影响。有学者指出，在当前两者关系不清的情况下，许多村干部违法犯罪和腐败案件都与贪污、侵占、挪用、挥霍集体财产有关，在土地征用问题上尤其突出。诸如集体资产流失、农民利益受损、村干部挥霍侵占集体资产、涉农群访事件不断发生等问题，都与村民委员会在经济职能上的越位和农村集体经济组织在经营主体与经济职能上的缺位有关。[①]

新形势下实现农村农民共同富裕，也需要充分发挥集体经济组织的作用。家庭承包经营调动了农民的生产积极性，农业农村发生了翻天覆地的巨大变化，农民生活水平普遍提高，特别是一部分农民先富起来。历史经验表明，在先富带后富、全面振兴乡村、实现共同富裕的过程中，必须充分发挥集体经济组织的作用，发展集体经济。20 世纪 50 年代建立农业生产合作社，就是要把广大农民组织起来共同发展，防止形成两极分化。21 世纪脱贫攻坚的实践再次证明，要让全体农民实现小康和共同富裕，同样需要充分发挥集体经济组织的作用，壮大集体经济实力。

2015 年 11 月，中共中央办公厅、国务院办公厅印发的《深化农村改革综合性实施方案》指出，在土地集体所有基础上建立的农村集体经济组织制度，与村民自治组织制度相交织，构成了我国农村治理的基本框架，为中国特色农业农村现代化提供了基本制度支

[①]　王国忠：《论村民委员会和农村集体经济组织的职能及相互关系》，载《黑龙江省政法管理干部学院学报》2004 年第 6 期。

撑。……在进行农村集体产权制度改革、组建农村股份合作经济组织的地区，探索剥离村"两委"对集体资产经营管理的职能，开展实行"政经分开"试验，完善农村基层党组织领导的村民自治组织和农村集体经济组织运行机制。

2016 年，中共中央、国务院《关于稳步推进农村集体产权制度改革的意见》明确指出，农村集体经济组织是集体资产的管理主体，要在基层党组织领导下，探索明晰农村集体经济组织与村民委员会职能关系，有效承担集体经济经营管理事务和村民自治事务。有需要且条件许可的地方，可以实行村民委员会事务和集体经济事务分离。有学者指出，比较理想的乡村治理模式应该是在村党支部统一领导下，村委会和集体经济组织各司其职，村委会主要行使农村社区管理职能，进行农村生态建设，集体经济组织的经营管理职能交给新型集体经济组织来完成。①

2017 以来，各地普遍开展农村集体产权制度改革，2021 年底基本完成改革的阶段性任务，完成了农村集体资产清产核资，清查核实农村集体资产 7.7 万亿元，集体土地等资源 65.5 亿亩；确认了 9 亿人的农村集体经济组织成员身份；稳步推进经营性资产股份合作制改革，把集体经营性资产以份额形式量化到成员个人手里，作为其参与集体收益分配的基本依据。全国乡镇、村、组三级共建立农村集体经济组织约 96 万个，其中，村级集体经济组织 57 万个，基本实现行政村全覆盖，便于依法开展经营管理。2020 年 11 月农业农村部发布《农村集体经济组织示范章程》，对农村集体经济组织的职责任务、组织机构、议事程序等治理机制和监督机制等作了规定，加之民法典、农村土地承包法、土地管理法等法律的相关规定，农村集体经济组织完全能够依照法定职责和程序，履行代表农民集体

---

① 徐增阳、杨翠萍：《合并抑或分离：村委会和村集体经济组织的关系》，载《当代世界与社会主义》2010 年第 3 期；石磊：《试析农村集体经济视角下的村民委员会职能》，载《当代世界与社会主义》2013 年第 5 期。

行使所有权、经营管理集体经济事务的职责。

从当前农村实际情况看，集体经济组织主要在村一级，小部分在村民小组一级，个别地方的乡镇建立了集体经济组织。设立集体经济组织的，应当与村民委员会职能分离，由集体经济组织代表成员集体行使集体土地所有权。[①] 村委会应当突出基层民主和村民自治功能，把原来承担的经营管理集体资产的职能剥离出去，使之成为单纯的村民自治组织，所需经费应由公共财政和集体经济收益支付。[②]

（二）分设的相应配套措施

村集体经济组织健全并依法履行职能可能产生一个问题，即村民委员会办理公益事业可能面临新的困难。村民委员会代行集体经济组织职能，可以直接运用集体财产办理公共事务和公益事业，集体经济组织健全后，处分、运用集体财产就需要通过集体经济组织、按照规定程序进行，协调配合不好，村委会承办各项公益性事业可能成为"无米之炊"。[③] 因此，应当明确集体经济组织支持村委会举办公益事业的责任，因为自从成立农业合作社以来，农村集体经济组织就负有为成员提供教育、文化、卫生等公益和福利服务的责任，集体经济组织成员本身就是村民，由村委会提供公益服务的，集体经济组织理应予以支持。实践中，有些集体收益高的农村集体经济组织还为保障村级组织和村务运转提供资金，这种做法能否推广，既面临村民自治的法律性质、公民权利平等之类理论争议，大部分农村集体经济组织还缺乏现实可能性，可留待实践探索。

---

① 崔雪炜：《乡村善治视角下"村民委员会"重构之路径分解——结合农村集体经济组织的重构》，载《西北民族大学学报（哲学社会科学版）》2017年第6期。

② 罗猛：《村民委员会与集体经济组织的性质定位与职能重构》，载《学术交流》2005年第5期。

③ 石磊：《试析农村集体经济视角下的村民委员会职能》，载《当代世界与社会主义》2013年第5期。

集体经济组织与村委会分设也不是绝对彻底的分开，组织机构和人员配备不一定要搞得很复杂。两个组织分设后都在基层党组织统一领导下开展工作，两个组织的领导班子成员可以适当交叉任职，便于相互协调配合。

村民小组是否建立集体经济组织，应当根据集体经济发展现状和未来需求来确定，不能"一刀切"。对集体土地等资源性资产和公益性资产的管理、运用，法律法规和政策有明确规定，实践中也有比较健全的制度和切实可行的经验，集体经济组织重点是加强集体经营性资产的经营管理。因此，没有集体经营性资产的村民小组，可以继续由村民委员会或者村民小组代为行使集体经济组织的职能，以提高工作效率，降低管理成本；有集体经营性资产需要经营管理的，可以根据需要设立集体经济组织。

农村集体经济组织不健全、由村民委员会代为行使集体经济组织职能的，在作出有关集体成员利益的决定时，是应当采用村民自治的法定程序还是集体经济组织的议事程序？对此，2010 年修改的村民委员组织法第 24 条第 3 款明确规定，法律对讨论决定农村集体经济组织财产和成员权益的事项另有规定的，依照其规定。民法典、农村土地承包法、土地管理法、草原法等法律分别对讨论决定相关事项的主体、程序作出了规定。据此，村民与集体经济组织成员同一的，可以由村民会议（等同于集体经济组织成员会议）决定，但适用的法律程序需要根据不同事项适用不同法律，如土地承包经营方案须适用农村土地承包法；村民与集体经济组织成员不同一的，会议参加人员范围和程序适用相关法律规定，其他法律规定由村集体经济组织成员会议决定的，则不能由村民会议决定。①

---

① 许安标、吴高盛主编：《中华人民共和国村民委员会组织法解读》，中国法制出版社 2010 年版，第 135 页。

第九章 农民集体财产所有权主体 与行使主体立法释论

——兼论农村集体经济组织与农民集体的关系

农民集体财产的所有权主体与行使主体，以及与此密切相关的农村集体经济组织与农民集体之间关系的问题，是农村集体经济组织立法面临的一个基础性、前提性重要问题。依据法律和实践厘清这一问题，深化认识，形成共识，对于顺利推进农村集体经济组织立法，更好地维护农民集体财产所有权、坚持和巩固集体所有制，具有重大理论和现实意义。

农村改革开放以来，关于农民集体财产的所有权主体与行使主体的法律规定基本一致，但法学理论解释存在不同观点。本章节依据新中国成立以后特别是改革开放以来农村改革和农村经济社会发展的实践，分析相关立法的演变过程，阐释农民集体财产的所有权主体与行使主体，并在剖析相关理论观点的基础上，阐明农村集体经济组织与农民集体之间的法定代表关系。

一、农民集体财产所有权主体

农民集体所有的财产包括动产与不动产，其中最重要的集体财产是集体所有的土地，因此，这里着重分析集体土地所有权主体。

新中国成立以来，不同时期的法律对于集体土地所有权主体有不同的规定，大体来说可以分为三个阶段：在初级农业生产合作社时期，农村土地所有权主体是农民；在高级农业生产合作社和人民公社时期，农村土地所有权主体是农业生产合作社等集体经济组织；

农村改革开放以后，农村土地所有权归农村集体经济组织的农民集体所有。

（一）初级农业生产合作社阶段的农民所有

新中国成立后实行土地改革，没收封建地主的土地分给广大农民，实现耕者有其田，形成农民土地所有权。土地改革后取得土地的农民享有土地所有权，当时土地所有权主体是农民（农户）。

1953 年开始实行农业合作化，农民带着自己的土地加入初级农业生产合作社。根据 1955 年 11 月第一届全国人大常委会第二十四次会议通过的《农业生产合作社示范章程草案》的规定，在初级合作社阶段，农民带地入社后，土地所有权仍归社员（农民）所有，但是土地交由合作社统一使用，即土地所有权的主体仍然是入社的农民，但是土地的使用权和经营权由合作社统一行使，事实上形成了土地的所有权与经营权的分离。

1954 年宪法第 5 条规定，中华人民共和国的生产资料所有制现在主要有下列各种：国家所有制，即全民所有制；合作社所有制，即劳动群众集体所有制；个体劳动者所有制；资本家所有制。其中的个体劳动者所有制主要就是农民所有制。宪法第 8 条进一步规定：国家依照法律保护农民的土地所有权和其他生产资料所有权。国家指导和帮助个体农民增加生产，并且鼓励他们根据自愿的原则组织生产合作、供销合作和信用合作。这些规定确认了农民土地所有权。

（二）高级农业生产合作社和人民公社时期的集体经济组织所有

随着农业合作化深入推进，1955 年开始初级农业生产合作社升级为高级农业生产合作社。根据 1956 年 6 月第一届全国人大三次会议通过的《高级农业生产合作社示范章程》的规定，在高级合作社阶段，社员私有的土地和耕畜、大型农具转归合作社集体所有，即农民私有的土地入股加入合作社后，成为合作社集体所有的土地，并且社员入社的土地不支付报酬，合作社实行各尽所能，按劳取酬。按照该示范章程第 11 条的规定，社员退社的时候，可以带走他入社的土地或者同等数量和质量的土地，可以抽回他所交纳的股份基金和他的投资。就是说，理论上社员退社时享有分割集体土地的权利，但实际上，社员很难提出退社要求，更不必说自由退社。简言之，在成立高级合作社时，农民带着自己的土地加入合作社，土地已经归合作社所有，不是合作社社员所有；即使从今天的法人理论看，一旦出资给其他主体，出资物的所有权就属于该主体而非出资人。[1]因此，在高级农业生产合作社阶段，土地属于合作社所有而不是社员所有。

1958 年推行人民公社，高级农业生产合作社进一步升级为人民公社。人民公社实行政社合一，规模大，公有程度高。1961 年 6 月通过的《农村人民公社工作条例（修正草案）》明确指出，农村人民公社是适应生产发展的需要，在高级农业生产合作社的基础上联合组成的，是社会主义的集体经济组织，实行以生产大队集体所有制为基础的三级集体所有制，即公社、大队、生产队三级。1962 年9 月党的八届十中全会通过的《农村人民公社工作条例修正草案》（以下简称《人民公社六十条》）进一步规定，人民公社的基本核算单位是生产队，生产队实行独立核算，自负盈亏，直接组织生产，组织收益的分配。生产队范围内的土地都归生产队所有，生产队所有的土地，包括社员的自留地、自留山、宅基地等，一律不准出租和买卖。集体所有的山林、水面和草原，凡是归生产队所有比较有利的，都归生产队所有。因此，在人民公社时期，农村土地分别归生产队、生产大队、公社集体所有，特别是作为基础的生产队，是主要的集体土地所有权主体。就此而言，可以说农村土地所有权归集体经济组织所有。

对此，1975 年宪法第 5 条规定，中华人民共和国的生产资料所有制现阶段主要有两种：社会主义全民所有制和社会主义劳动群众

---

① 李永军：《民法总则》，中国法制出版社 2018 年版，第 466 页。

集体所有制。第 7 条进一步规定：农村人民公社是政社合一的组织。现阶段农村人民公社的集体所有制经济，一般实行三级所有、队为基础，即以生产队为基本核算单位的公社、生产大队和生产队三级所有。①

概而言之，在高级农业生产合作社阶段和人民公社时期，根据对《高级农业生产合作社示范章程》和《农村人民公社工作条例》相关规定的字面解释，农村集体土地分别归高级农业生产合作社和人民公社所有，而不是归社员所有或者社员集体所有。当时，集体土地由合作社、人民公社统一经营、统一管理，社员作为劳动者参加集体劳动，按照劳动情况参与集体劳动成果的分配，社员的权利主要体现为个人劳动与集体生产资料结合并按劳取酬的权利，而不是取得对集体土地和生产资料的支配权利，因此，没有必要规定集体土地所有权归成员集体所有。② 而且，从当时的农业经营管理体制、农业生产经营状况和农业合作化形成的政治氛围来看，也不可能强调社员的权利。

另外，从当时的实际情况看，集体所有的土地都来源于农民加入初级农业生产合作社时带来的私有土地，初级社发展到高级社，再升级到人民公社，土地的来源仍然是最初农民入社带来的土地，各生产队土地的地域范围也基本没有变化，但在当时的政治气氛下，不可能强调社员个人对土地的权利。而且，当时并没有建立私法上的个人所有权制度，人民公社体制下的三级所有结构，其社会经济意义在于它是分配和核算单位，而不能从现代私法意义上的主体制

---

① 1978 年宪法第 7 条将其修改为："农村人民公社经济是社会主义劳动群众集体所有制经济，现在一般实行公社、生产大队、生产队三级所有，而以生产队为基本核算单位。生产大队在条件成熟的时候，可以向大队为基本核算单位过渡。"

② 韩松：《论农民集体所有权的成员集体所有与集体经济组织行使》，载《法商研究》2021 年第 5 期。

度和经济组织加以衡量。① 所以，生产队所有并不意味着归属于一个组织体的生产队所有，而应当理解为归生产队的所有成员集体所有。因此，实质上看，以上对集体土地所有权的表述可以理解为，属于人民公社、生产大队、生产队的社员集体所有，而不是归属于人民公社、生产大队、生产队三个组织所有。

（三）农村改革开放后的农民集体所有

1978 年农村改革后，政社合一的人民公社体制逐步解体。1983年 1 月中共中央印发的《当前农村经济政策的若干问题》提出，人民公社体制要从两方面进行改革，即实行生产责任制特别是联产承包制，实行政社分设。1984 年 1 月中共中央发出《关于一九八四年农村工作的通知》提出，政社分设以后，农村经济组织应根据生产发展的需要，在群众自愿的基础上设置，形式与规模可以多种多样，不要自上而下推行某一种模式。为了完善统一经营和分散经营相结合的体制，一般应设置以土地公有为基础的地区性合作经济组织，可以以村（大队或联队）为范围设置，也可以以生产队为单位设置；可以同村民委员会分立，也可以"一个机构两块牌子"。这一文件明确要求，按照政社分开原则，在村一级建立村委会和地区性合作经济组织。实践中，各地普遍建立村民委员会，而集体经济组织并未普遍建立起来。

根据农村改革开放新形势，1982 年宪法第 6 条规定：中华人民共和国的社会主义经济制度的基础是生产资料的社会主义公有制，即全民所有制和劳动群众集体所有制。第 8 条规定：农村人民公社、农业生产合作社和其他生产、供销、信用、消费等各种形式的合作经济，是社会主义劳动群众集体所有制经济。第 10 条规定：农村和城市郊区的土地，除由法律规定属于国家所有的以外，属于集体所

---

① 杨一介：《我们需要什么样的农村集体经济组织?》，载《中国农村观察》2015年第 5 期。

有；宅基地和自留地、自留山，也属于集体所有。

需要指出，无论是《人民公社六十条》还是 1975 年和 1978 年的宪法，对于农村土地所有权的规定，都是以生产队为基础的公社、生产大队、生产队三级所有。这些规定，直接从字面文义上看，都是指作为农村集体经济组织的公社、生产大队、生产队所有。但是，1982 年宪法第 10 条，将农村土地属于人民公社的三级集体经济组织所有，修改为属于集体所有。不过，这里的"集体所有"主要是针对全民所有而言的。

1986 年 4 月全国人大制定民法通则，依据宪法的规定，在第 74 条第 1 款规定：劳动群众集体组织的财产属于劳动群众集体所有。其中的"劳动群众集体组织"不仅指农村集体经济组织，而是包括城、乡劳动群众集体组织。按照当时的情况，劳动群众集体组织，在农村主要表现为乡镇农民集体经济组织、村农业生产合作社、村办企业等农业集体经济组织和村民委员会；在城镇主要表现为某部门或者街道办的工业、建筑业、商业、服务业等各种形式的集体企业、事业单位等。① 城镇集体组织既包括大集体、小集体，还包括由待业青年兴办、全民所有制单位兴办、群众集资兴办、区镇街道兴办、劳动服务公司兴办、城乡联合兴办的各种集体组织。②

表面看来，这一规定明确了劳动群众集体组织的财产属于劳动群众集体所有，似乎同时把"劳动群众集体组织"和"劳动群众集体"都作为集体财产所有者，特别是采用了"劳动群众集体组织的财产"的提法，引发了对集体土地所有权主体的不同理解。当时就

---

① 穆生秦主编：《民法通则释义》，法律出版社 1987 年版，第 91—92 页。

② 郑立、刘春田、李长业：《民法通则概论》，红旗出版社 1986 年版，第 178—179 页。根据国务院 1983 年发布的《关于城镇集体所有制经济若干政策问题的暂行规定》，城镇集体企业在法律、政策和计划许可的范围内，有权灵活安排生产和经营活动，自主地对自己所有的财产行使占有、使用、收益和处分的权利，在分配上可以实行按劳分配与股金分红相结合的原则。

有学者认为，劳动群众集体所有权的主体是劳动群众集体经济组织。① 单就文字表述而言，主张农民集体土地所有权主体是劳动群众集体组织或者劳动群众集体，都可以将这一规定作为依据。主张集体所有权主体是集体组织的以前半句为依据，主张集体所有权主体是成员集体的以后半句为依据。② 不过，从立法的实践背景看，这一规定宜理解为强调集体财产归劳动群众集体所有，因为人民公社体制解体后，继受人民公社"三级所有"的经济管理事务的，分别是乡镇农民集体经济组织、村农业生产合作社等农业集体经济组织和村民委员会，按照当时的法律和政策，农民集体财产属于各个劳动群众集体组织所有，例如，农民集体土地主要属于村民小组和村农业生产合作社所有。因此，这一规定的着重点应当理解为，顺应农村改革开放新形势，将人民公社时期的村农业生产合作社等集体组织所有，进一步明确为农村集体经济组织的农民集体所有。就是说，前半句的"劳动群众集体组织所有"表述的是农村改革初期集体财产所有权主体的现实状况，后半句的"劳动群众集体所有"则是将集体财产所有权主体明确为"劳动群众集体"。正如有学者指出的，该款只是表明"劳动群众集体组织"管理的财产归属于"劳动群众集体所有"。③

　　之所以采用含义比较广泛的"劳动群众集体组织"而没有采用"农村集体经济组织"，主要是因为，这一规定需要同时适用于城镇和农村的集体所有的财产，不仅是针对农村集体财产的；而且也是为了更准确地反映农村集体所有的实际情况，例如，当时的村办企业（原社队企业）和村民委员会的财产，都属于农民集体财产，在

---

　　① 王利明、郭明瑞、吴汉东：《民法新论》，中国政法大学出版社 1988 年版，第 165 页。

　　② 韩松：《我国物权立法中规定集体所有权的思考》，载《法学杂志》2005 年第 4 期。

　　③ 管洪彦：《农民集体与农村集体经济组织关系的理论证成与实益展开》，载《山东大学学报（哲学社会科学版）》2022 年第 6 期。

当时，村办企业和村委会都被视为劳动群众集体组织。

在前述第 1 款的基础上，该条第 2 款进一步规定：集体所有的土地依照法律属于村农民集体所有，由村农业生产合作社等农业集体经济组织或者村民委员会经营、管理。已经属于乡（镇）农民集体经济组织所有的，可以属于乡（镇）农民集体所有。这一规定的精神是，为适应原人民公社三级所有、队为基础的状况，稳定土地所有权，原来属于生产队所有的还属于生产队农民集体所有，原来是大队所有的仍属于大队农民集体所有，有的原来已经属于乡所有的还属于乡农民集体所有。同时，由于各地农村集体经济组织或者村民委员会的形式不一样，因此规定，由村农业生产合作社等农业集体经济组织或者村民委员会经营管理，以适应各种不同的情况。①

这款规定突出村一级，显然与以生产队为基础的所有权状况不符。按照学者当时的理解，"村农民集体"主要是指村与村农业生产合作社等农业集体经济组织相一致的情况，可能指生产队，也可能指生产大队。② 当年参与立法工作的同志解释说，这里的"村"的含义具有包容性，可以是自然村，也可以是行政村。实际情况也比较复杂，有的村是一个生产大队，有的村是一个生产队，有的村是几个生产队。村农民集体所有实际上包含了后来所称的行政村、自然村的农民集体所有，并非专指行政村的农民集体所有。③

该款还明确规定了乡农民集体所有，按照学者当时的解释，是根据我国农村土地现状作出的灵活性规定，因为我国农村过去曾长期实行"三级所有，队为基础"的农业经济体制，有些地方的土地

---

① 顾昂然：《立法札记》，法律出版社 2006 年版，第 237 页。

② 王家福、黄明川：《土地法的理论与实践》，人民日报出版社 1991 年版，第 39 页。

③ 不同时期的法律中"村"的实际含义不同，以及行政村、自然村、建制村等用法的混乱，可能是在有些问题上争论不休的一个重要原因。

过去已经划归人民公社所有，这种状况已为当地农民所习惯，若法律规定农村土地一律归村农民集体所有，势必要将这些土地重新划分、分配，这样不利于保持农业生产的稳定性。[①] 按照农村改革撤销人民公社后的状况，乡镇农民集体所有主要是指两种情况：一种是原来以人民公社为核算单位的土地，在公社改为乡（镇）后，属乡（镇）农民集体所有；另一种是人民公社时期由公社直接掌握的集体所有的土地，仍属乡（镇）农民集体所有。

这一规定强调集体土地属于村农民集体所有，考虑到当时"村"的含义比较宽泛，是可以理解的，但是并不完全符合人民公社解体后农村土地所有权的实际状况。人民公社时期集体土地所有权以基本核算单位为基础划定，分为三种情形：（1）以生产队为基本核算单位，在全国超过90%；（2）以生产大队为基本核算单位，这种情况不超过10%；（3）以人民公社为基本核算单位，全国只有几十家。[②] 人民公社解体后，集体土地所有权基本未变，因此，集体土地主要归村民小组（原生产队）而不是村（原生产大队）的农民集体所有。

随后，1986年6月制定的土地管理法第8条重申了上述第2款的内容，同时增加一款规定：村农民集体所有的土地已经分别属于村内两个以上农业集体经济组织所有的，可以属于各该农业集体经济组织的农民集体所有。这主要就是考虑到，当时有些村是过去的生产队，这些村集体所有的土地过去属于生产队（现在的自然村）所有，属于这种情况的，可以仍然属于自然村的集体经济组织所有。[③] 其中的"村内农业集体经济组织"就是指村民小组

---

① 佟柔主编：《中华人民共和国民法通则简论》，中国政法大学出版社1987年版，第178页。

② 佟绍伟：《加强集体土地权利制度建设　推进农村土地制度改革》，载《行政管理改革》2015年第6期。

③ 宋汝棼：《参加立法工作琐记》，中国法制出版社1994年版，第121页。

一级的农业集体经济组织。这一规定了弥补了民法通则第 74 条第 2
款的不足，确认了集体土地主要归村民小组集体经济组织农民集体
所有的现实，但同时带来疑问：既然是"村农民集体所有的土地"，
怎么会"已经分别属于村内两个以上农业集体经济组织所有"，该土
地的所有权主体究竟是谁？从表面看来显然存在矛盾。

从当时的情况看，人民公社时期属于生产大队所有的大部分土
地，原本就是在建立高级农业生产合作社时由各初级农业生产合作
社的土地集中起来而形成的，农村改革后人民公社解体，生产大队
普遍改为村、生产队普遍改为村民小组，在村民小组范围内建立的
集体经济组织成为村内农业集体经济组织。因此，原来属于生产大
队所有的土地（农村改革后表面上属于村农民集体所有），实际上可
能回归原生产队（村内农业集体经济组织）所有。土地管理法增加
的规定，只是对这种状况予以确认，表明原来表面上属于村农民集
体所有的土地，事实上已经属于村民小组农民集体的，应当属于村
内农业集体经济组织（村民小组）农民集体所有。其中，已经分别
属于村内两个以上农村集体经济组织农民集体所有的土地，是指该
土地在改革开放以前就分别属于两个以上的生产队，现在其土地仍
然分别属于相当于原生产队的各该农村集体经济组织或者村民小组
的农民集体所有。[1] 当时就有学者明确指出，这一规定主要就是要确
认村民小组农民集体的土地所有权主体，既符合农村实际情况，又
可以防止引起不必要的波动。[2]

1992 年 6 月，国家土地管理局政策法规司针对山东省土地管理
局就土地管理法第 8 条第 2 款中"农业集体经济组织"的理解和
"村民小组是否拥有土地所有权"问题的请求作出的《关于对〈土

---

[1]　卞耀武主编：《中华人民共和国土地管理法释义》，法律出版社 1998 年版，第
65—66 页。

[2]　吴高盛：《试论〈土地管理法〉中的几个主要问题》，载《中国法学》1986
年第 6 期。

地管理法〉有关问题请示的答复》明确指出，在生产队解体改为村民小组后，原生产队所有的土地，可以属于该村民小组相应的农业集体经济组织的农民集体所有，不应理解为村民小组拥有土地所有权。

1998 年 12 月全国人大常委会对土地管理法作了全面修改，关于集体土地所有权的规定基本保持未变，只是在具体表述上将"集体所有"修改为"农民集体所有"。这样修改的目的是，使这一规定表述得更为准确和符合现实情况。①

2007 年物权法实质上延续了上述规定。该法第 59 条规定，农民集体所有的不动产和动产，属于本集体成员集体所有。这就进一步将"农民集体所有"明确为"本集体成员集体所有"。2020 年制定的民法典第 261 确认了物权法的上述规定。实际上，在制定民法典以前，有些法规、规范性文件对集体土地（集体财产）所有权主体的表述并不完全一致，有些甚至直接将农村（农民）集体经济组织表述为集体土地所有权主体，民法典实施后，应当按照民法典的规定确定集体财产所有权主体。

二、农民集体财产所有权行使主体

农民集体财产所有权的行使主体，实践中有一个发展演变过程，相关法律规定也是逐步完善的。

（一）农业合作化和人民公社时期的集体财产所有权行使主体

一般认为，农民集体财产所有权形成于农业合作化时期，农民带着自家土地加入初级社，土地从农民所有变为合作社所有，但社员享有集体土地的相应份额。初级社很快发展到高级社，农民的土地被无条件地转为集体所有，形成了不可分割的集体土地，社员对

---

① 卞耀武主编：《中华人民共和国土地管理法释义》，法律出版社 1998 年版，第 58 页。

集体土地不再享有可以分割的份额，其他诸如耕牛、大型农具等原来为农民私有的生产资料，也被作价转为集体所有。高级社升级为人民公社后，进一步强化了集体所有，淡化了社员个人对集体财产的权利和权益。

在农业合作化时期，集体土地由合作社统一使用、统一经营、统一管理，集体土地（集体财产）所有权的行使主体就是作为农村集体经济组织的农业生产合作社，因此，合作社既是集体财产的所有权主体，也是所有权行使主体。同样地，在人民公社时期，集体土地（集体财产）实行以生产队为基础的公社、生产大队和生产队三级所有，统一使用、统一经营、统一管理，人民公社的三级组织既是集体财产的所有权主体，也是所有权行使主体，但稍显复杂的是，生产队作为基本核算单位，是集体土地的实际占有者，行使集体土地所有权，具体负责组织生产、经营活动，并实行独立核算、自主分配、自负盈亏，同时，人民公社内部实行统一领导、分级管理，生产队必须接受公社和生产大队的领导，因此，公社、生产大队也在一定程度上影响甚至决定集体财产所有权的行使。

（二）农村改革后的集体财产所有权行使主体

农村改革开放后人民公社解体，实行政社分开，一些地方的生产队、生产大队、公社分别建立村农业生产合作社、乡经济合作社联社等集体经济组织，承接人民公社的经济管理职能，但不少生产队和部分生产大队并未建立集体经济组织。同时，在生产大队普遍成立村民委员会，主要负责本村范围内的公共事务和公益事业，协助地方人民政府办理有关行政事务；在未建立集体经济组织的生产大队和生产队，实际上由村民委员会代行集体经济组织的职能，负责经营、管理集体所有的土地和其他财产。

按照当时各地设立农村集体经济组织和农村集体财产管理的实际情况，1986 年制定的民法通则第 74 条第 2 款规定：集体所有的土地依照法律属于村农民集体所有，由村农业生产合作社等农业集体经济组织或者村民委员会经营、管理。① 这一原则规定实际上将农村集体土地所有权行使主体确定为农业集体经济组织或者村民委员会，因为各地农村集体经济组织的具体形式不一样，因此规定，由村农业生产合作社等农业集体经济组织或者村民委员会经营管理，以适应各种不同的情况。② 结合当时的情况，这一规定可以理解为，农村改革开放后，人民公社时期的生产队、生产大队、公社在实行政社分开时建立农业生产合作社等农业集体经济组织的，该集体经济组织是集体土地所有权行使主体，未建立集体经济组织的，村民委员会是集体土地所有权行使主体。

随后制定的土地管理法第 8 条确认了村民小组（村内农业集体经济组织）农民集体的所有权主体地位，但是不影响关于集体土地所有权行使主体的规定，因为相关规定已经可以容纳或者解释。1998 年修改土地管理法，确认了关于集体土地所有权行使主体的规定。

2007 年制定的物权法第 60 条规定，对于集体所有的土地和森林、山岭、草原、荒地、滩涂等，依照下列规定行使所有权：（1）属于村农民集体所有的，由村集体经济组织或者村民委员会代表集体行使所有权；（2）分别属于村内两个以上农民集体所有的，由村内各该集体经济组织或者村民小组代表集体行使所有权；（3）属于乡镇农民集体所有的，由乡镇集体经济组织代表集体行使所有权。2020 年制定的民法典第 262 条确认了上述规定。这一规定成为关于农村集体土地所有权行使主体的基本法律规范，它原则上延续农村改革以来的相关法律规定，坚持了这些规定的基本精神，同时根据实践发展和法律制度体系化，进一步规范相关规定。

---

　　① 其中"经营、管理"的含义，与该法第 82 条规定的全民所有制企业对国家授予它经营管理的财产依法享有经营权，应当是一致的。

　　② 顾昂然：《立法札记》，法律出版社 2006 年版，第 237 页。

三、农村集体经济组织与农民集体的关系

农村集体经济组织与农民集体的关系，是一个理论争议较大的问题。按照立法机关工作人员的解释，农村改革以来，相关法律关于农村集体经济组织与农民集体之间关系的规定是一致的。例如，我国物权法第 60 条规定由相应的主体代表集体行使所有权，与民法通则、土地管理法、农村土地承包法等法律的相关规定是一致的，也使得党在农村的政策具有连续性和稳定性。2020 年民法典通过后，立法机关工作人员对第 262 条的解释重申了上述观点。① 这表明，在立法机关工作人员看来，物权法、民法典规定的农村集体经济组织代表行使集体土地所有权，与以前相关立法规定的集体经济组织经营、管理集体土地，并没有实质差异，其实质含义是一致的。也有参与相关立法工作的同志指出，立法的精神始终是一致的，严格区分所有权主体与所有权行使主体，集体经济组织、村民委员会和村民小组都只是集体所有权的行使主体，享有的是"经营、管理"的权利，不是所有权。② 但是，法学界对两者之间关系的认识存在较大分歧。

（一）农村集体经济组织与农民集体之间关系的理论观点评析

关于农村集体经济组织与农民集体的关系，法学理论界形成了多种观点。其中，有些学者的观点与相关法律规定基本相同，认为农民集体和农村集体经济组织是两个不同的独立主体，农民集体是集体土地的唯一所有权主体，农村集体经济组织只是代表农民集体

---

① 分别参见全国人大常委会法工委民法室编：《中华人民共和国物权法条文说明、立法理由及相关规定》，北京大学出版社 2007 年版，第 92—93 页；黄薇主编：《中华人民共和国民法典总则编释义》（上），法律出版社 2020 年版，第 484—485 页。

② 甘藏春：《土地正义——从传统土地法到现代土地法》，商务印书馆 2021 年版，第 241 页。

行使权利的代表主体，并非集体土地所有权的归属主体。[①] 也有一些学者提出了其他观点，下面分别简要分析其中的主要观点。

（1）主体说。这种观点认为，农村集体经济组织是集体土地所有权主体。依据原物权法第 60 条，三级农村集体经济组织均具有行使集体土地所有权的法定权利，从而使集体经济组织与集体土地所有权在法律制度层面建立起必然联系，有权行使集体土地所有权的集体经济组织作为集体土地所有权主体具有一定正当性。[②] 这种观点强调农村集体经济组织依法行使集体土地所有权的法定权利，进而认为农村集体经济组织作为集体土地所有权主体具有正当性。

正如学者指出的，农村集体经济组织享有集体财产所有权，没有法律与政策依据。农村集体经济组织虽然承担着集体的经济管理功能，但其与集体的主体资格应是彼此独立的，无论从法律还是政策角度看，集体经济组织享有集体财产所有权的判断均缺乏明确的依据。[③]

（2）同一说。这种观点认为，农村集体经济组织与农民集体具有同一性，农村集体经济组织自动全权代表农民集体行使全部财产所有权、两者利益的高度一致性与唯一对应性，以及成员的一致性，表明农村集体经济组织与农民集体具有同一性，应当承认农村集体经济组织的集体土地所有权主体地位。农村集体经济组织与农民集体是一体两面的关系，二者实质上指向同一事物，即集体所有权主

---

① 如高飞：《集体土地所有权主体制度研究》，中国政法大学出版社 2017 年版，第 80—85 页；许中缘、崔雪炜：《"三权分置" 视域下的农村集体经济组织法人》，载《当代法学》2018 年第 1 期；高圣平：《〈民法典〉与农村土地权利体系：从归属到利用》，载《北京大学学报（哲学社会科学版）》2020 年第 6 期。

② 如马俊驹、宋刚：《合作制与集体所有权》，载《法学研究》2001 年第 6 期；李永军：《民法总则》，中国法制出版社 2018 年版，第 466 页；屈茂辉：《农村集体经济组织法人制度研究》，载《政法论坛》2018 年第 2 期；姜楠：《集体土地所有权主体明晰化的法实现》，载《求是学刊》2020 年第 3 期。

③ 张先贵：《集体经济组织享有集体财产所有权的谬误与补正》，载《安徽师范大学学报（人文社会科学版）》2021 年第 3 期。

体。能够成为代表农民集体行使土地所有权的适格主体的集体经济组织，是由全体集体成员构建而成的紧密组织体，是农民集体法人化改造的结果，与农民集体实质上为同一主体。农村集体经济组织在成员和财产上与农民集体完全同一，其不仅是集体土地的管理者，也是所有者。农民集体与农村集体经济组织实为同一主体，宣示主体归属功能时以"农民集体"这一特殊民事主体的面相出现，实现主体的行使功能时则以农村集体经济组织这一特别法人的面相出现。①

这种观点强调集体经济组织与农民集体的对应性、唯一性和应然的一致性，但是却没有深入研究它们各自背后的不同隐性价值，以及它们之间在概念上和实质上的区别。改革开放以来，我国立法一直坚持农民集体是所有权人，农村集体经济组织是农民集体的法定代表行使主体（或者经营管理主体）的观点，两者非属同一主体。②

特别是，民法典第 261 条和第 262 条非常清楚地表明了农民集体与农村集体经济组织之间的所有权主体与代表行使所有权的代表主体关系，法律用语的文义是明确的，长期以来相关法律规定的精神实质也是一致的，再将这两个明显不同的概念解释为同一，一方面违背了法律解释的基本规则，另一方面也使法律的相关规定失去了意义，民法典的上述条文就是完全没有必要的。有学者指出，农民集体和农村集体经济组织的区分，既不是概念游戏，也不是制度上的叠床架屋，而是一种法律上的技术设计，目的是建构以风险控

---

① 张兰兰：《农村集体经济组织形式的立法选择——从〈民法总则〉第 99 条展开》，载《中国农村观察》2019 年第 3 期；宋志红的两篇文章：《论农民集体与农村集体经济组织的关系》，载《中国法学》2021 年第 3 期，《论农村集体经济组织对集体土地所有权的代表行使——〈民法典〉第 262 条真义探析》，载《法学研究》2022 年第 5 期；王铁雄、王琳：《农民集体所有的民法典解释论》，载《河北法学》2021 年第 11 期。

② 管洪彦：《农民集体与农村集体经济组织关系的理论证成与实益展开》，载《山东大学学报（哲学社会科学版）》2022 年第 6 期。

制为基础的真正市场主体。① 相反，将农民集体等同于农村集体经济组织，将集体成员等同于集体经济组织成员，实质是背弃了整体主义的方法论，进而将农民集体所有的财产变成固定成员享有份额的私产，这与现行法律和政策性文件的规定相违背。②

（3）代理关系说。这种观点认为，农村集体经济组织与农民集体之间是代理关系，农村集体经济组织对集体经营性资产享有所有权，对集体非经营性集体资产只享有委托代理意义上的运行管护职责，由集体经济组织对非经营性集体资产进行统一的运行管护。③ 或者，借鉴国有资产授权经营机制，农村集体经济组织作为特别法人，经农民集体授权负责经营管理本集体所有的资产，在此基础上以农民集体为委托主体，以集体经济组织为受托主体，实现集体资产向"利用为重心"的转换，建立行之有效的集体资产运行管理新机制。④ 还有学者认为，农村集体经济组织与农民集体之间理应界定为一种法定代理关系，农村集体经济组织的代理权，并非基于农民集体的授权行为，而是直接由法律根据一定社会关系的存在而确定的。⑤

这种观点将集体财产区分为经营性财产与非经营性财产，分别确定两者的所有权归属，明显不符合法律关于集体财产所有权的规定。现行法律对集体经营性财产与非经营性财产的所有权归属的规定是一致的，而是对不同类型集体财产的经营管理有着不同的规定

---

① 于飞：《农民集体与集体经济组织：谁为集体所有权人？》，载《财经法学》2016 年第 1 期。

② 李国强：《权利主体规范逻辑中的农民集体、农村集体经济组织》，载《求索》2022 年第 3 期。

③ 姜红利、宋宗宇：《集体土地所有权归属主体的实践样态与规范解释》，载《中国农村观察》2017 年第 6 期。

④ 王洪平：《农民集体与集体经济组织的法律地位和主体性关系》，载《法学论坛》2021 年第 5 期。

⑤ 吕芳、蔡宁：《我国法治话语中"集体所有"概念的生发与证成》，载《中国不动产法研究》2022 年第 1 辑。

和要求。而且，假如农村集体经济组织与农民集体之间是代理关系，那么，这种代理显然不属于法定代理，因为法律规定农村集体经济组织是农民集体的代表主体；如果说属于意定代理，农民集体又不是一个实体，法规和实践中也没有作出委托的意思表示。可见，委托代理关系在理论上难以解释，实践中也难以操作。

（4）投资关系说。这种观点认为，应当以投资关系来界定农民集体与农村集体经济组织的关系，即农民集体为集体所有权人，农民集体投资设立农村集体经济组织。具体来说，农民集体以用益物权投资设立集体经济组织，集体土地所有权并不用于投资。这就可以把土地所有权固定在"农民集体"身上，同时，所有投入集体经济组织的财产都是法人财产，集体经济组织经营失败后全部用于清偿，加上用益物权的期限设计，可以实现既不会虚化集体土地所有权，也不会使农民的生存保障受到根本破坏的制度目标。①

这种观点成立的基本前提是，农民集体作为投资人从事投资行为设立集体经济组织，但农民集体虽然依法是集体财产所有权主体，但实践中农民集体本身并不具有民事主体资格，无法从事投资活动，自然也不会投资设立农村集体经济组织。法律上没有由农民集体投资设立集体经济组织的相关规定，实践中农村集体经济组织的成立也不存在农民集体投资的现实过程。即使农民集体可以投资，但投资关系说的是农民集体投资设立的，显然不是历史延续中的集体经济组织，而是农民专业合作社、公司等市场化法人。

（5）信托关系说。这种观点认为，农民集体与农村集体经济组织之间是信托关系，农民集体是委托人，农村集体经济组织是受托人，信托财产是除不得转让的财产以外的全部集体财产。农村集体经济组织作为受托人，对集体土地等财产享有经营管理权，其经营管理权便是代表集体行使所有权。我国原物权法第 60 条和第 62 条

———————

① 于飞：《农民集体与集体经济组织：谁为集体所有权人？》，载《财经法学》2016 年第 1 期。

的规定，在一定程度上构成了农民集体与集体经济组织之间法定信托的法律基础，集体经济组织行使集体所有权应以农民集体成员受益为目的，以农民集体成员为受益人，形成法定信托。集体土地所有权并不转移给农村集体经济组织，但得以成为农村集体经济组织的信托财产，农村集体经济组织基于信托关系对集体土地进行经营管理。①

这种观点借用信托法律关系来反映集体经济组织不享有所有权，但可以经营管理集体财产的特殊性，但是面临以下疑问。一是成立信托关系应当由农民集体作为委托人设立信托，实际上农民集体不具有民事主体资格，无法从事设立信托的行为，也无法将集体财产作为信托财产委托给集体经济组织。农民集体作为委托人设立信托，在实践中不可行；二是成立信托关系必须由信托当事人签订信托合同或者信托文件，但实践中并不存在此类合同或者文件，信托关系说显然不符合实践逻辑；三是依据信托法理可以成立法定信托关系，但法定信托必须由法律明确规定。1986 年我国制定民法通则时尚未建立信托法律制度，根本谈不到农民集体与农村集体经济组织之间是法定信托关系。2002 年制定的信托法规定的法定信托，主要是为了便于处理依托终止后的善后事宜，并非像英美那样确立一种新的信托形式，② 随后制定的物权法和民法典关于农民集体与农村集体经济组织之间关系的规定，亦未提及信托，难以依据这一规定确定两

---

① 参见吴昭军的两篇论文：《农村集体经济组织"代表农民行使集体所有权"的法权关系界定》，载《农业经济问题》2019 年第 7 期；《论农村集体经济组织的经营管理权——基于信托理论的阐释》，载《当代法学》2023 年第 1 期。

② 有学者把《信托法》第 55 条的规定（信托终止后，信托财产转移给权利归属人的过程中，信托视为存续，权利归属人视为受益人）视为法定信托，这一规定主要是为了解决信托终止后信托财产的顺利移交问题，便于处理信托终止相关事宜。何宝玉：《信托法原理研究》，中国法制出版社 2015 年版，第 548—549 页。作者作为信托法起草小组成员在参与起草和审议过程中，没有涉及农民集体与农村集体经济组织之间是法定信托关系的问题。

者之间是法定信托关系。四是我国的信托制度主要适用于证券基金投资、财富管理和融资活动，把独具中国特色的农村集体财产所有权和经营管理纳入信托关系，可能造成法律制度的相互冲突和实践中的混乱。

（6）区分说。这种观点又可以进一步分为两种。

一种认为应当区分不同类型集体资产，就集体资源性资产而言，农民集体为所有权主体，农村集体经济组织为所有权的代表行使主体；就集体经营性和非经营性资产而言，农村集体经济组织替代农民集体成为所有权主体。①

这种观点把农民集体财产区分为两类所有权主体，与民法典和其他相关法律的规定不符。对农民集体所有的资源性财产与经营性财产的经营管理，无论法律上还是实践中都可能存在差别，但是法律对农民集体财产所有权的规定，并未区分资源性、经营性、非经营性财产。公有制下的农村集体资产，虽然可以区分利用，但其归属应一体考虑。② 法律对集体财产所有权正是一体规定的。有学者坦言，且不说在宪法上属于刚性的农民集体所有权是否能够容纳如此碎片化的切割，只需要指出，同样是属于集体的资产，为什么要作如此的二分？③

另一种观点认为，应当区分集体土地的所有制主体与所有权主体，农民集体应当是集体土地所有制主体，并非集体土地所有权主体，有权行使集体土地所有权的集体经济组织，是集体土地所有权主体。④

这种观点将农民集体与集体经济组织分别作为集体土地的所有

① 高海：《农民集体与农村集体经济组织关系二元论》，载《法学研究》2022年第3期。

② 房绍坤、袁晓燕：《关于制定农村集体经济组织法的几点思考》，载《南京农业大学学报（社会科学版）》2023年第1期。

③ 韩秀义：《农民、农民集体和农村集体经济组织的宪法内涵解释》，载《西北大学学报（哲学社会科学版）》2023年第1期。

④ 姜楠：《集体土地所有权主体明晰化的法实现》，载《求是月刊》2020年第3期。

制主体与所有权主体，既有悖于现行法律规定，也不符合通常的理解。农村土地集体所有制作为基本经济制度，应当由宪法规定，农村土地集体所有权应当由民法规定。[①]

（二）农村集体经济组织与农民集体之间是法定代表关系

如前所述，关于农村集体经济组织与农民集体之间关系的几种理论观点，难以在法理上作出圆顺解释，或者难以与现行法律融洽衔接，再或者不符合实践逻辑。实际上，按照法律的相关规定，农村集体经济组织与农民集体之间的关系是明确的，而且，从农村改革初期制定的民法通则、土地管理法、农业法，到进入 21 世纪后制定的农村土地承包法、物权法，有关两者之间关系的相关法律规定，尽管具体表述可能略有差别，但其实质含义是一致的。有学者深入研究指出，严格区分集体土地所有权主体和集体土地的经营、管理者，并将农民集体界定为集体土地所有权之主体，是现行法的共同规范。[②] 特别是民法典第 261 条和第 262 条直接确认了物权法的相关条文，对集体财产所有权主体、行使主体分别作出明确规定，应当作为确定农村集体经济组织与农民集体之间关系的基本法律规范。

如何理解和解释这些法律规范，必须遵循法理逻辑，更应当符合我国建立集体所有制的历史逻辑和新中国成立以来农村经济社会发展变化的实践逻辑。

1982 年宪法第 6 条明确，我国社会主义经济制度的基础是生产资料的社会主义公有制。是这关于生产资料所有制的基本规定。在此基础上，宪法第 10 条第 1 款、第 2 款明确，城市的土地属于国家所有；农村和城市郊区的土地，除由法律规定属于国家所有的以外，

[①] 还有观点认为，在我国民事法律领域，集体所有权之主体结构呈复合状态，即集体经济组织与集体经济组织成员皆可作为集体财产之所有主体。见崔建远：《物权法（第三版）》，中国人民大学出版社 2015 年版，第 181 页。这里不作深入分析。

[②] 高飞：《集体土地所有权主体制度研究》，中国政法大学出版社 2017 年版，第 85 页。

属于集体所有。这是在所有制意义上、而不是在所有权意义上规范农村土地所有制度,旨在落实第6条规定的生产资料所有制。[①] 其中的全民、集体都是抽象概念,并非在私法主体意义上确定国有财产、集体财产的所有权主体,宪法相关条文里并未出现"国家所有权、集体所有权"字样。而且,全民、集体都不像一般私法主体那样具有民事主体资格。其中的"集体所有"首先是所有制的概念,体现的是农村土地作为生产资料的集体所有制度,是与全民所有制度(国家所有)、私人所有制度相对而言的。[②] 因此,"集体所有"只是抽象概念,并不需要落实到具体对象。

1986年4月制定的民法通则第73条明确国家财产属于全民所有,第74条第1款明确劳动群众集体组织的财产属于劳动群众集体所有,分别从所有权意义上明确国家财产、集体财产的所有权归属。全民是国家财产的所有权主体,劳动群众集体是集体财产的所有权主体。其中的劳动群众集体,既包括从事农业生产的劳动群众集体,即农民集体,也包括城镇实行集体所有制的劳动群众集体。这里的"劳动群众集体"仍是一个抽象概念,并未指向具体对象。该条第2款进一步将集体土地所有权主体具体落实到村农民集体、乡(镇)农民集体。紧随其后制定的土地管理法第8条,增加村内农业集体经济组织农民集体作为集体土地所有权主体。由此基本确立集体土地所有权主体制度。物权法第59条进一步将农民集体财产的所有权主体明确为"本集体成员集体",这就从抽象的农民集体所有,具体落实到本集体成员集体所有,对农民集体的含义起到了确定说明的作用,确定其含义为"本集体的成员集体"。本集体就是本村集体、

---

① 财产所有权与生产资料所有制是两个不同的科学范畴,所有权是社会财产(包括生产资料和生活资料)的归属关系借以实现的法律形式,所有制则是社会生产资料归谁占有的关系。生产资料所有制归根到底决定财产所有权。参见梁慧星:《中国民法经济法诸问题》,法律出版社1991年版,第45页。

② 贺雪峰等:《地权的逻辑Ⅲ:为什么说中国土地制度是全世界最先进的》,中国政法大学出版社2018年版,第209页。

本村内的集体、本乡镇集体。①

据此，集体土地所有权主体是农民集体或者本集体成员集体，是该集体范围内的全体成员的整体，它强调的是，成员集体作为一个整体是集体财产所有权主体，而不是强调集体成员个人的权利。"集体"一词，表明的是对组成人员之个体的否定和超越。② 因为农民集体所有权是农民集体所有制的具体实现形式。集体所有制和集体所有权的本质，决定了集体所有权是农民集体（本集体成员集体）作为一个整体的所有权，集体的成员平等地、不可分割地共同享有、行使集体所有权，集体所有权不是集体成员个人的所有权，不能直接按照份额分配给集体的成员个人，即集体所有权不能分割到成员个人。

这样理解源于我国独特的集体所有制度。新中国成立后从土地农民私有发展到集体所有制，就是以集体所有的方式为广大农民提供基本生产资料和生活保障来源，防止产生两极分化。土地集体所有制的核心和制度设计的初衷，就是不让农民轻易失去土地，坚持农村土地集体所有制，农民就不会失去土地，农村就不会再发生土地兼并现象，农民的基本生存就会得到有效保障。③ 集体所有权的本质就是将农村土地变为农村各个社区范围内的农民集体所有的公有制的土地，由各个社区范围的农民集体享有所有权，成员平等地享有对集体土地和财产的权益，由此保障成员的生存和发展，实现成员的共同富裕。④ 因此，"农民集体"不是传统民法意义上的权利主体，但却是真正意义上的权利主体，体现了社会主义的本质和人民当家作主的要求。⑤

---

① 韩松：《论农民集体所有权的成员集体所有与集体经济组织行使》，载《法商研究》2021 年第 5 期。

② 李凤章：《论"村集体"的主体性》，载《法学杂志》2023 年第 3 期。

③ 陈锡文：《读懂中国农业农村农民》，外文出版社 2018 年版，第 74—75 页。

④ 韩松：《农民集体成员的集体资产股份权》，载《法学研究》2022 年第 3 期。

⑤ 李国强：《权利主体规范逻辑中的农民集体、农村集体经济组织》，载《求索》2022 年第 3 期。

本集体成员集体是农民集体财产的所有权主体，但它作为一个抽象的整体，不是普通民事主体，实践中也不具有法人资格，难以像私人所有权主体那样行使集体所有权，需要由农村集体经济组织来代表本集体成员集体行使所有权。因此，我国原物权法第60条对集体土地所有权的行使主体作了规定，这一规定实质上与1998年修订的土地管理法第10条相同，但是更加明确了村集体经济组织、村内集体经济组织、乡镇集体经济组织是集体土地所有权的行使主体。这一规定确立了农村集体经济组织与农民集体（本集体成员集体）之间的法定代表关系。这种代表关系是法律直接规定的，宜称为法定代表关系。民法典确认了这些规定，进一步明确了农村集体经济组织与农民集体之间的法定代表关系。

这种法定代表关系的法理逻辑与全民所有制相同。国家作为全民财产的所有权主体，但国家不是普通民事主体，不能像普通民事主体那样行使所有权，因此，法律直接规定由国务院代表国家行使全民财产所有权，国务院显然并不是全民所有的所有权主体，国家才是全民所有的所有权的主体。[1] 类似的，农民集体（本集体成员集体）作为集体财产所有权的主体，但不能像普通民事主体那样行使所有权，法律直接规定由相应的农村集体经济组织代表农民集体（本集体成员集体）行使所有权。即农民集体（本集体成员集体）是集体所有权主体，但由集体经济组织代表农民集体（本集体成员集体）行使集体所有权。

这种法定代表关系的实践基础，是新中国成立后自农业合作化以来长期积累起来的实践经验，农民集体所有制度正是这样运行的，在不同历史阶段表现为不同具体形态的农村集体经济组织，实质上都是代表农民集体（本集体成员集体）行使权利的主体。

在不同时期，相关法律法规和法学著作对集体所有权主体曾有

---

[1] 韩松：《论农民集体所有权的成员集体所有与集体经济组织行使》，载《法商研究》2021年第5期。

不同表述，如农民集体、本集体成员集体、本集体经济组织成员集体等，但其实质是相同的。① 集体是一个十分抽象的表述，既可以将之理解为一个无组织形态的"成员组合"，又可以理解为一个有组织形态的"共同体"。② 作为集体土地所有权主体的全体成员，是在分散的成员个体的基础上形成的一种具有抽象意义的全体成员的集合（成员集体），既不是完全分散的单个个体的简单加总，也不是在整体意义上的一个独立主体。③ "集体土地属于农民集体所有"作为一种抽象的规范表述，其中的"农民集体"是抽象的概念，具有抽象性和普适性；④ "本集体成员集体所有"则从抽象表述具体到"本集体"，但仍属于一般性表述；"本集体经济组织成员集体所有"则进一步明确到特定的农村集体经济组织，"本集体经济组织成员集体"是"农民集体""本集体成员集体"落实到特定农村集体经济组织的具象概念。这些表述将集体所有权主体从抽象到具体，最终落实到特定农村集体经济组织成员集体。有学者认为，建立了农村集体经济组织的地区，称农村集体经济组织成员集体更为准确；没有建立独立的农村集体经济组织的地区，更为准确的表达就是农民集体。⑤ 事实上，农民集体、本集体成员集体、本集体经济组织成员集

---

① 有学者认为，宪法第 10 条规定的"集体所有"中的"集体"本身具有成员集体所有的内涵，因为集体均是由一定成员聚合而成的整体。参见李海平：《论农村土地属于集体所有的宪法解释》，载《政治与法律》2017 年第 6 期。

② 陈明：《"集体"的生成与再造：农村土地集体所有制的政治逻辑解析》，载《学术月刊》2019 年第 4 期。

③ 杨青贵、张良培：《"成员集体"的角色变迁及其理论解释》，载《经济法论坛》2014 年第 13 卷，第 243—255 页。

④ 这里强调的是，在该表述中农民集体是一个抽象概念，未具体化，并不意味着"农民集体"本身是抽象的概念。在我国农村，农民集体一直是现实的存在，农村改革后实行政社分开，有些地方并未建立农村集体经济组织，但集体土地所有权一直保留至今，就是因为作为集体土地所有权归属的"农民集体"一直客观存在。见王铁雄、王琳：《农民集体所有的民法典解释论》，载《河北法学》2021 年第 11 期。

⑤ 管洪彦：《农村集体经济组织的概念界定和立法表达》，载《中国不动产法研究》2021 年第 1 辑。

体，就特定的时点和特定地域范围的农村集体经济组织而言，最终指向的具体对象和包含的成员都是相同的。

农民集体、本集体成员集体、本集体经济组织成员集体，作为农村一定地域范围内全体成员的集合体，动态地看，构成这个集合体的具体对象，既包括特定时点存在的成员，也包括曾经存在和将来存在的成员，随着时间推移，集体所包含的具体成员会有所变动，集体成员的人数在不断变化；静态地看，集体所包含的成员就是指特定时点存在的成员，是确定的或者可以确定的。因此，作为集体所有权主体的这个集合体所包含的成员，在特定时点（例如开展农村集体产权制度改革时确定的基点）是确定的或者可以确定的，但从长期来看，又是不断变动的。

这样理解关于农村集体经济组织与农民集体之间关系的相关法律规定，既符合一般法理逻辑，也切合我国建立、发展农民集体所有制度的历史逻辑，而且，化解了农民集体（本集体成员集体）因缺乏民事主体资格而难以实施民事行为、集体经济组织行使集体财产所有权未得到农民集体（本集体成员集体）授权的难题，因为法律明确了集体经济组织与成员集体之间是法定代表关系，集体经济组织直接依据法定授权，代表成员集体行使集体财产所有权，不再需要作为集体财产所有权主体的成员集体通过民事法律行为作出授权。同时，也有利于更好地保护集体财产，维护集体所有权和集体所有制，因为法定代表关系明确集体财产属于成员集体所有，成员集体作为一个整体是财产所有权人，集体财产不可分割到成员个人，而且也不是集体经济组织的法人财产，集体经济组织只是依法代表成员集体行使所有权，负责集体财产的经营管理，这显然有利于保护集体财产，保障集体财产所有权的安全与稳定，更好地维护社会主义集体所有制。

编后语

　　农村集体经济组织是具有中国特色的社会主义公有制经济组织，是发展壮大农村集体经济、巩固社会主义公有制、促进共同富裕的重要主体。制定农村集体经济组织法，维护农村集体经济组织及其成员的合法权益，规范农村集体经济组织及其运行管理，促进新型农村集体经济高质量发展，对于巩固完善农村基本经营制度和社会主义基本经济制度、推进乡村全面振兴、加快建设农业强国、促进共同富裕具有重要意义。

　　2022年，全国人大农业与农村委员会牵头组织起草农村集体经济组织法草案；2024年6月，全国人大常委会审议通过了农村集体经济组织法；2025年5月1日，农村集体经济组织法正式施行。为了加强农村集体经济组织法的宣传，便于社会公众深入理解相关法律制度，我们编写了《农村集体经济组织立法研究》一书，收录的主要是全国人大农业与农村委员会农村集体经济组织法起草工作小组在起草过程中对有关重点问题开展研究的成果。在本书的创作过程中，我们深切感受到农村集体经济组织立法研究的复杂性与重要性，本书总结分析农村集体经济组织产权制度改革的成效及面临的问题，就农村集体经济组织的职能职责、成员权利、组织机构、财产管理和收益分配以及农村集体经济组织是不是市场主体、如何规定农村集体经济组织终止、村民委员会与农村集体经济组织的关系、农民集体财产所有权主体与行使主体等重点问题进行研究论证，希望能为农村集体经济组织法的有效实施贡献一份力量，助力法律在实践中更好地落地生根，让农村集体经济组织在法治轨道上健康蓬勃发展，为实现乡村全面振兴和农业强国建设添砖加瓦。

由于实践和水平所限，书中难免存在疏漏之处，敬请读者批评指正。

本书编写组

2025 年 5 月